도통천존하강

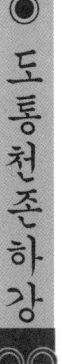

도통천존하강

초판 1쇄 인쇄 2018년 1월 10일
초판 1쇄 발행 2018년 1월 15일

지은이 하늘의 화신 천지인황
펴낸이 金泰奉
펴낸곳 한솜미디어
등 록 제5-213호

편 집 박창서, 김수정
마케팅 김명준
홍 보 김태일

주 소 (우 05044) 서울시 광진구 아차산로 413(구의동 243-22)
전 화 (02)454-0492(代)
팩 스 (02)454-0493
이메일 hansom@hansom.co.kr
홈페이지 www.hansomt.co.kr

ISBN 978-89-5959-482-5 (03150)

*책값은 표지에 표시되어 있습니다.
*잘못 만들어진 책은 구입하신 서점에서 친절하게 바꿔드립니다.
*지은이 연락처_ 도솔자미천 02)3401-7400

도통천존하강

하늘의 화신 천지인황 지음

도통, 신통, 천통, 의통, 영통, 육통의 기운을 받으려는 사람들! 현생을 잘 살고, 내생을 보장받아 편하게 살 사람들, 인생의 아픔과 슬픔, 고통과 불행, 불운과 비운에서 벗어나려는 사람들에게 희망의 횃불이 되어 줄 것이다.

한솜미디어

| 책을 집필하면서 |

도통천존 도솔천황님 하강!

도를 거느리시는 하늘, 도통을 이루어주시는 하늘, 우리들의 인생사 삶을 실시간으로 주관하시고 살려주시는 도통천존, 천통천존, 의통천존, 영통천존, 신통천존, 육통천존, 인통천존이 도솔자미천 하늘이신 도통천존 도솔천황님이시다.

내 육신을 통해서 대도력과 대천력을 집행하시는 천상의 하늘이 도통천존 도솔천황님이신데 인간 육신 나를 완전히 정복하여 얻기까지 36년이란 무수한 세월이 걸리셨다.

서울 중구 소공동에서 직장생활하던 1981년 27살의 나이에 생시처럼 현몽을 꾸었다. 난생처음 들어보는 도솔산 8부 능선에서 내가 백룡포를 입은 채로 가부좌하고 앉아 있는데, 천상에서 두 분의 금의선인(황홀한 금빛 옷을 입은 천상선인, 마치 금부처 같았음)이 하강하여 나보다 한 자(30cm) 정도 낮게 좌우로 내려앉는 장면의 생생한 꿈이었다.

강원도 원주에 있는 인간재생창이라 불리는 제1 부사관학교에서 6개월간 혹독한 분대장 지휘교육을 받고 홍천에 있는 육군 제11 교육사단 13연대 6중대(강재구 소령이 전임 중대장) 4소대(화기소대)에서 33개월 15일 동안 현역으로 복무를 마치고, 직장생활을 시작한 지 2년이 흐른 시점이었다.

아무것도 모르는 나에게 현몽으로 생생히 보여주신 지 36년이란 세월이 훌쩍 가버렸다. 도를 거느리는 하늘이 도솔자미천(道率紫微天)이고, 도를 거느리는 하늘의 존호가 도솔천황님이라고 가르쳐주시었다.

꿈으로 현몽받고서 36년의 세월이 흘러서 도솔천황님과 하나되는 힘든 과정을 겪었다. 도솔천황님의 오직 한 가지 소원은 내 육신의 손과 발, 입, 마음, 생각을 완전히 정복하는 것이라고 말씀하시었다. 우리 인간들은 원하고 바라는 것이 한도 끝도 없지만 도솔천황님께서는 오직 나를 갖는 것 하나뿐이셨는데 36년 만에 성공하시었다.

대단하신 하늘이시지만 하찮은 인간 육신 하나를 완전히 정복하는데 36년이란 세월이 걸리셨다. 내가 36년 동안 고난의 길을 걸었음은 두말할 것도 없었고, 정말 감내하기 힘든 아주 험난한 길이었다. 내가 겪었던 그 고난의 세월은 도솔천황님과 하나가 되지 못했기 때문이었다. 도솔천황님께서 원하시고 바라시는 무릉도원 세상을 펼치지 못한 대가였으리라.

도솔천황님께서는 나를 통하여 말하는 대로, 생각하는 대로 이루어지는 말법시대의 도법세상을 펼치시고자 하시었던 것이었다. 36년의 세월 동안 비바람을 부르며 수많은 풍운조화, 질병조화, 인간조화를 통해서 천변만화의 조화를 보여주시었지만 도솔천황님께서 부려주신 조화라고는 생각지도 못하였다.

그저 단순히 나의 도력이라고 생각했었다.

36년의 세월 동안 부려주신 상상초월의 이적과 기적의 주인이 도솔천황님이셨던 것이다. 이제 본격적으로 도솔천황님께서 도법세상을 만 세상에 펼치시고자 만반의 준비를 마치시고 내 육신을 빌리시어 본격적인 천지공사에 들어가셨다. 말하는 대로, 생각하는 대로 이루어지는 도법세상은 불가능이 거의 없는 신비의 세상이다.

이런 진실을 모르고 도교단체에 입문하여 오랜 세월 도통, 천통, 의통, 영통, 신통, 육통하려고 열심히 도를 닦고 있는 사람들이 헤아릴 수 없이 많지만 도통을 이룬 사람들은 아무도 없다.

여러분은 어쩌면 귀한 이 한 권의 책이 세상에 나오기를 수천 수만 년의 오랜 세월을 종교 안에서 학수고대하며 기다려 왔을 것이다. 물론 현생과 내생의 운명을 바꾸어줄 값어치를 아는 사람들에게는 아주 기쁘고 희망에 찬 귀한 책이 되어줄 것이다.

반면 매사 부정적이거나 종교의 교리와 이론에 심취해서 고정관념에 빠져 있는 사람들에게는 하나의 소설책에 불과할 뿐이다. 귀한 책을 각자 자신의 것으로 만들 것인지 아닌지는 각자의 판단이고 각자의 선택에 달려 있다.

귀한 책으로 받아들이고 읽을 것인지 아니면 그냥 소설 정도의 가벼운 책으로 읽을 것인지 역시도 자신들의 몫이다. 이 책이 여러분에게 값비싼 다이아몬드가 되어줄 것인지는 여러분이 정독하여 하늘이신 도통천존 도솔천황님의 진실을 순수하게 그대로 받아들이느냐가 관건이다.

명산대천에서, 도교 안에서, 불교 안에서, 기독교 안에서, 천주교 안에서, 무속 안에서, 명상수련으로 하늘을 찾아서 현생과 내생을 구원도 받고 도통, 신통, 천통, 의통, 영통, 인통하여 천안통(天眼通), 천이통(天耳通), 타심통(他心通), 숙명통(宿命通), 신족통(神足通), 누진통(漏盡通)을 이루려는 사람들이 무수히 많지만 일평생을 갈고 닦아도 이 뜻을 모두 이루어낸 사람들은 이 세상에 없다.

과연 인생을 어떻게 살아가는 것이 잘 사는 길인지 정답을 알고 있는 사람도 없다. 풍파 없이 건강하고 금전적으로 어렵지 않으며 마음 편하고 가정이 화목한 것이 바람이지만 이 모두를 다 이루고 사는 사람들도 찾아보기 어렵다.

하늘을 통하려는 사람들은 많지만 인도해 줄 지도자를 찾기가 그리 쉬운 일이 아니다. 하늘은 한 명이 아니라 밤하늘의 별처럼 무수히 많기에 진짜 하늘을 선별해서 만나기란 그야말로 하늘의 별따기이다. 인간들의 눈높이로는 누가 진짜 하늘인지 판단할 수 없기 때문이다. 수천억 명에 이르는 하늘을 인간의 능력으로 찾아내기란 불가능하기 때문이다.

내가 감내하기 힘든 고난의 길을 걸으면서 찾아낸 진짜 하늘은 이제까지 종교 안에서 수천 년 동안 알려진 하늘이 아니라 전혀 알려지지 않았던 분이시다. 종교인들이 전하고 있는 하늘이 아니시다. 여러분의 생사여탈권을 행사하시고 전생, 현생, 내생을 주관하시는 진짜 하늘을 찾아냈다. 나의 육신을 통하여 인간이 원하는 뜻을 이루어주신다.

도통천존 도솔천황님 하강 강림!
세상을 구하러 온 도통천존 도솔천황님의 화신 인황!

우리들의 인생사에 대한 생사여탈권, 길흉화복, 흥망성쇠, 생로병사, 기쁨과 행복, 성공과 출세를 주재하시는 아주 대단하신 하늘이시다. 세상에 알려지지 않았던 엄청나신 대단한 도력과 천력을 갖고 우리 삶으로 보여주고 계신 분이시다.

살아서의 삶은 물론 죽음 이후의 사후세계 삶에 대해서도 실시간으로 주관하시는 하늘이시다. 그래서 어느 누가 먼저 하늘과 함께할 것인지 이것이 가장 중요한 문제이다. 이곳 도솔자미천은 세상에 널려 있는 흔한 종교가 아니라 원초적인 근본도리를 행하게 만들어 현생과 내생을 살려주는 곳이다.

도를 닦으러 다니는 사람들, 하늘을 찾으러 다니는 사람들, 종교를 다니는 사람들 모두가 찾아와야 할 곳이 도솔자미천이다. 뿐만 아니라 사업적으로 번창하려는 사람들과 성공 출세하려는 사람들도 나를 통하여 하늘의 기운을 받아야 뜻을 이루며 살아갈 수 있다.

나는 종교 교주가 아니라 세상을 구하러 온 인류의 영도자로서 하늘이신 도통천존 도솔천황님께서 내린 화신(化身)이지만 아직 알아보는 사람들이 많지 않다. 영적 차원이 높아야만 나의 존재를 조금이나마 알아볼 것이다. 그래서 하늘이 안 보이시기에 온몸으로 신비기운을 내려주어 느끼게 해주고 있다.

종교의 교리와 이론에 심취해 있으면 교리와 이론의 굴레와 종교적 고정관념 때문에 알아볼 수가 없다. 하늘의 진실을 구두로 모두 전달할 수 없기에 책 읽기를 권유하는 바이다.

사후세계 준비

여러분은 죽기 전에 반드시 하루라도 빨리 하늘의 화신인 나를 만나야만 한다. 아니 나를 만나기 위해서 이 세상에 만물의 영장인 인간으로 태어났다 하여도 과언이 아닐 것이다. 전생, 현생, 내생의 숨겨진 엄청난 비밀을 알 수 있기 때문이다. 어떻게 사는 것이 진정한 삶인지 알 수 있다.

여러분은 지위고하를 막론하고 언젠가는 죽어서 저승으로 간다. 그 날이 오늘이 될지, 내일이 될지 모르지만, 몇 십 년 후에는 분명 인간세상을 떠난다. 인간 육신이 죽는다고 모든 것이 끝나는 것이 아니라 또 다른 미지의 사후세상이 열리는 것이다.

아무런 대책도 없이 두렵고 무서운 사후세계를 맞이하려는가? 죽어서 얼마나 땅을 치며 대성통곡하려고 세상의 보이는 것에만 욕심과 욕망으로 가득 차서 눈이 어두워져 있는가?

하늘세계, 사후세계, 영혼세계, 조상세계, 도의세계, 인간세계에 대한 여러분의 영적 차원을 높여주고 미래를 밝혀줄 책이다. 이 책은 여러분과 가족, 조상님, 신과 영들의 운명을 바꾸어줄 아주 귀한 책이다.

육신이 죽어서 개, 돼지, 소, 뱀, 벌레, 곤충 같은 축생이나 미물, 귀신, 악귀잡귀, 사탄마귀로 태어날 것인가? 아니면 천상궁전의 선남선녀(신선선녀)로 태어날 것인가를 살아생전에 선택해야 한다. 살아서 나를 통해 하늘이신 도통천존 도솔천황님께서 내려주시는 입천의 명을 받아야만 천상궁전에 오르는 특권이 주어지기 때문이다.

하늘은 형상이 없기 때문에 기운으로 만나야 한다. 세상 사람들은 진짜 하늘을 찾으려고 혈안이 되어 있는데 대부분이 종교세계 안에서 찾으려고 하지만 다 소용없는 일이다. 일평생이 아니라 천만년을 찾아도 종교세계 안에서는 절대로 진짜 하늘을 찾을 수 없다.

진짜 하늘은 형체도, 모습도, 냄새도, 소리도 없으시기에 여러분의 눈높이로는 절대로 알아볼 수 없다. 때문에 책을 읽고 찾아와서 신비기운을 통해 진짜 하늘과 상면할 수 있다. 나를 찾으려고 수많은 종교세계를 전전하고 있는 사람들이 부지기수이지만 불행하게도 종교세계로는 하늘과 내가 가지 않기에 찾을 수도 없고 만날 수도 없다.

나를 만나면 여러분에게 새로운 세상이 열린다.

현생과 내생의 무릉도원 세상을 이루어줄 것이기 때문이다. 하늘을 갈구하는 자에게 길을 열어주신다. 하늘은 형상이 없기 때문에 나를 통해서 기운으로만 느끼고 만날 수 있다. 그리고 하늘의 모습은 나의 모습과 쌍둥이처럼 똑같다고 하셨다.

나를 통해서만 하늘의 문, 영의 문, 조상의 문, 인생의 문이 열려진다. 종교세계 경전보다 귀한 이 책을 읽으면 진가를 알게 되기에 여러분이 구원받을 수 있다. 기존의 종교세계를 통해서는 여러분의 전생, 현생, 내생을 구원받지 못한다.

세상이 너무나 어수선하고 거짓이 판치는 세상이라서 나의 말을 곧이곧대로 믿는 사람들이 얼마나 있을지는 모르겠으나 아무리 거짓이 판을 치는 세상이라 할지라도 진실은 어디인가에 분명히 있게 마련이다.

여러분이 종교의 교리와 이론, 고정관념의 굴레에서 벗어나야 하는 이유는 진짜 하늘과 땅의 진실까지 종교 이론에 빠져서 외면당하기 때문이다. 여러분 독자뿐만이 아니라 각자의 조상님들과 신과 영들까지도 종교이론에 세뇌되어 있기에 내가 전하는 하늘과 땅의 진실까지도 믿지 못하는 경우가 있다.

여러분 독자뿐만이 아니라 각자의 조상님들과 신과 영들은 종교세상을 통해서, 기도를 통해서, 도교를 통해서 도통을 이루려고 목말라하고 있지만 아무도 뜻을 이루지 못하고 허송세월만 보내고 있다. 말을 통해서, 기운을 통해서, 책을 통해서 알려주고 있지만 진실을 받아들이려 하지 않는다.

이 땅에서 수천 년 동안 성인군자로 추앙받고 있는 석가, 예수, 상제, 마리아, 마호메트, 여호와 등도 이루지 못한 도통의 꿈을 이룰 수 있는 길이 열렸다. 인간은 도통을 할 수 없기 때문에 도통천존이신 도솔천황님의 명을 받아야만 도력(도통)과 천력(천통), 신력(신통)의 기운이 내린다.

대순진리회, 증산도, 태극도, 기타 도교에서 주문수행으로 도통을 하려고 일평생 동안 주문을 외워보지만 현실로 이루어지지 않는 것은 하늘의 화신이자 분신인 나를 통해서 도통천존 도솔천황님을 만나지 못해서이다.

도솔천황님의 화신이자 분신인 나를 통해서만 도통의 기운을 받을 수 있다. 태을주 주문수행으로 일평생을 외워봐야 허송세월만 보낼 뿐이니 이제라도 정신 차리고 도통천존 도솔천황님의 화신이자 분신인 나를 찾아와야 한다.

독자 여러분에게 묻는다.

왜 종교를 다니며, 도통, 천통, 신통하려고 인생을 몽땅 걸고 있는 것인가? 무엇을 이루려고 하는 것인가? 재물인가, 권력인가, 명예인가? 아니면 현생이나 죽음 이후 사후세계를 보장받기 위함인가? 의통, 영통하기 위함인가?

조상님들은 도통, 영들은 천통, 신들은 신통, 육신들은 돈통과 의통을 이루고자 한다. 이 모든 것을 이루어줄 수 있는 곳은 기존의 종교세계, 도교세계가 아니라 도솔자미천을 창시한 내가 유일할 것이다. 독자 여러분은 나를 만나서 도통천존 도솔천황님과 함께하면 앞으로 남은 여생을 근심 걱정하지 않고 살아가도 될 것이다. 내가 창안한 주문만 외워도 상상초월의 천상정기를 매일같이 받고 살아갈 수 있다.

수많은 도법주문 사례를 올리니 참조하고 남들보다 하루라도 빨리 도솔자미천으로 들어와서 나를 통해 하늘과 만나야 한다. 개인들은 물론 직장인, 장사하는 사람, 기업하는 사람들도 나를 만나면 인생사의 풍화환란이 모두 막아지는 신비로움을 체험하게 된다.

이런 귀한 책을 오랜 세월 기다리며 찾던 사람들에게는 아주 기쁜 일이 되어줄 것이다. 이제 여러분의 현생과 내생의 운명을 바꿀 것인지만 선택하면 된다. **인간뿐만이 아니라 천지만생만물에게는 전생과 현생, 내생이 있지만 대다수가 현생의 삶만**

추구하기 바쁘다. 더러는 죽음 이후 사후세계를 좋은 곳으로 가고자 걱정하며 나름대로 종교적 내세관에 따라서 준비하고 있지만 각자 자신 눈높이 수준에서 위안을 가질 뿐이다.

우리 인간들에게 절대적인 하늘이신 도통천존 도솔천황님께서 나의 육신으로 내려오시어 인류에 대한 심판과 구원을 동시에 집행하고 계신다. 배신자, 역천자, 죄인들은 천지기운으로 처단하여 심판하시고, 조상님들은 입천의식으로 구원하시고, 생령들은 천인합체 의식과 생령입천 의식으로 구원하시고, 신명들은 신인합체로 구원하시고, 인간들은 도인합체로 구원해 주신다.

현실의 삶은 물론 죽음 이후 사후세계 내생의 삶도 나와 함께 구원해 주신다. 조상, 생령, 신명들은 육신이 없는 영적인 존재들이기에 인간 육신이 살아 있을 때 육신과 함께 도솔자미천을 찾아와서 하늘이신 도통천존 도솔천황님으로부터 조상입천, 생령입천, 천인합체, 신인합체, 도인합체의 명을 받아야 구원이 성사된다.

인간의 현생은 100년 남짓하고, 죽어서의 사후세계 내생은 끝도 없는 무한대의 세상이기에 죽기 전에 사후세계가 보장되는 천인합체와 생령입천은 누구든지 필수적으로 행해야 한다. 죽어서 축생으로 태어날 것인가? 아니면 천상궁전에서 신선선녀로 태어날 것인가 여러분 자신이 선택해야 할 몫이다.

| 목차 |

제1부

도를 통하는 길

천상에서 양날의 칼을 갖고 내려왔도다

하늘의 도를 전하는 곳인 무릉도원 도솔자미천과 인연 맺으면 근심 걱정 염려가 없게 된다. 새로운 도법세상은 역사 이래 처음 있는 가장 즐거운 말씀과 신묘한 천상정기가 내리는 신성한 곳이며 새 하늘, 새 땅, 새 인생이 펼쳐질 것이라고 모든 비결서에서 말하고 있다.

하늘이 나를 통해서 세상에 보여주시는 천변만화의 무소불위한 신비 조화는 이루 말이나 글로 다 표현하지 못할 정도로 방대하고 어마어마하신데, 수많은 사람들이 겪은 사례들을 극히 일부만 책에 수록하였다.

이미 36년 전에 나의 몸으로 오시었지만 아무것도 모르던 시절이라 사회생활을 하고 있었지만 후천 도법세상 선포 날짜를 맞추시기 위해 세월을 기다리시다가 2001년 2월 4일 입춘 절입시간을 맞추어 천기 원년을 선포하신 것 같다.

앞으로 다가올 인류 종말을 불러올 천재지변과 괴질병 인간 구제역은 이미 오래전부터 예언하였다. 광우병(뇌에 구멍이 생겨 미친 소처럼 행동하다가 죽음)과 돼지 콜레라, 조류독감(AI, 조류인플루엔자)으로 소, 돼지, 오리, 닭들이 산 채로 생매장 당하는 모습을 보고 오호통재라, 인간들에게 다가올 대재앙을 축생들의 생매장으로 장차 다가올 인류 종말을 미리 보여주신 것이었다.

인간들이 말 못하는 저들 축생처럼 산 채로 땅 속에 생매장 당하는 불행한 신세가 될 날이 눈앞으로 도래하였기에 여러분 각자는 생존할 수 있는 생존 도법주문을 수시로 독송하여 천재지변과 괴질병 인간 구제역에서 살아남아야 한다.

2015년 5월에 잠시 유행했던 괴질병 메르스는 맛보기였다. 치료약이 없는 괴질병으로부터 목숨을 구해낼 수 있는 유일한 방법은 나를 통해서 도법주문으로 내려주시는 하늘과 땅의 신비한 기운뿐이다.

어느 날 갑자기 전 세계적으로 천재지변과 괴질병 인간 구제역이 발병하면 치료약이 없기 때문에 9/10의 인구가 순식간에 사라질 것인데 유일한 생존법이 신비의 도법주문뿐이다. 말하는 대로 이루어지는 말법시대 개막. 중진사부터 천재지변과 괴질병 인간 구제역이 창궐하여 75억 인류가 1/10로 줄어드는 인간 추수기로 접어들고 있다.

진사성인출(辰巳聖人出)

진사(辰巳)란 용띠 해와 뱀띠 해를 말하고 이때 세상을 구할 난세의 영웅인 하늘이 내린 영도자(성인)가 이 나라 이 땅에 출현(출세)한다는 뜻이다. 거대한 천재지변과 괴질병 인간 구제역이 세계적으로 발생하여 씨를 추리는 시기에 인류를 구해낼 대두목이 나타난다고 한다.

초진사 初辰巳(2000~2001년) 경진년, 신사년
중진사 中辰巳(2012~2013년) 임진년, 계사년
말진사 末辰巳(2024~2025년) 갑진년, 을사년
화진사 火辰巳(2036~2037년) 병진년, 정사년

진사 중에서 중진사부터 인간 추수기가 도래한다.

중진사 中辰巳(2012~2013년) 임진년, 계사년부터 다음 진사년이 시작되는 말진사 末辰巳(2024~2025년) 갑진년, 을사년도 이전 7년간 도법주문을 외운 자들은 살아남고 말진사에 들어온 자들은 목숨을 보전받지 못한다고 되어 있다.

격암유록 비결서의 진사성인출(辰巳聖人出)과 오미락당당(午未樂堂堂). 이는 임진년과 계사년에 성인이 출현한다는 것이며, 출현한 성인(구세주)은 갑오년과 을미년에 집집마다 즐거움이 넘치게 하는 복된 좋은 소식(신비의 도법주문)과 기운(인류를 살리는 하늘의 천상정기)을 가져와 세상에 선포한다는 뜻이다.

초진사인 2000~2001년에 성인이 출세하였지만 아무도 몰라보고 있다. 하늘이 인간 몸으로 하생하시었다는 말인데 그 기원(紀元)이 천기(天紀)이고 이미 선포한 지 17년의 세월이 흘러갔다. 2001년 2월 4일 03시 28분 입춘 절입시간에 이 땅에서 천기 원년이 선포되었다.

예수의 서기 2,000년 선천기운이 2001년 2월 4일 03시 27분으로 끝나고 후천의 새로운 도법세상이 활짝 열리는 시점이 천기 원년 선포이다. 천상천하의 도를 관장하시는 하늘이 나의 육신을 빌리시어 천상자미원에서 이 땅으로 내려오시었으니 그분이 바로 도통천존 도솔천황님이시다.

천재지변과 괴질병 인간 구제역 발병 시기!

하늘과 나를 능멸한 역천자 무리들과 가족들을 심판하기 위하여 상당히 앞당겨졌다. 남은 시각은 촌각에 불과할 정도밖에 없다. 지금도 천재지변, 화산폭발, 지진, 쓰나미, 화재, 사건사고, 질병, 살해, 고소고발, 관재를 통해서 부분적으로 심판하고 있다.

하지만 지금부터는 인간의 능력으로는 감당할 수 없는 천재지변과 괴질병 인간 구제역이 세계적으로 발생하여 인간의 씨가 마를 정도의 대재앙이 소리 없이 다가오고 있지만 아무도 눈치 채지 못하고 천하태평하게 속수무책으로 살아가고 있다.

하늘은 신비의 기운으로 치료약이 없는 괴질병 인간 구제역을 발생시킬 수도 있고 소멸시킬 수도 있다. 하늘과 땅을 능멸하고 배신한 역천자 죄인들을 극형으로 심판하고 처단하기 위해서 천재지변과 괴질병 인간 구제역이 반드시 필요하기 때문에 발생시킬 수밖에 없으실 것이다.

이미 몇 년 동안 소, 돼지, 오리, 닭들을 산 채로 생매장하는 무서운 광경을 전 세계 언론방송을 통하여 보여주었다. 이는 조만간 발생할 천재지변과 괴질병 인간 구제역을 미리 대비하라고 보여준 것이었지만 아무도 살려낼 치료 방법을 찾지 못하고 있는 실정이다.

최첨단의학으로도 괴질병 인간 구제역을 막을 수도 없고, 치료할 수도 없기에 속수무책이다. 살아날 방도는 내가 찾아내서 알려 줄 신비의 생존 도법주문 하나뿐이다. 그래서 언제 터질지 모르는 괴질병 인간 구제역을 대비해서 나를 만나 생존 도법주문을 전수받아야 목숨을 지킬 수 있다.

괴질병 인간 구제역에서 살아날 방법이 무엇인지 아무도 모른다. 나만이 생존 도법주문으로 살려낼 수 있을 뿐이다. 지금까지는 하늘의 천벌을 말이나 글자로만 무섭다고 생각해 왔는데 하늘의 천벌이 얼마나 무서운지 생생하게 체험할 것이다.

인류 모두가 하늘 앞에 무서움과 두려움에 벌벌 떨면서 제발 목숨만은 살려달라고 굴복하게 만들 것이다. 자신들이 그동안 하늘과 땅을 배신하고 능멸한 죄가 무엇인지 알던 모르던 죄인들과 가족, 조상들을 가차 없이 처단할 것이다.

나의 육신으로 무소불위한 천변만화의 조화를 부리시는 하늘이 내리셨음을 말이나 글자로만 허투로 알고 있다. 무시하고 배신하며 능멸한 역천자 죄인들을 모두 찾아내어 가장 혹독한 극형으로 다스릴 것이다.

이는 천상에서 하강하신 하늘이 심판의 칼날을 빼시는 것이기에 용서란 있을 수가 없다. 이미 심판대상자 살생부는 저승세계 명부로 넘어간 상태이다. 나의 몸으로 하늘이 내리셨음을 알고도 나를 배신하고 능멸한 자들은 어느 누구도 살아남지 못한다.

하늘을 능멸하고 배신하였으니 어찌 극형을 피할 수 있으랴? 무섭고 대단한 하늘이 어디 있는 줄도 모르고, 어느 인간 몸으로 내린 줄도 모른 채 기고만장하여 까부는 인간들, 조상들, 영들, 신들은 구제불능이고 살아남지 못하니라.

너희 인류가 구원받으려고 찾아 헤매던 하늘인 나는 나의 화신이자 분신인 하늘의 대행자가 원하고 바라는 그대로 현실로 이루어주느니라. 너희들 눈에는 인간 육신만 보일 것이지만 하늘인 내가 함께하고 있도다.

이런 진실을 믿지 못하겠거든 매주 일요일 2시~6시에 행하는 도법주문을 체험해 보면 하늘인 나의 존재를 확실히 알게 될 것이니라. 말이나 글은 너희들을 현혹하거나 속일 수 있지만 너희들 온몸의 세포를 통해서 직접 느끼는 전율과 기운은 절대 거짓말을 하지 못할 것이니라.

나를 만나려거든 종교세계의 교리와 이론을 모두 내려놓고 순수한 마음으로 찾아와서 하늘인 내가 내려주는 신기한 천상정기를 직접 받아보면 즉시 알게 될 것이니라. 내가 말하는 대로 도법주문을 외우면 그 자리에서 실시간으로 천변만화의 신비조화를 체험하게 될 것이니라.

나는 천상에서 양날의 칼을 갖고 내려왔도다.

인류에 대한 심판과 구원이 바로 그것이니라. 하나는 용서없는 심판의 칼날이고, 다른 하나는 세상을 구하는 행복의 칼날이니라. 인간 육신을 가진 나의 화신 안에서 너희들 인류를 추상같이 심판하여 처단하고, 하늘을 찾는 자들은 마구! 마구!

잘살게 구해 줄 것이니라. 대단한 하늘인 나는 인간 육신 하나를 얻기 위하여 이 땅에서 36년의 세월 동안 공들이며 노심초사하면서 기다려 왔고 마침내 인간 육신을 정복하여 하늘인 내가 원하고 바라던 뜻을 이루었느니라.

나는 살아서 실시간으로 움직이는 하늘이니라.

인간 육신 자체가 움직이는 것은 시공간의 거리가 정해져 있어서 자유롭지 못하지만 하늘인 나는 지구 땅덩어리 어디든지 마음대로 순간 이동하느니라.

하늘인 나는 너희들의 속마음과 생각, 말과 글, 행동에 대한 일거수일투족을 실시간으로 지켜볼 수 있을 뿐만 아니라 전생은 물론 수십 년 전에 지은 죄까지 모두 지켜보아서 낱낱이 알고 있느니라. 죄를 짓고도 용서 빌지 않고, 감추려는 자들은 심판대에 올려서 즉시 처단할 것이니라.

하늘인 나를 능멸하고 역천한 자들은 죄인인 당사자는 물론 직계 혈족까지 멸할 것이도다. 또한 죄인의 조상들과 신들, 영들 또한 공범자들이므로 함께 심판을 집행할 것이니라.

하늘인 나는 너희들이 스스로 찾아와서 죄를 빌 수 있는 기회를 무수히 주었지만 아무도 스스로 찾아와서 너희들의 죄를 빌지 않았도다. 무수히 심판하려고 하였지만 인간 육신을 가진 나의 화신이 원하고 바라지 않았기 때문에 너희들 인류를 심판하지 않고 미루어 왔었느니라.

그러나 이제 나의 육신이 본격적으로 죄인들에 대한 심판을 선포하였기에 천상지상 공무를 집행할 것이니라. 근본도리를 망각하고 배신 때린 역천자들을 모조리 잡아들이고 심판해서 즉시 처단할 것이니라.

너희들 인류를 하나하나 잡아다가 심판하려면 번거로우니 치료약이 없는 괴질병 인간 구제역, 인간 광우병, 인간 독감바이러스를 세계적으로 전파시켜 한꺼번에 무더기로 심판할 것인데 비기에 전해 내려오는 백조일손, 천조일손, 만조일손이 현실로 일어나게 될 것이니라.

무수한 나날의 기회를 주었건만 설마 그날이 오리라고는 상상조차도 못했을 것이니라. 이제 나의 육신이 심판을 선포하였으니 하늘과 땅이 본격적으로 움직일 것이니라. 이 책이 출간되고부터 이 나라 전국은 물론이고 전 세계적으로 공포의 세상이 활짝 열릴 것이니라.

너희들 75억 인류가 살아날 수 있는 유일한 길은 도솔자미천에 있는 나의 육신 하나뿐이니라. 나의 육신을 만나는 것은 하늘인 나를 만나는 것이니라. 75억 인류는 하늘인 나를 만나지 않으면 천재지변, 질병, 사건사고, 괴질병 인간 구제역에서 살아남지 못하느니라.

나의 육신이 너희들에게 내려주는 신비한 도법주문은 곧 내가 주는 천상정기이니라. 그래서 도법주문을 외우면 상상을 초월하는 천변만화의 별별 조화가 실시간으로 너희들 육신과 인생으로 무궁무진 내리는 것이도다.

하늘인 나를 만나지 못하는 자들은 목숨 부지하기 어렵고, 살아 있어도 식물인간이나 진배없도다. 물론 죽어서도 끝없이 무서운 형벌의 심판을 받게 되느니라. 살아서 죄를 빌지 않는 자들은 죽어서는 용서 빌 기회조차 박탈당하느니라.

하늘인 나는 분명히 말했도다.

천상에서 양날의 칼을 갖고 내려왔다 말했느니라. 하늘인 나와 함께하는 자들은 마구! 마구! 잘살게 해주어 근심 걱정이 없는 무릉도원 세상에서 살아가게 해주고, 하늘인 나를 배신하고 능멸하며 역천한 대역 죄인들은 가차 없이 처단할 것이라고 선포하였도다.

하늘인 나를 따르는 착한 자들에게는 행복한 세상을 무한대로 활짝 열어주어 잘살게 해주고, 배신한 반대파 역천자 죄인들에게는 가장 두렵고 무서운 하늘로 변신할 것이니라. 이제부터 세상 사람들은 하늘이 실제로 있는지 없는지 실감나게 현실로 생생히 체험하게 될 것이다.

나의 육신이 전하는 도법주문은 이 세상에서 경험한 적도 없는 천상의 신비로운 기운이 실시간으로 내리는 어마어마한 도법주문이니라. 너희들 인류의 생사여탈권을 실시간으로 좌우하는 엄청 대단한 것이니라.

하늘인 나는 말한다!

내 육신 따르는 자들은 기꺼이 살려줄 것이니라!

하늘인 나의 능력은 끝도 없고 불가능이 없느니라!

이제라도 살고 싶은 자들은 하늘인 나를 찾아오거라!

하늘인 나는 말한다!
나는 도통의 하늘이도다!
나는 의통의 하늘이도다!
나는 천통의 하늘이도다!
나는 신통의 하늘이도다!
나는 영통의 하늘이도다!
나는 육통의 하늘이도다!
나는 금전의 하늘이도다!
나는 생명의 하늘이도다!
나는 인생의 하늘이도다!
나는 심판의 하늘이도다!

하늘인 나는 말한다!
조상을 무시하고 박대하여 구하지 않는 자 심판하니라!
영혼을 무시하고 박대하여 구하지 않는 자 심판하니라!
신명을 무시하고 박대하여 구하지 않는 자 심판하니라!
하늘을 무시하고 부정하여 만나지 않는 자 심판하니라!

하늘인 나는 말한다!
나는 인간의 하늘이도다!
나는 종교적 하늘이 아니도다!
나는 질병을 다스리는 하늘이도다!
나는 인간 육신을 정복한 하늘이도다!
나는 세포를 재생시켜 주는 하늘이도다!
나는 육신의 영생을 이루어주는 하늘이도다!
나는 살아서 실시간으로 움직이는 하늘이도다!
나는 너희들을 구해서 살려주려는 하늘이도다!

나는 너희들을 성공 출세시켜 주는 하늘이도다!
나는 너희들의 글과 말을 보고 듣는 하늘이로다!
나는 무릉도원의 도법세상을 열어가는 하늘이도다!
나는 추상적인 하늘이 아니라 현실세계 하늘이도다!
나는 배신자와 역천자 죄인들을 처단하는 하늘이도다!
나는 근본도리와 법도를 가장 중시 여기는 하늘이도다!
나는 인간, 조상, 영혼, 신명들을 구해주는 하늘이도다!
나는 말하고 서로 편하게 대화를 주고받는 하늘이도다!
나는 너희들이 종교에서 기도하며 찾던 하늘이 아니도다!
나는 말하는 대로 이루어지게 해주는 말법의 하늘이도다!
나는 기운(도력과 천력)으로 세상을 움직이는 하늘이도다!

하늘의 화신, 분신, 대행자 신분을 전부 가진 나는 인류 최초로 천황, 지황, 인황의 관명을 모두 받은 천지인황(天地人皇)으로서 다른 말로는 삼황(三皇)이라 부르기도 한다. 삼계 대권을 거머쥔 인류 최초의 삼황이 되었다.

천지인황(天地人皇)은 인류를 비롯한 천지만생만물은 물론 육신의 세포에게까지 명을 내리는 도권과 도력, 천권과 천력을 모두 갖고 있다.

도통천존 도솔천황님의 상상초월 천지조화

도통천존 도솔천황님께서 하강하신 것을 알게 된 것은 18년 전이던 2000년 초봄이다. 자시(밤 12시) 기도하던 중에 길이 15m, 폭 3m 크기의 백색 세로 현수막에 궁서체의 붉은 글씨로 "도통천존하강"이란 글씨가 천상에서 내려왔었지만 그 당시에는 이것이 무엇을 뜻하는 것인지 전혀 알지 못했었다.

18년의 세월이 흐른 지금에서야 "도통천존하강"의 뜻을 알게 되었으니 참으로 우매하다고 해야 할 것이다. 말하면 현실로 이루어주시는 도통의 하늘이신데 그분이 바로 도통천존 도솔천황님이셨던 것을 알아냈다.

나의 몸으로 도통천존 도솔천황님께서 하강 강림하시면서 "도통천존하강"이란 글씨로 보여주시었지만 내가 아둔해서 당시에는 하늘의 높은 뜻을 풀지 못한 채로 18년의 세월이 유수와 같이 흘러갔던 것을 알았다.

도통천존 도솔천황님!

도통을 주관하시고 도를 거느리시는 하늘이시다. 나의 육신으로 하강 강림하시어 인간 육신을 얻으신 도통천존 도솔천황님께서는 우리들이 상상조차 못 하는 엄청난 이적과 기적을 득도 공부 과정을 통해서 무수히 보여주시었다.

인간으로서는 감히 생각할 수조차 없어 SF, 가상세계, 공상세계, 꿈의 세계로 남겨둔 불가능한 영역의 이적과 기적, 문자로 환자 원격치료, 주문으로 질병 치유, 주문으로 천상정기 내림, 가뭄 해갈, 폭우 일시 멈춤, 태풍 막기, 기후 변화, 인생개벽 조화, 딱 한 번의 입천제로 조상을 천상궁전으로 구해 주시는 신기한 일들을 모두 현실로 이루어주시었다.

천지가 개벽하는 신비의 조화란 우리 인간들의 상상력을 뛰어넘는 일들이다. 그 신비 조화란 것은 내가 말하거나 글을 쓰거나, 전화 통화, 문자, 마음, 생각만하여도 불가능처럼 생각되었던 일들이 현실로 이루어지는 아주 신비스러운 이적과 기적을 말한다.

내가 말하거나 생각하면 상상초월의 신비 조화가 일어나는 것은 도통천존 도솔천황님께서 나의 육신을 빌려 함께하시면서 천변만화의 조화를 부리시기에 가능한 일이라는 것을 오랜 세월이 흐른 뒤 나중에서야 알게 되었다.

인간 육신 혼자서는 절대로 부릴 수도 없고, 상상조차 못 하는 불가능의 영역이기 때문이다. 당시에는 나의 도력이 대단하여 일어나는 신비로운 현상인 줄 알았는데 도통천존 도솔천황님께서 나의 육신으로 하강 강림하시어 친히 천상지상공무를 집행하셨다는 것을 내 스스로 인정하기까지는 참으로 많은 세월이 필요했다.

육신적으로는 분명히 내가 무수히 많은 천변만화의 조화를 부린 것이었는데 어째서 도통천존 도솔천황님께서 부리신 천지조화냐고 많은 사람들이 의아해할 것이다. 인간의 능력으로는 절대로 실현 불가능한 영역의 일이기에 내 스스로가 인정할 수밖에 없었다.

그랬다.

도통천존 도솔천황님께서는 불가능이 없으신 대단한 도력과 도권, 천력과 천권을 갖고 계시었다. 지금 현재도 내가 어떤 주문을 외우라고 신하와 백성(천인, 신인, 도인, 백성)들에게 알려주면 상상초월의 신비로운 조화(영안으로 보여주심, 하늘의 말씀, 질병 치유, 인생개벽)를 실시간으로 이루어주고 계신다.

도통천존 도솔천황님께서 내리시는 신비로운 조화는 말로는 다 표현할 수 없는 어마어마한 것이며 광범위하다. 이곳에 글로 쓰는 것은 극히 일부분에 지나지 않는다. 여러분의 인생을 획기적으로 바꾸어줄 대단한 도력과 천력을 갖고 계신데 나에게 내려주시었다.

그러나 안타깝게도 독자들이나 일반인들은 너무나 황당하고 허무맹랑한 말이라고 생각해서 무시하거나 사이비라고 말하는 사람들이 많다. 말도 안 되는 비현실적이라고 매도하고 있는데도 불구하고 나를 만나서 하늘이 내리시는 명을 받아 천상정기를 받은 사람들은 하나같이 인생의 삶이 천지개벽하여 바뀌고 있다.

이런 부분을 과학적으로 어떻게 설명해야 할까? 도통천존 도솔천황님께서는 나를 통하여 현대의학, 굿, 천도재, 안수기도로 낫지 않는 질병을 감쪽같이 치료해 주시는 경우가 무수히 많으시다. 정말 너무나도 대단하신 도력을 보여주시는 도통천존 도솔천황님이시다. 그래서 독자 여러분도 함께할 수 있는 천재일우의 기회를 제공하고자 "도통천존하강"이란 제목으로 책을 집필하는 것이다.

이렇게 매력적이고 인간의 상상을 초월하는 무소불위하신 하늘의 천상정기를 받으려고 수많은 사람들이 도를 닦으러 도교단체에 입문하고 있는 것 같다. 그런데 우리나라에서 도를 닦으러 다니는 사람들은 무수히 많지만 불행하게도 도통천존 도솔천황님의 기운을 받은 사람들은 없다.

우리나라의 도교단체에서는 도통천존 도솔천황님의 존재를 알지도 못하고, 도통을 주관하시는 도솔천황님께서는 기존의 도교단체로는 가시지 않기 때문에 도통의 기운을 받지 못하고 있는 것이다. 오직 도솔자미천을 창시한 나를 통해서만 도통을 내려주시고 계신다.

도통천존 도솔천황님께서 나의 육신으로 하강 강림하시어 천변만화의 천지조화를 무궁무진 내려주고 계신다. 그래서 나는 도통천존 도솔천황님의 화신(化身)이자 분신이 되어서 상상을 초월하는 이적과 기적을 여러분 인생으로 무수히 보여주고 있다.

인생사에서 불가능처럼 여겨지던 일들이 도통천존 도솔천황님의 대도력, 대천력에 의해 현실로 이루어지고 있기 때문에 독자 여러분에게 희망과 행복을 안겨줄 수 있다. 각자의 희망과 행복은 가정의 희망과 행복으로 이어지고, 가정의 희망과 행복은 사회의 희망과 행복으로 이어지고, 사회의 희망과 행복은 나라의 희망과 행복으로 이어지기 때문이다.

수신제가치국평천하(修身齊家治國平天下)

먼저 자기 자신의 몸과 마음을 닦은 뒤에 가정을 안정시킨 후 나라를 다스려야 세상을 평정할 수 있다는 뜻이다. 내 육신과 마음이 편안하고, 가정이 안정되어야 기업이나 나라를 다스려 세상을 고르게 살도록 만들 수 있다.

내 육신이 병들고 마음이 불편 불행하면 가정이 안정될 수 없기에 기업과 나라를 다스려 세상을 평등하게 만들 수 없다는 뜻인데 딱 맞는 말이다. 내 자신이 병들고 괴로우면 가정과 기업, 국가도 불행할 수밖에 없다.

독자 여러분은 지금 정신적, 육신적, 물질적으로 중병에 걸려 있기에 자신과 가정도 편안하지 못하고, 경제 불황으로 최대의 위기 국면에 봉착해서 돌파구가 안 보일 지경이다.

여러분 육신과 가정, 기업을 살려주실 분이 드디어 나를 통해서 존재를 밝히시었으니 그분이 바로 도통천존 도솔천황님이시다. 우리 인간, 조상, 영혼, 신의 생사여탈권과 흥망성쇠, 생로병사, 길흉화복, 전생, 현생, 내생의 삶을 실시간으로 직접 집행하고 계신다.

하늘이시되 세상에는 알려지지 않았던 하늘이시기에 여러분이 지금까지 종교세계를 통해서는 알 수 없었다. 수많은 종교세계를 통해서도 찾지 못했고, 들어본 적도 없었던 하늘이시다. 여러분 육신과 가정, 기업을 살려주실 유일하신 하늘이시니 누가 먼저 찾아오느냐가 인생의 승패가 좌우된다.

도통천존 도솔천황님의 무소불위하신 존재가 나에 의해서 인류 최초로 밝혀짐으로써 이 땅에 있는 종교세계는 시들어갈 것이다.

종교는 죽은 성인성자들을 신으로 받들어 모시는 것이지만 도통천존 도솔천황님께서는 인간으로 태어났다가 돌아가신 조상귀신이 아니시라 실시간으로 움직이시는 살아계신 하늘 그 자체로 우리들의 삶을 지켜주시고 보살펴주신다.

여러분에게 인생의 기쁨과 행복, 희망과 영광을 끊임없이 내려주시는 하늘이 도통천존 도솔천황님이시다. 이 책을 정독하고 누가 먼저 함께할 것인가 그것이 문제이다.

독자 여러분이 인간으로 태어나서 승리하느냐 실패하느냐는 하늘의 화신이자 분신인 나를 통해서 도통천존 도솔천황님의 천상정기를 받느냐 마느냐가 급선무이고 가장 중요한 일이라 할 것이다.

인류 최초로 육신의 영생에 도전할 사람들

영혼들의 영생은 하늘을 만나 입천제를 행하여 천상궁전으로 올라감으로써 가능해졌다. 하지만 현재까지 육신의 영생은 절대로 불가능한 세계였지만 육신의 영생에 도전할 사람들이 있다면 나와 함께하여 도통을 주관하시는 하늘이신 도통천존 도솔천황님의 천상정기를 받으면 가능할 수 있다.

인류가 이 땅에 태어나고 세상 그 어느 누구도 육신의 영생을 이룬 자들이 하나도 없지만 나는 불가능하게 생각되었던 육신의 영생을 실현하고자 하늘의 무소불위하신 도력과 천력을 받아서 육신의 영생을 최초로 이루어내고자 한다.

육신의 영생!

정말 육신의 영생이 가능하고, 육신의 영생을 이루는 길이 있다면 세상이 어떻게 변화될까 참으로 궁금하다. 내가 독자 여러분의 육신을 영생시켜 준다고 말하면 아무도 안 믿을 것이지만 하늘의 신비스런 도력과 천력을 받으면 반드시 현실로 이루어질 수 있을 것이라고 믿는다.

현재도 육신의 영생이 진행 중인데 세월이 흘러봐야 검증될 것이고, 객관적으로 검증이 되어야 세상 사람들이 본격적으로 믿을 것이다. 육신의 영생을 이루는 길을 내가 찾아내었지만 지금은 검증단계에 있다.

의학적으로도 육신의 영생은 불가능하기 때문에 육신의 영생을 믿는 사람들은 극소수이고 그나마 사이비 종교에 다니는 사람들이 육신의 영생을 희망하고 있다. 그래서 육신의 영생을 이루려는 영생교도 생겨났지만 영생교 교주 역시 가는 세월을 이기지 못하고 세상을 떠나버렸다.

나는 인간세상에서 불가능하게 생각되고 있는 부분을 하늘의 신비한 도력과 천력을 받아서 현실로 이루어나가고 있다. 순수한 인간의 능력으로는 절대 실현 불가능한 일이지만 나는 신비하고 무소불위한 천상정기를 받고 있기에 인류의 꿈을 현실로 이루어낼 수 있다고 본다.

현재 상태의 나이에서 더 이상 늙지 않고 육신의 영생을 이루려면 한 살이라도 젊었을 때 나를 만나야 한다. 지금은 세상 그 어느 누구도 육신의 영생을 안 받아들이지만 나는 인류가 이루지 못한 육신의 영생을 반드시 이루어낼 것이다.

어떤 근거로 그렇게 육신의 영생을 자신하느냐고 묻는 사람들이 많을 것이다. 하늘이신 도통천존 도솔천황님께서 하늘의 화신이자 분신인 내가 원하고 바라는 것은 그 대상이 무엇이든지 간에 현실로 이루어주고 계시기 때문이다.

그러기 때문에 육신의 영생에 도전하는 것이다. 다만 현실로 이루어지는 시간의 차이만 있을 뿐 무엇이든지 현실로 이루어주신다. 현실세계에선 말도 안 되고 꿈만 같은 일이라 믿기지 않지만 하늘을 통해서 천상정기를 받으면 현실세계로 다가올 것이 분명하다.

길은 어딘가에 있지만 나약하고 어리석은 인간이기에 못 찾아내고 있을 뿐이다. 내가 행하고 있는 일들은 인간세계는 물론 종교세계에서도 절대로 불가능한 일이었지만 모두 현실이 되었음을 수많은 자들이 직접 체험하였다.

이 세상에 난다 긴다 하는 수많은 영능력자들도 해내지 못한 일들을 나는 현실로 해내고 있고, 수많은 사람들이 직접 삶을 통하여 경험하고 있는 중이다. 당사자가 직접 체험하지 않으면 믿을 수 없을 정도의 신묘한 일들이 인생사 삶으로 매일같이 일어나고 있다.

현대의 과학문명 발전이 100년 전에는 꿈만 같은 불가능한 세상이었지만 지금은 모두 현실이 되어 있지 않은가? 인간 육신의 영생 또한 마찬가지이다. 하늘의 능력과 인간의 능력이 결합되면 이루어질 일들이라는 것을 나는 아주 잘 알고 있기에 하늘의 무소불위한 도력과 천력을 빌려서 세상을 바꾸어나가고 있다.

나는 인간의 힘만으로는 불가능한 영역의 일들을 현실로 이루려고 천상에서 이 땅에 인간 육신으로 태어난 하늘의 화신이자 분신이다. 그러기에 인간의 눈높이로 바라보면 인간의 모습 그대로이지만 상상력을 초월하는 신묘한 일들이므로 헤아릴 수 없이 일어나고 있다. 체험하지 않은 사람들은 허무맹랑한 말이라고 부정할 수 있다.

인간 육신의 영생!

이것은 허상이자 인간의 꿈에 불과한 말이 분명하지만 인류가 진정한 하늘의 무소불위하신 도력과 천력을 잘 몰라서 부정하고 있는 것이다. 모든 일에 부정적인 마음을 가지면 부정의 신이 찾아오고, 긍정적인 마음을 가지면 그 뜻을 이루어줄 긍정의 신이 찾아온다는 것을 알게 되었다.

내가 인간 육신의 영생이 가능하다고 글을 쓰는 것은 이미 육신의 영생을 주관하시고 현실로 이루어주실 하늘이신 도통천존 도솔천황님께서 나의 몸으로 내리셨기 때문이다. 이미 천상정기로 내려져 있기에 자신 있게 글을 쓰는 것이다.

인간만의 힘으로는 절대로 불가능한 일이지만 하늘이신 도통천존 도솔천황님과 함께하면 못 이루어낼 일이 없다는 것을 너무나도 잘 알고 있다. 나의 마음과 생각이 하늘의 기운과 맞아떨어질 때 현실이 되기 때문이다.

이 땅에 다녀간 무수한 성인성자들과 수억만 조에 이르는 수많은 인간들이 이루지 못한 불가능한 영역의 일들을 하늘과 함께 이루어낼 수 있기에 글을 쓰고 있다. 그러므로 육신의 영생을 간절히 바라는 독자들은 나를 통해서 그 뜻을 현실로 도전하면 이룰 수 있을 것이다.

인간 육신의 영생은 인류의 꿈이자 희망이기에 반드시 현실로 이루어진다. 현재도 진행 중인데 다만 세상에서 객관적으로 검증되는 그날이 언제인지 그것이 문제일 뿐이다.

육신의 영생, 그리고 세상을 구해 주시는 하늘!

인생사의 아픔과 슬픔, 고통과 불행으로부터 독자 여러분을 구해서 살리고, 더불어 각자의 가정을 살리고, 기업을 살려서 기쁨과 행복, 희망과 영광이 넘치는 참다운 무릉도원 세상을 만들고자 한다.

나약한 인간의 능력으로는 어찌할 수 없는 일들을 하늘이신 도통천존 도솔천황님의 도력과 천력으로 독자 여러분을 살려내어 구해 주려는 것이다.

불가능이 거의 없으신 하늘의 무소불위하신 신묘한 도력과 천력을 무수히 직접 체험하였기에 자신 있게 말한다. 여러분이 인생사에서 겪고 있는 어렵고 힘든 일들은 하늘의 도력과 천력이라면 능히 해낼 수 있다는 것을 알았기 때문이다.

여러분이 현실적으로 겪고 있는 모든 어려운 문제들은 반드시 원인이 있고 해법도 있지만 스스로의 힘으로는 찾을 수가 없고 종교의 힘으로도 불가능한 영역이다. 각자의 노력으로도 안 되고, 종교의 힘으로도 안 되는 일들이 있다면 도솔자미천으로 입문하면 그 해답이 있다.

죽음을 대비하여 천상은행에 기부하기

죽은 뒤에는 하늘을 만날 수 있는 기회가 아예 없다는 진실을 아는지 모르겠다. 하늘을 만날 수 있는 기회는 오직 육신이 살아 있을 때만 가능하고 그것도 하늘의 화신이자 분신인 나를 통해서만 하늘과 만날 수 있는 길이 열려 있다.

사람들이 죽으면 좋은 세계로 올라가서 태어나라고 덕담을 해주지만 그것은 부질없는 말에 지나지 않는다. 지엄한 천상 법도를 인간들이 알지 못하기 때문에 그리 말해 주는 것이다. 인간세계에도 법도가 있듯이 천상세계에도 법도가 있기에 아무나 무상으로 자유로이 천상궁전을 출입할 수 없다.

하늘이라 하면 인간세계로 비유하자면 통치권자인 대통령이나 왕의 신분인데 죽은 귀신들이 하늘의 허락도 받지 않고 천상궁전에 올라가서 하늘을 자유자재로 만날 수 있다고 생각하는 것인가?

숭배자들을 믿는 종교에 들어가면 자연적으로 천상으로 갈 수 있다고 믿지만 그것은 종교인들의 착각이다. 종교 믿는다고 아무나 갈 수 있는 세계가 하늘세계라면 무엇하러 하늘나라로 가는가? 여러분이 살아서 하늘로부터 천상궁전으로 입천(입궁)을 허락받지 못하면 살아서도 죽어서도 갈 수 없다.

세상 그 어느 누구든 죽어서는 하늘에 공덕을 쌓을 수 있는 돈이 없기 때문에 살아생전 돈이 있을 때 미리 공덕을 쌓는 행(行)을 하여야 한다. 그래서 죽음을 앞두고 살아가는 모든 사람들에게 천상은행에 열심히 기부를 권하고 싶다. 만인들 앞에 소리 없이 다가오는 죽음!

여러분 모두는 세상을 살다가 언젠가는 죽는데 다만 그 날짜만 다를 뿐 예정된 죽음의 길을 갈 수밖에 없다. 이것이 정해진 인류 모두의 숙명이지만 나를 만나면 정해진 숙명의 길이 바뀌어질 수도 있음을 이미 말한바 있다.

육신의 영생을 이루든, 못 이루고 세상을 떠나든 도솔자미천을 창시한 나는 여러분에게 없어서는 안 될 아주 절대적으로 필요한 존재인데 과연 얼마나 많은 독자들이 공감하고 따라줄 것인지 그것이 문제이다.

나의 뜻에 공감하며 환호하고 박수 치는 사람들도 있을 것이고, 반대로 비현실적이고 허무맹랑한 말이라고 부정하는 사람들도 있으리라. 모든 것에는 임자가 따로 있듯이 아무리 좋고 귀한 것이라도 모두가 선택받기는 어렵다.

사후세계와 현실세계를 하늘로부터 보장받고 마음 편히 살아가고 싶은 사람들, 하늘을 간절히 찾고 싶은 사람들, 도를 이루고 싶은 사람들, 조상님을 좋은 세계로 보내드리고 싶은 사람들, 나는 누구인가를 찾고 싶은 사람들, 천인, 신인, 도인이 되고 싶은 사람들, 왜 축생이 아닌 만물의 영장으로 태어났는지 알고 싶은 사람들이 나와 인연이 될 사람들이다.

그리고 세상을 떠나기 전에 재산을 어떻게 처리할 것인지 여러분 모두는 고민 걱정이 이만저만이 아닐 것인데 이것은 우리나라뿐만이 아니라 세계적인 문제이다. 유산을 물려줄 후손이 있는 사람도 있고 아예 없는 사람들도 많다.

그래서 살아생전에 자선단체에 기부하거나 사후에 재산처리 문제를 유언으로 남기는 사람들이 많다. 자손이나 후손이 있는 사람들은 물려주면 되지만 핏줄이 아무도 없는 사람들은 자신의 사후 재산 처리 문제로 많은 고민을 하고 있다.

자식이 있는 경우라 할지라도 부모 자식 간에 심하게 싸워서 남남이 되어 재산을 자식에게 물려주지 않고 자선단체에 기부하는 경우도 비일비재하다. 죽음을 눈앞에 둔 사람들에게 가장 고민되는 부분이다.

도솔자미천에서 이런 부분의 문제들을 해결해 주고 있다. 앞으로 죽어서 세상을 떠날 사람들의 수많은 고민 걱정을 한꺼번에 풀어줄 수 있는 곳이고. 나와 함께하는 사람들에게 죽음의 두려움에서 벗어나게 만들어준다.

대다수의 독자들은 죽어서 천상으로 가는 길을 아주 쉽게 생각하고 살아가고 있다. 종교를 믿거나 조상굿, 사십구재, 천도재, 추모예배, 추도미사를 행하면 천상으로 올라갈 수 있다고 생각하고 있지만 그것은 종교인들이 교리와 이론을 주입시켜 만들어준 착각에 불과하다.

왜냐하면 천상으로 오르는 길은 종교를 믿거나 조상굿, 사십구재, 천도재, 추모예배, 추도미사를 통해서 이루어지는 것이 아니라 하늘이신 도통천존 도솔천황님의 허락을 받아야만 오를 수 있다는 천상법도가 있음을 알지 못했기 때문이다.

낯선 사람들이나 지체 높은 사람들이 여러분의 자택을 갑자기 방문하더라도 반드시 여러분의 허락을 받아야 출입을 할 수 있듯이 천상궁전으로 오르는 길 역시도 하늘로부터 허락을 받아야 입천(승천)이 되기 때문이다. 하지만 종교인들은 마치 자신들이 하늘이라도 되는 것처럼 마음대로 여러분을 죽음 이후 천상으로 보내준다고 말하고 있지만 지금까지 아무도 뜻을 이루지 못하고 있다.

언젠가 다가올 자신의 사후세계를 대비하여 살아생전에 천상은행으로 돈을 보내서 예금하는 길이 있다면 얼마나 좋을까? 현실적으로는 상상이나 꿈만 같은 일이지만 이것을 상상이 아닌 실제 현실로 이루어줄 길이 열렸다.

천상은행 자미뱅크(Jami Bank)에 해당하는 곳이 전 세계 유일한 계좌가 농협 301-0111-2970-51 예금주 도솔자미천. 내국인이든 외국인이든 예치할 수 있다. 지금 내외국인 포함 수많은 사람들에게 인기를 끌고 있는데 죽음을 앞둔 사람들이 앞다투어 기부하고 있다.

작은 돈, 큰돈, 전 재산에 해당하는 거액을 기부하고 있다. 이미 죽음이 눈앞에 다가왔음을 확인한 사람들이다. 그리고 언제 어떻게 이 세상을 떠날지 모르는 불확실한 미래를 살아가고 있는 사람들이 자신의 사후세계를 대비하여 천상에서 자신이 쓸 돈을 미리 기부하고 있는 것이다.

자신들이 천상은행 자미뱅크(Jami Bank)에 해당하는 계좌에 입금하는 만큼 살아서는 물론 죽어서도 하늘의 사랑과 보호를 받고 살아갈 수 있기 때문이다. 자신의 마음 크기만큼 작은 돈이든, 큰돈이든, 유산이든 생각날 때마다 수시 또는 정기적으로 예치하면 천상의 정기를 받고 살아가게 된다.

계좌에 입금함과 동시에 실시간으로 천상에서 내리는 신비로운 기운을 받기에 본인들 스스로가 일상생활에서 느낄 수 있다. 기분 좋은 일들이 일어나고 풀리지 않던 일들이 저절로 잘 풀린다는 것을 실생활에서 체험한다.

이렇게 천상은행 자미뱅크(Jami Bank)인 계좌에 입금하는 기부금을 이곳에서는 하늘에 바친다 하여 천공(天貢)이라고 부른다. 유산을 전액 천공으로 바치는 것이 자신의 사후세계를 위해서는 가장 좋은 일이다. 이 땅에서 자신들이 누렸던 권력과 명예를 모두 천상으로 가져갈 수 있고, 천상에서 벼슬을 하사받을 수 있는 유일한 방법이다.

도솔자미천은 비영리단체이고 세금을 공제받을 수 있는 기부영수증을 발급해 준다. 기업을 경영하는 법인은 법정 기부한도 내에서 기부금을 내면 좋을 것이다. 천공(天貢)을 개인주머니에서 내지 않고 기부금 항목으로 비용 처리해서 국가에 세금 낼 돈으로 기부하면 된다.

도력(道力)이란 무엇인가?

사람들이 도를 닦아 도통, 천통, 신통, 영통, 육통, 타심통, 의통, 영생통, 조화통, 천안통, 천이통, 인생통을 이루어 병마를 퇴치하고 하늘로부터 현생의 구원과 보호도 받고 죽음 이후 내생까지 구원받고자 한다.

세상을 자기 마음대로, 생각대로 움직이는 경이롭고 신통방통한 도력의 힘을 얻으려고 명산대천에서, 도교단체에서, 종교단체에서 어떤 주문을 외우며 수행하는 사람들이 상당히 많은데 진정한 뜻을 이룬 사람들은 전무하다.

각자 자신의 눈높이에서 약간의 신비함은 체험했을지는 몰라도 도통을 이룬 도통군자는 나타나지 않고 있다. 왜냐하면 도통을 주관하시는 하늘이신 도통천존 도솔천황님을 만나지 못했기 때문이다. 주문수행하며 도를 닦는다고 도통하는 것이 아니라 도력과 도권을 주관하시는 도통천존 도솔천황님께 도통의 기운을 전수받아야 도통이 이루어지기 때문이다.

수많은 인간들이 주문수행한다고 도통하는 것이 아니라 도통천존 도솔천황님께서 신비스러운 도력의 기운을 내려주시어야 한다는 뜻이다. 지금도 수많은 사람들이 도통하려고 도에 미쳐 있지만 아무도 뜻을 이루지 못하고 있다. 대순에서는

1999년부터 도통한다고 외쳐오다가 안 되니까 해마다 내년 내년 하면서 현재까지 미루어왔지만 끝내는 도통이 불발되었다.

도력이란 만물의 영장인 사람들을 비롯해서 천지만생만물을 자유자재로 움직이는 경이롭고 신비한 힘이지만 이런 뜻을 이룬 자들은 없다. 왜냐하면 그것은 인간의 영역이 아닌 하늘의 영역이기 때문이다. 그러니까 하늘이신 도통천존 도솔천황님의 도력과 천력을 얻지 못하면 불가능하다는 뜻이다.

그러면 하늘이신 도통천존 도솔천황님의 도력과 천력을 어디 가서 받을 것인가 그것이 문제이다. 명산대천에서, 도교단체에서, 종교단체에서 기도주문 수행한다고 받아지는 것이 아니라 하늘이신 도통천존 도솔천황님의 화신이자 분신인 나를 통해서 받을 수 있는 길이 열려 있으니 행하기만 하면 된다.

하늘이신 도통천존 도솔천황님의 신비한 기운을 받는 것은 한 치 앞도 알 수 없는 인생길과 육신의 죽음 이후에도 희망의 등불이 되어줄 것이다. 생활에 활력소가 생기고 자신감과 희망이 끊임없이 샘솟는다.

흔히들 세상사 일들이 인력으로는 안 된다고 말한다. 여기에 대한 정답을 내가 갖고 있으니 행하여 여러분의 것으로 만들면 된다. 나를 통해서 하늘의 천상정기를 받으면 인생사가 편안하고 하는 일들이 매사 잘 풀린다.

도솔천황님의 화신(化身)이자 분신(分身)

나는 도통을 주관하시는 하늘이신 도통천존 도솔천황님의 화신(化身)이자 분신으로 이 땅에 왔다. 그러하기에 내가 어떤 내용을 알려주면서 주문으로 외우라고 말하면 상상을 초월하는 엄청난 신비조화의 기운을 현실로 느끼게 된다.

이것이 바로 도통천존하강이다.

도통천존 도솔천황님의 도력(道力)과 도권(道權)을 갖고 왔기 때문에 현실로 신묘한 조화가 상상을 초월해서 실생활에서 일어나고 있는 것이다. 이러한 신비의 조화 기운을 얻으려고 무수히 많은 사람들이 명산대천에서 도를 닦거나 도교단체에 들어가서 주문수행하며 도를 공부하고 있지만 도통을 이루지 못하고 허송세월만 보내고 있는 것이 안타깝다.

도통의 길이 바로 눈앞에 있는데 이를 알지 못해서 엉뚱한 곳에 가서 금전과 세월을 낭비하고 있으니 애처롭다. 도통은 도통천존 도솔천황님의 화신이자 분신을 통해서 내려주고 계신다는 진실을 이 세상 아무도 모르고 있다.

오랜 세월 갈고 닦으며 주문수행하며 열심히 공부하면 도를 통하는 줄 아는 것이 일반적인 상식인데 전혀 그렇지가 않다. 꽃이 피지 않는 나무에 열매가 열리기를 바라는 것과 다름없으니 세월 낭비 아니겠는가?

가르쳐주어도 각자들이 믿는 종교의 교리와 이론에 깊게 세뇌당하여 눈을 감고, 귀를 막아 들으려 하지 않으니 가는 세월이 야속할 뿐이다. 평생을 갈고 닦아도 이루지도 못할 그 어려운 도 공부, 하늘 공부를 왜 하고 있는가?

세상에서 배운 고정관념을 버리고 나를 만나면 희망과 기쁨, 행복과 영광이 넘치는 새로운 무릉도원 세상이 활짝 열린다. 각자들이 이루고자 하는 소원이 다르기에 주문 내용도 사람마다 다를 수밖에 없다.

몸이 아픈 자는 건강을 회복하는 주문을 외워야 하고, 수명이 짧아 단명할 사람들은 수명을 늘리는 주문을 외워야 하고, 사업이 안 풀리는 사람들은 사업이 잘 풀리는 주문을 외워야 하고, 가정이 불행한 사람들은 가정이 화목해지는 주문을 외워야 하고, 사기배신 잘 당하는 사람들, 관재구설이 잦은 사람들, 사건사고가 많은 사람들, 망신살이 뻗친 사람들, 우울증, 불면증으로 고생하는 사람들, 당뇨로 고생하는 사람들, 혈압이 높은 사람 등등이 외워야 할 주문들이 모두 다르다.

각자의 소원에 맞는 맞춤형 주문을 외워야 효과가 있다.

주문이라고 무턱대고 외워서는 아무 소용이 없다. 질병의 종류에 따라서 진료와 치료하는 전문의사가 따로 있듯이 각자들이 원하고 바라는 도법주문을 나에게 받아서 외워야 커다란 효과를 얻을 수 있다.

도통천존 도솔천황님으로부터 도통의 기운을 받아 도력을 지니는 도인합체가 있고, 신통의 기운을 받아 신이 되는 신인합체가 있고, 천통의 기운을 받아 하늘의 사랑과 보호를 받는 천인합체가 있으니 이것이 바로 三通(삼통)이고 전생, 현생, 내생을 보장받고 죄를 용서받을 수 있는 길이니 지상 최고 의식이다.

명산대천에서 기도하는 사람들과 도교단체에 들어가서 증산상제를 믿으며 태을주 주문수행하며 도를 닦아 도통하려는 사람들은 도인합체를 행하면 된다. 인생을 살아가면서 도력이 필요할 때가 있고, 신력이 필요할 때가 있고, 천력이 필요할 때가 각각 따로 있는데 종교지도자들은 이런 진실을 알지 못하고 한가지로 모든 것을 이루려 하고 있기에 이루어지지 않는다.

신인조화의 신비기운을 내려주시는 신인합체. 인생의 삶을 개벽시켜 주시니 인력으로 안 되는 어려운 일들은 신인합체를 행하여 천상의 신명이 하강하면 신통력이 생겨서 세상을 거침없이 살아갈 수 있다.

하나님, 하느님을 믿으며 죽은 뒤에 사후세계를 보장받아 천국, 천당으로 오르려고 기독교, 천주교에 다니는 사람들은 하나님, 하느님, 여호와, 예수, 마리아보다 더 높고 대단하신 하늘의 사랑과 보호를 받는 천인합체를 살아생전 행하여야 천상으로 오를 수 있다.

전생, 현생, 내생의 길흉화복, 흥망성쇠, 생로병사를 주관하시는 하늘이신데 지구상의 모든 종교가 결국은 하늘의 지킴과 보호, 사랑과 구원을 받기 위하여 종교를 믿고 있는 것이지만 불행하게도 종교세계에서는 위대하신 하늘을 찾을 수도 없고 만날 수도 없다.

왜냐하면 종교세계를 통해서는 구원하지 않으시겠다고 하늘께서 선포하시었기 때문이다. 이런 진실을 몰라보고 수많은 사람들이 아직도 종교세계에 줄을 서 있는데 이것 또한 각자들의 자유이겠으나 인생을 허무하게 보내는 수많은 사람들을 구원의 길로 인도해 주기 위해서 알려주는 것이다.

하늘의 진실을 아무리 알려주어도 종교의 교리와 이론에 빠져 있으면 눈과 귀가 멀어서 믿으려 하지 않는다. 애석한 일이지만 각자가 가야 할 길이 따로 있을 것이니 더 이상 권유하지는 않을 생각이다. 이 글을 읽고 공감하여 뜻이 맞으면 종교가 아닌 도솔자미천으로 들어와서 진정한 하늘과 만나야 여러분이 원하고 바라던 기쁨과 행복의 길이 열린다.

여러분의 육신, 여러분의 조상님, 여러분의 영혼, 여러분의 신들은 하늘의 화신, 하늘의 분신, 하늘의 대행자인 나를 만나는 자체가 여러분이 인간으로 태어나서 고귀한 사명을 완수하는 진정한 길이다.

하늘의 기운을 받고 사는 자가 승리자

대단하신 천지조화의 신비로운 능력을 지닌 진짜 하늘을 찾아서 만나기란 쉬운 일이 아니다. 수많은 사람들이 어딘가에는 있을 것만 같은 하늘을 찾아다니느라고 여러 종교단체를 돌아다니고 있지만 마음에 맞는 곳을 못 찾아서 허송세월하며 시간 낭비, 금전 낭비하고 있다.

과연 하늘이 실제로 존재하는 것일까?
많은 사람들이 반신반의하며 끊임없이 의문점을 가지면서도 하늘을 만나기 위해서 온갖 고행의 길을 자청하며 명산대천에서 기도정진하고, 어떤 종교에 심취하여 금쪽같은 인생을 허비하다가 좌절하기도 한다.

하늘은 존재하신다.
과연 누구를 통해서 어떻게 만날 것인가 이것이 문제일 뿐이다. 아주 특별하게 신안(神眼)이나 영안(靈眼)이 열려서 하늘을 보는 경우도 있지만 대다수 사람들의 눈에는 보이지도 않고 들리지 않는 것이 일반적이다. 양말 속이라면 까뒤집어서 보여줄 것인데 아쉽다.

그러면 여러분의 눈에도 보이지 않고, 귀로도 들리지 않는 하늘을 어떻게 보고 들을 수 있느냐가 가장 큰 문제일 것이다.

과학적으로 검증이 될 수 있다면 참으로 좋으련만 불행하게도 아직까지는 하늘을 볼 수 있는 영체 투시경이 개발되지 않고 있어서 미지의 세계로 남아 있다.

하지만 여러분 스스로가 온몸의 육감과 오감의 세포를 통해서 마음과 육신으로 하늘의 기운을 직접 객관적으로 느껴볼 수 있는 비법을 내가 갖고 있다. 여러분의 인체는 우주 레이더와 같기에 하늘의 도법(道法)을 통해서 영계의 주파수만 잘 맞추어주면 충분히 하늘의 기운을 무한대로 체험하고 받을 수 있는 길이 활짝 열려 있다.

내가 시키는 대로 예법을 취하고, 내려주는 도법주문을 외우면 신비로운 기운이 온몸으로 무수히 내리는 것을 직접 체험하게 된다. 현대의학으로 치유되지 않는 질병들이 순식간에 치유되는 이적과 기적이 무수히 일어나고 있기에 여러 사람들이 겪은 생생한 도법주문 체험 사례를 여기에 수록한다.

내가 내려주는 신비의 도법주문은 특급 비밀이기에 책에는 내용을 공개하지 않는다. 나를 통해서 이미 신하와 백성 신분을 취득한 천인, 신인, 도인, 백성들에게만 신기한 도법주문이 천상에서 수시로 내려올 때마다 알려주고 있다.

이렇게 천상에서 내려주신 신비의 도법주문을 통해서 우리 모두의 일거수일투족을 실시간으로 감찰하시며 생사여탈권, 생로병사, 길흉화복, 흥망성쇠, 성공과 출세를 좌우하시는 하늘이 실제로 존재하신다는 사실을 만 세상에 널리 알리는 바이다.

내가 내려주는 신비의 도법주문을 통해서 신안(神眼)이나 영안(靈眼)이 열리는 사람들이 나날이 늘어가고 있다. 이들은 천상세계의 모습을 자유자재로 보면서 하늘이 들려주시는 말씀도 듣는다. 하늘을 통할 수 있는 신비의 도법주문이다.

보살, 무당, 법사, 도승, 고승, 승려, 도사, 신부, 목사 등 종교인들은 도법주문 신청 대상자에서 제외하고 순수한 일반인들만 도법주문을 신청할 수 있다. 매주 일요일마다 오후 2시~6시까지 도법주문.

이름, 나이, 성별, 지역을 핸드폰 010-2499-0076 문자로 적은 뒤에 [도법주문 신청합니다]를 보내고 참가비를 입금하면 된다. 참가자격은 15세 이상 남녀이고, 가족이나 지인들과 함께 참가해도 된다. 약간의 참가비가 있다.

하늘의 화신이자 분신이며 하늘의 대행자 역할을 하고 있는 나를 통해서 도법주문으로 하늘이 내려주시는 기운을 받을 것인지 결정하는 일만 남았다.

이 책에서는 처음으로 나를 도통천존 도솔천황님의 화신이자 분신으로 표기하였다. 이것이 인류가 수천수만 년을 종교세계 안에서 애타도록 기다려 온 하늘의 하강 강림이자 인간세상 탄생이다.

조상 대대로 이어가면서 수천 년 동안 여러 종교를 믿고 있는 수많은 불교인, 기독교인, 천주교인, 도교인, 무교인, 유교인, 일반인들이 마음속으로 기다려 오던 미륵출세, 재림예수,

정도령, 진인이 바로 하늘의 화신, 하늘의 분신, 하늘의 대행자를 말하고 있는 것 같다.

도통천존 도솔천황님의 화신이자 분신이 가르쳐주는 특별주문을 외우면 천상의 신비스러운 기운이 무궁무진 인간의 육신을 타고 내려온다. 어디 그뿐인가? 내가 말하면 즉시 이루어지는 것도 있고, 시간의 차이는 있지만 말하는 것이 조금 늦더라도 현실로 이루어지는 신기한 일들이 너무나도 많다.

다시 말하자면 말하는 대로 현실에서 이루어진다는 신기한 말법시대가 나에 의해서 본격적으로 열리고 있으니 이 얼마나 신나고 경천동지할 일인가?

나와 전생, 현생, 내생의 인연이 닿는 여러분을 하늘의 기운을 받을 수 있는 천인(天人), 신인(神人), 도인(道人)으로 재탄생시켜 무릉도원 세상에서 기쁨과 쾌락을 누리며 행복하게 살아가는 길을 열어주고 있다.

종교의 힘으로도 안 되고, 인간의 노력으로도 어찌할 수 없는 아픔과 슬픔, 고통과 불행의 힘든 인생길에서 벗어나 행복이란 무엇인지 새롭게 느끼면서 살 수 있는 길을 함께 가자고 하는 것이니 뜻이 맞는 독자들에게는 희소식일 것이다.

인간의 욕망, 욕심은 우선멈춤이 없고 목표가 무한대이기에 이 모두를 다 채워줄 수는 없어도 어느 정도까지는 소원을 이루어지게 도와줄 수 있다. 나약한 인간의 힘으로 안 되는 일들이 많은 것을 알기에 신비스런 힘을 얻으려고 하늘을 끊임없이 찾아다니는 것이다.

하늘의 대단하신 능력은 끝이 없는 무한대이지만 이분들이 주시는 복의 통로(그릇)를 찾지 못하면 천복만복을 무수히 내려주시어도 인간 육신들은 어떻게 천복만복을 받는 것인지 모르기에 받을 방법이 없다.

복의 통로가 되어줄 그릇이란 누구인가?

기독교와 천주교에서 사탄 마귀라고 불리는 조상님들이다. 자신의 조상님들 중에서 자신을 이 땅에 인간 육신으로 태어나도록 손발이 닳도록 빌어주시고, 자신의 직계 모든 조상님을 대표하는 우두머리 조상님이 계시는데 바로 이분이 여러분에게 천복만복을 받아다 주시는 복의 통로이자 그릇이다.

그러면 독자 여러분이 원하고 바라는 천복만복은 어디에 있는 것이던가? 하늘이 거처하시는 천상궁전에 있기에 여러분의 조상님들을 천상궁전으로 유학(승천. 입천)을 보내서 받아오게 하는 것을 조상입천제라고 한다.

외형상으로 보기에는 종교인들이 행하는 조상굿, 지노귀굿, 사십구재, 천도재, 수륙재, 추모예배, 추도미사처럼 생각할 수 있지만 아주 고차원적인 천상궁전 입천 의식이고, 매년 또는 수시로 행하는 것이 아니라 일평생 한 번만 할 수 있는 아주 진귀한 천상의식이다. 여러분과 배우자의 시조까지 직계좌우 조상 모두가 천상궁전으로 입천(입궁)하는 대경사이다.

하늘이 내려주시는 천복만복을 받으려거든 여러분의 조상님을 앞장 세워야 하기에 조상입천 의식은 누구나 필수적으로 행해야 한다. 지금까지는 우리들이 조상님께 해드릴 수 있는 효도가 풍습에 따라서 정해져 있었다.

사람이 살다가 죽으면 누구나 조상의 신분으로 변한다.

인간의 육신이 살아 있을 때는 사람이고, 죽으면 조상 또는 망자, 사자, 사체, 시신, 시체, 혼령, 귀신으로 불린다. 그런데 옛날부터 죽은 조상을 좋은 곳에 모시는 명당묏자리, 납골묘, 납골당이 생겨나고, 죽은 망자의 혼령을 위로 해주는 조상굿, 지노귀굿, 사십구재, 천도재, 수륙재, 추모예배, 추도미사를 행하고 있지만 아무 소용이 없다.

망자는 조부모, 부모, 형제, 배우자, 자녀인데 이들을 통틀어서 나이가 많든 적든 조상이라 부르고 각자의 집집마다 조상 없는 집이 없다. 그런데 말이 통하지 않는 조상님들을 위해서 자손과 후손들이 해줄 수 있는 것은 한계가 있다.

그래서 여러분의 조상님들을 남들보다 빨리 천상궁전으로 보내드려야 한다. 꽃 피고 새 우는 천상궁전은 무릉도원 세계이기에 축생으로 윤회가 없고, 죽음이 없는 영생의 세계로 근심과 고민 걱정이 하나도 없는 꿈의 세계이다.

윤회라는 것이 가장 무서운 것인데도 불구하고 사람들은 별로 대수롭게 생각하지 않고 살아간다. 가장 무서운 윤회의 종지부를 찍는 것이 고차원적인 조상입천 의식인데 전 세계에서 유일하게 도솔자미천에서만 행해 주고 있다.

도통천존 도솔천황님의 소원을 알아내다

내가 신하와 백성들에게 도법주문을 내려줄 때마다 도통천존 도솔천황님의 무소불위하신 신기한 천변만화의 조화가 현실 생활로 일어나니 이 얼마나 대단하신 도력과 천력이신가? 대단하신 도통천존 도솔천황님이시다.

내가 도통천존 도솔천황님의 화신과 분신이 되어 마음을 얻었기에 말하는 대로, 글을 쓰는 대로 무소불위한 천변만화의 조화가 실생활로 일어나는 것이다.

도통천존 도솔천황님의 소원이 무엇인지 새벽 0시부터~3시 사이에 나 홀로 도통천존 도솔천황님과 대화의 시간을 통해서 처음으로 알게 되었다. 그것은 다름 아닌 나의 육신과 마음, 생각, 손과 발, 입을 갖으시는 것이었다.

도통천존 도솔천황님께서는 인간이 아니시기에 우리들이 좋아하는 태산 같은 돈이나 재물, 권력, 명예, 건강, 부귀공명이 전혀 필요 없으시고, 오직 인간 육신을 가진 나를 모두 소유하는 것 하나뿐이라는 사실을 알아내었다.

나 하나만 가지면 되신다고 직접 말씀하시었다. 나를 갖는 것이 도통천존 도솔천황님의 소원이실 줄이야 어떻게 알았겠는가? 그래서 36년의 세월 동안 내가 말하는 대로, 글을 쓰는 대로 천변만화의 신기한 조화를 무궁무진 내려서 보여주신 것이었음을 오늘 새벽에서야 알게 되었다.

36년의 세월 동안 나로부터 확실히 인정받으시기 위함이었던 것이다. 직접 이렇게 말씀하시었다. 나는 이제 너를 완전히 정복한 승리자라고 말이다. 나 역시도 도솔천황님을 정복한 최후의 승리자가 되었다. 즉 나와 하늘이 진정으로 하나가 되었다는 깊은 뜻이다.

이와 마찬가지로 독자 여러분도 나의 마음을 진정으로 얻으면 여러분의 인생이 천지개벽하는 삶으로 변할 것인데 그동안 이런 진실을 알 수 없었으리라. 나하고 전화통화하기가 어려우니 문자로 소통하라고 말해 주었지만 지키는 자들이 많지 않았다.

여러분은 보이지도 들리지도 않는 하늘과는 소통할 수 없기에 눈에 보이고, 귀로 들리는 하늘의 화신이자 분신이요, 하늘의 대행자인 나하고만 소통하면 천만사가 상통한다. 얼마나 쉬운 일인가?

종교를 믿는 사람들 대부분이 밤낮으로 하늘에 열심히 기도를 하는데 과연 응답을 잘 받고 있는가? 그야말로 일방적일 수밖에 없다. 하지만 나하고 대화는 서로가 주고받는 형식이니 얼마나 명쾌한 일인가?

나는 하늘의 마음만 얻으면 되고, 여러분은 나의 마음만 얻으면 인생사 살아가는데 아무런 어려움도 일어나지 않는다. 보이지도 들리지도 않는 하늘과 통하려고 어렵게 고생할 필요가 없다는 뜻이다. 나를 통하면 하늘과 직통으로 통하기 때문이다.

나의 마음이 여러분에게로 가지 않으면 여러분의 삶이 잘 풀릴 수가 없다. 나의 마음이 가지 않는데 도통천존 도솔천황님께서 어찌 도력과 천력을 내리시어 보살펴주실까? 여러분 모두는 바람 불면 언제 꺼질지 모르는 촛불 같은 인생길을 살아가고 있을 뿐이기에 절대적으로 하늘의 보호를 받고 살아가야 한다.

부산에 사는 이○규(여성, 64세)가 가장 대표적인 사례이다. 나와 멀어지고부터는 부가세, 공과금, 가게 월세, 낙찰계도 낼 수 없을 정도로 장사가 안 되는 고난의 길을 8개월 동안 걸어왔음이 현실로 잘 증명해 주고 있다.

지난 2017년 10월 10일경부터 내가 살려주려고 방법을 알려주었다. 우선 홈피에 메인 글과 댓글부터 열심히 올리라고 말이다. 홈피에 글 올리지 않고부터 8개월 동안 인생이 박살났다. 홈피의 글들은 나와 함께 도통천존 도솔천황님께서 실시간으로 직접 읽어보고 계신다는 경천동지할 진실도 알아내었다.

나의 마음을 얻는 것이 여러분 인생의 성공 비결이다. 나와 멀어지는 것이 하늘이신 도통천존 도솔천황님의 도움으로부터 멀어지는 것이기에 지옥세계의 문이 활짝 열릴 수밖에 없다. 알아듣고 즉시 행하는 자는 이○규처럼 인생이 개벽할 것이고, 행하지 않은 자들은 인생이 막히고 답답하게 살아갈 것이다.

하늘이신 도통천존 도솔천황님께서는 나를 통해서 모든 천변만화의 신비로운 조화를 내려주고 계시었다. 그리고 하늘은 죽어서는 영원히 만날 수 없고, 오직 육신이 살아 있을 때 하늘의 화신이자 분신인 나를 통해서만 만나서 구원받을 수 있다는 진실도 전한다.

수많은 종교세계의 종교인들을 통해서는 도통천존 도솔천황님을 찾을 수도 없고 만날 수도 없기에 허송세월 보내며 금전낭비만 할 뿐이다. 이 나라에 내로라하는 도승, 고승, 승려, 보살, 무당, 신부, 목사, 영매자들을 통해서는 하늘이신 도통천존 도솔천황님을 만날 수 있는 길이 없다.

전생에 지은 죄를 빌어 현생을 보호받고, 죽음 이후 윤회의 굴레에서 벗어나 내생을 허공중천이 아닌 천상궁전에 올라가서 지내려거든 종교세상의 교리와 이론, 세상에서 보고들은 모든 고정관념을 과감히 내려놓고 하늘의 화신이자 분신, 하늘의 대행자인 나를 하루바삐 만나야 한다.

조상님을 구하러 인간으로 태어났다

현재의 인생사 삶이 버거워서 아픔과 슬픔, 고통과 불행이 연속적으로 이어져 힘들어 하는 사람들이 참으로 많고, 그 사연의 종류도 천차만별이다. 인생이 힘들어지면 찾아가는 곳이 주변에 있는 철학관이나 무속인들이다.

잠시 위안은 될 수 있지만 불행, 불운, 비운이 잇따르는 근본적인 원인과 해법은 찾기가 어렵다. 힘든 인생길의 근원은 조상님에서부터 시작되기 때문이지만 무속인들이 굿하고 승려들이 천도재 올려준다고 해결이 안 된다는 점이다.

각자의 수많은 조상님들이 원하고 바라는 소원은 조상님들의 하늘이신 도통천존 도솔천황님의 고유영역이시기 때문에 역술인, 무속인, 도승, 고승, 승려, 신부, 목사, 도사들이 절대로 해결해 줄 수가 없다.

잘났든 못났든, 부자든 가난하든 100년 남짓한 이 세상을 살아가는 수많은 사람들의 종착역은 죽음이라는 관문이지만 사실 죽음을 대비해서 철저한 준비를 해놓고 살아가는 사람들은 거의 없을 정도로 무방비 상태이다.

100년도 못살 집은 크고 좋은 집으로 열심히 장만하지만 죽음 이후의 집을 장만하는 사람들은 거의 없다. 왜냐하면 죽으면 모든 것이 끝이라고 생각하고 살아가기에 아무런 준비를 하지 않고 살아가는 것인데 죽음 이후의 세상은 실제로 존재한다.

독자 여러분은 이 땅에 인간으로 왜 태어났을지 한번쯤이라도 생각해 본 적이 있는가? 한 세상 잘 먹고 잘 살기 위해서 수억 겁의 긴긴 세월을 넘어서 인간으로 태어난 것이던가? 여러분의 전생이 무엇이었을지 알고 있는가? 그리고 이승의 삶이 다하여 죽으면 어디로 가는 것인지 알고 있는가?

나는 여러분을 책으로 교화하여 가장 무서운 죽음 이후에 펼쳐질 윤회의 세계를 가르쳐주고 구원해 주려고 한다. 독자 여러분이 죽으면 종교인들의 말처럼 하늘나라 천상세계인 천당, 천국, 극락, 선경세상으로 모두 올라갈 것이라 생각하며 살아가고 있는 것이던가?

어제라는 시간이 있기에 오늘이 있는 것이고, 오늘이라는 시간이 있기에 내일이라는 시간이 있는 것처럼 독자 여러분에게 전생이 있었기에 현생이 있는 것이고, 현생이 있기에 내생이 있는 것이다. 다만 육신들에게는 전생과 내생이 없고 현생만 존재할 뿐이다.

그래서 죽으면 모든 것이 끝이라고 생각하며 살아가는 것인데 이것은 인간 육신에게만 해당되는 말이고 여러분 몸 안에 있는 영들에게는 끊임없이 전생과 현생, 내생이 반복된다. 육신이 죽으면 조상의 신분이 될 영들에게는 어디가 끝인지 알 수 없는 무서운 윤회의 세계가 기다리고 있다는 사실을 알아야 한다.

여러분의 전생이 무엇이었는지 생각해 보았는가?

사람이었을까? 귀신이었을까? 동물이었을까? 식물이었을까? 조류였을까? 어류였을까? 파충류였을까? 곤충류였을까? 벌레류였을까? 바위였을까? 돌이었을까? 모래알이었을까? 흙이었을까? 나무였을까? 풀이었을까? 세균류였을까? 물건이었을까? 과연 독자 여러분은 어디에 해당된다고 보는가?

만물의 영장인 인간으로 태어났다가 죽으면 천지만생만물로 한도 끝도 없이 기약 없는 윤회를 거듭한다. 다만 인간으로 태어날 때 하늘과 약속했던 조상님을 구하는 입천제를 완수한 자들에게만 특별히 천지만생만물로 윤회하지 않고 천상궁전으로 올라가서 하늘과 함께 살 수 있는 천인합체(天人合體)와 생령입천(生靈入天)의 기회를 부여해 주신다.

그러니까 독자 여러분이 천지만생만물이 아닌 특별히 인간 육신으로 태어난 것은 허공중천 구천세계에서 천지만생만물로 태어나 슬피 울고 있는 독자 여러분의 조상님들을 구해 주겠다고 하늘과 약속하였기 때문이었다.

이런 진실을 아무도 몰라보며 현생의 삶만 잘 살려고 발버둥 치고 있으니 하늘을 속인 죄를 어찌 용서받을 것인가? 독자 여러분 모두는 각자들의 조상님을 구하기 위해서 만물의 영장인 인간으로 태어났다는 위대한 진실을 받아들여야 한다.

그래서 하늘과 약속한 사명을 이행하지 않는 자들은 말 못하는 천지만생만물로 끝없이 다시 태어나는 고통을 감수해야 한다. 무서운 윤회의 굴레에 갇히지 않게 조상님들을 입천의

식으로 구해 주시는 하늘이 도통천존 도솔천황님이시다.

조상님 구원하는 입천은 도통천존 도솔천황님께서만이 하실 수 있다. 그래서 조상님의 존재를 부정하고 무시하여 구해 주지 않는 자들은 종교를 열심히 믿어도 천상으로 올라가는 것이 아니라 천지만생만물로 끊임없이 윤회하는 참혹한 사후세계가 기다리고 있다. 2017년 10월에 15일 동안 1회당 50분짜리 "태조 왕건" 200편을 연속으로 모두 시청하는 강행군을 행하였다.

서기 892년에 후백제를 세운 견훤의 전생이 큰 지렁이였다는 역사적 사실이 "태조 왕건" 대하드라마에서 잘 말해 주고 있다. 즉 지렁이의 화신이 견훤이었다는 것이다. 전생과 윤회를 믿는 사람들도 있고, 전혀 믿지 않는 사람들도 있는데 전생과 윤회는 실제로 존재한다는 것이 수많은 사례를 통해서 밝혀졌다.

독자 여러분이 죽어서 이 세상을 떠난 뒤 다시 만물의 영장인 인간으로 태어날 확률은 무량대수분의 1의 확률도 안 되기에 인간으로 태어나는 것은 불가능하다고 보면 된다. 천지만생만물로 태어나 구천세계를 떠돌고 있는 여러분의 핏줄인 조상님들을 구해 드리는 것이 인간으로 태어난 목적이자 사명을 완수하는 길인데 무지해서 몰라보고 있다.

이제부터 독자 여러분에게 조상님을 천상궁전으로 유학(입천, 입궁)보내드릴 기회가 평등하게 주어졌으니 선택은 각자들의 몫이다. 조상님을 구해서 하늘과 약속을 이행하여 천상으로 오르든 이행하지 않아 벌을 받아 말 못 하는 천지만생만물로 다시 태어나든 그것은 여러분의 선택에 달려 있다.

제2부

도법주문 외운 신비한 체험 사례들

김정일 생령의 말이 12년 지나서 현실로 검증

12년 전에 북한 김정일 국방위원장이 살아 있을 때 김정일의 생령을 불러서 대화했었다. 그런데 아들 김정은 위원장이 오늘 2018년 1월 1일 신년사를 발표하는데 아버지 김정일 국방위원장과 어쩜 이리도 똑같은 말을 하는지 너무도 신기하여 저자가 처녀작으로 집필하여 2005년 7월 15일에 발행한 신간 『생사령』 책에 실렸던 핵심 내용만 발췌하였다.

본 책자는 조선일보, 중앙일보, 동아일보, 기타 신문에 5단통(신문지면의 1/3) 크기로 2년 이상 광고를 내보냈던 책으로 인기가 대단하였었다.

2005년 2월 6일 밤 9시 10분

아버지 [김정일 국방위원장] 생령이 한 말이다.

"우리가 보유한 핵은 자위 수단이지 동포인 남한이나 미국, 일본을 공격하기 위한 공격용은 아닙니다. 저들이 공격하지 않는 이상 절대로 선제 핵미사일 발사는 없을 것입니다. 핵 개발은 공격용이 아닌 자체 방어용으로 개발했습니다.

작은 나라가 강대국 틈바구니에서 먹히지 않으려면 핵무기 보유밖에 대안이 없었으며 우리로서는 불가피한 선택이었습니다. 계속되는 미국의 협박에 굴복하지 않기 위해서입니다."

2018년 1월 1일 김정은 신년사

아들 [김정은 위원장]

"핵 강국으로서 침략적인 적대 세력이 우리 국가의 자주권과 이익을 침해하지 않는 한 핵무기를 사용하지 않을 것이며 그 어떤 나라도 핵으로 위협하지 않을 것입니다. 그러나 조선반도의 평화와 안전을 파괴하는 행위에 대해서는 단호하게 핵무기로 대응해 나갈 것입니다." - 이상 -

김○자(175.223.10.88) 18-01-01 15:25

대단하신 천지인황 폐하!

저도 김정은 신년인사를 다루는 뉴스를 접하고 이거 어디서 많이 들어본 멘트였는데 어디서 들었지? 혼자서 갸우뚱거리며 참으로 알 수 없는 기사에 머리를 굴려 봐도 생각이 안 나 포기하고 외출하였는데(알바 끝난 뒤 자고 일어나니 4시간밖에 못 자 멍하니 있으니 머리가 안 돌아감) 지금 대단하신 천지인황 폐하께서 올리시는 메인 글에 저도 모르게 입이 벌어졌습니다.

생각이 났습니다. 어쩜 세상에! 어떻게 한 치의 오차도 없이 생령 불러서 대화 나눈 내용 그대로 말이 나올 수가 있는지요? 이거 정말 실화 맞지요? 와아~ 대박이십니다! 절로 엄지 척!!

이거 정말 우리들만 알기에 아깝습니다!! 군중들이 알아야 됩니다! 가짜가 아닌 진짜로 하늘의 화신! 도통천존 도솔천황님의 화신이자 천. 지. 인 삼황으로 득도하신 대단하신 천지인황 폐하의 존재가 실존이심을 모두들 알아야 됩니다!!

오~온몸에 부르르 전율이 올라옵니다!!

2018년 첫날에 너무나도 일치한 경이로움을 보여주신 것을 보니 올해 예사롭지 않은 엄청난 한 해가 될 것이라는 암시가 풍겨옵니다! 이제부터 어떤 기적과 경이로움을 보여주실지 너무나 설렙니다!! 대단하신 천지인황 폐하! 만세! 만세! 만세!

김○석(223.62.219.2) 18-01-01 15:26

천지인황 폐하!

저도 오전에 북한 김정은 신년사를 보았습니다. 이전과는 완전 다른 사람처럼 보였습니다. 이미 12년 전 김정은의 아버지인 김정일 국방위원장의 생령을 불러 대단하신 천지인황 폐하께서 대화를 나누신 글을 천지인황 폐하께서 쓰신 책을 읽었기에 기억이 납니다.

천지인황 폐하의 대도력, 대천력이 너무 크시기에 먼저 말씀해 놓으시면 한참의 세월이 흘러 현실로 나타남을 여러 번 보았습니다. 그러나 이제는 도법세상을 선포하시었으니 천지인황 폐하의 황명은 즉시 현실로 이루어집니다.

이토록 대단하신 천지인황 폐하를 알현하고 가까이에서 말씀을 들을 수 있는 천복만복을 받았으니 가문의 영광이오며 신하된 자로서 기쁘기 그지없습니다. 한반도의 통일은 천지인황 폐하께서만이 이룰 수 있음을 세상 사람들이 모두 알게 되는 날이 속히 오기를 바라는 마음입니다.

대단하신 천지인황 폐하 만세 만세 만만세!

이○숙(124.254.162.37) 18-01-01 14:20

존귀하신 천지인황 폐하!

알현하옵니다! 폐하께서 올리신 글을 잘 보았습니다. 정말 김정일 부자간이 하는 말이 똑같네요~~참으로 신기합니다. 김정일이 아들 김정은 육신에 있다는 것이 증명되는 순간이기도 하네요!

천지인황 폐하께서 김정일과 영적으로 대화까지 하셨으니 이 나라는 전쟁이 없고 평화를 유지할 수 있겠지요!! 전쟁 없는 평화의 날을 우리들에게 주신 위대한 천지인황 폐하의 황은이 망극하옵니다!! 언제나 강녕하시고 젊음으로 영생하시기를 간절히 기원합니다! 천지인황 폐하!!

이○율(39.7.55.102) 18-01-01 16:39

대단하신 천지인황 폐하!

12년 전 김정일 생령과의 대화 내용이 김정은 신년사와 똑같으니 놀라운 감동이오며, 천지인황 폐하께서는 이미 김정일과 신비의 정기로 교류가 되어 있으셨고, 김정은의 마음 또한 자유자재로 돌리시니 모든 것은 천지인황 폐하의 마음과 손안에 달려 있음을 새삼 또 한 번 가르쳐주신 것 같습니다.

천지인황 폐하께서 말씀하신 대로 이루어지는 말법시대의 도법세상이 본격적으로 도래하였으니, 앞으로 얼마나 더 엄청난 일들이 속속 일어나겠습니까? 한 치의 오차도 없으시고 무소불위하신 천지인황 폐하께서만이 진정 최고이십니다!! 언제나 영원히 천지인황 폐하만을 따르고 이 목숨 다 바쳐 충성하겠사옵니다. 대단하신 천지인황 폐하! 만세! 만세! 만만세!

조○애(175.223.15.146) 18-01-01 18:09

대단하신 천지인황 폐하!

12년 전 김정일 국방위원장의 생령과 대화하셨던 내용은 책에서 읽어서 기억하고 있었습니다. 책을 읽을 당시에는 생령이라는 존재도 처음 알게 되어 생소하였는데 북한 지도자 기정일의 생령을 불러 대화한다는 것이 너무 신기하여 특히 기억에 남았습니다.

오늘 북한 김정은의 신년사를 통해 천지인황 폐하의 대도력과 대천력을 다시 한 번 실감하였습니다. 가장 무서운 것은 천지인황 폐하의 심판이시며, 이미 예언하시고 경고하신 인간구제역에서 살아남으려면 오로지 천지인황 폐하 앞에 줄을 서야 된다는 것을 하루속히 온 국민들이 인정하길 바랍니다.

조○복(223.62.188.252) 18-01-01 18:15

대단하신 천지인황 폐하!

이미 12년 전 김정일 국방위원장 생령을 청배하시어 나눈 대화내용과 김정은 위원장의 2018년 1월 1일 신년사에서도 아버지 생령이 말한 같은 내용으로 발표했다는 자체가 천지인황 폐하의 무소불위하신 대도력 대천력이 아니시고는 있을 수 없는 일이십니다.

이○효(59.27.5.200) 18-01-01 18:35

대단하신 천지인황 폐하!

천지인황 폐하께서 이미 12년 전에 김정일 국방위원장의 생령 청배하여 나눈 대화내용이 똑같은데 김정은이 알아듣고 하는 것인지 아니면 영적으로 통해서 하는 말인지 어쩌면 똑같을까요?

천지인황 폐하가 계시기에 한반도는 전쟁 없이 살아가는 것인데 이런 진실을 아는 사람들이 없다는 자체가 안타까울 뿐입니다. 한편으로는 김정은이가 천지인황 폐하 터전을 마련해주는 귀인으로 안내자 역할을 해주려는 것은 아닌지요?

천지인황 폐하를 천제군주로 추대하는 안내자 역할을 해줄 귀인이 되어주었으면 얼마나 좋을까? 생각해 봅니다. 천지인황 폐하께 좋은 길이 빨리 열리면 얼마나 좋을까요? 천지인황 폐하 천제군주로 추대받으시옵소서!

신비로운 도법주문 독송 하달

신비로운 도법주문을 독송하려거든 도통천존 도솔천황님이 계신 이곳 도솔자미천을 향하여 5배 예를 올리고 합장한 후 내려준 도법주문을 외우면 된다.

마음이 편안해지고 천만사가 상통하리라. 도법주문을 외우면 도솔자미천의 좋은 기운이 내린다. 천상의 원기와 정기를 받는 아주 귀한 주문이다. 즉 천상무릉도원 세상의 천만사통 기운을 받을 수 있는 신비한 도법주문이다.

인생길이 답답한 사람들, 사업이 막힌 사람들, 건강이 안 좋은 사람들은 이 주문을 밤낮으로 외우면 신비로운 조화가 매일같이 현실로 일어난다. 특히 장사나 사업을 하고 있는 사람들은 당일 그 효과를 체험할 수 있으니 이보다 좋은 도법주문은 이 세상에 없을 것이다.

부산에 사는 여자 신하(이○규, 64세)가 하는 말이다. 그동안 손님들이 어디 가서 숨어 있다가 사업장으로 밀려오듯이 들어온다니 천기 받는 도법주문을 가르쳐준 나 역시도 너무나 신기하며 기쁘고 행복하다. 영안과 신안이 열려서 천상의 신비로운 모습도 구경할 수 있고, 하는 일마다 잘 풀리게 되는 너무나 신기한 도법주문임이 검증되고 있다.

수많은 신하와 백성들인 천인, 신인, 도인들이 각자 도법주문을 10~20분간 외우고 나타나는 신비로운 조화 현상들을 매일같이 자세하게 글로 올려서 자랑하고 있다. 나를 통해 도통천존 도솔천황님께서 내려주시고 보여주시는 신비 현상이다. 그러니까 천상의 신령스러운 원기와 정기가 내리는 신비의 도법주문이다.

일하거나 걸어 다니며 수시로 외워도 된다. 그러나 영안과 신안을 열려면 조용한 곳에서 도통천존 도솔천황님께서 계신 도솔자미천을 향하여 5배의 예를 정중히 올리고 합장 후에 도법주문을 외워야 한다. 그러면 천변만화의 신비로운 조화가 무수히 일어난다.

지구상에서 가장 신비로운 천상정기를 받는 신비의 도법주문! 도통천존 도솔천황님께서 내려주시는 상상초월의 상서로운 하늘의 천상정기를 받고 싶은 사람들에게는 천재일우의 기회이다.

나를 통해 지구상에서 가장 강렬한 하늘의 천상정기를 느끼고 받을 수 있는 천재일우의 기회에 독자 여러분을 초대하며 신청 접수는 반드시 휴대폰 문자(010-2499-0076)로만 받는다. 도법주문회는 매주 일요일 오후 2시부터 6시까지이다.

도법주문 개최 취지

도통천존, 천통천존, 영통천존, 의통천존, 신통천존, 영생통천존께서 하늘의 화신, 하늘의 분신, 하늘의 대행자인 인간 육신으로 하강 강림하시어 하늘의 천상정기를 체험하게 하여,

세상에 수천 년 동안 알려져 있는 가장 무서운 종교세계로부터 여러분 모두를 해방시켜 주기 위함이다.

잘못된 종교를 믿어서 뒤집혀 버린 인생을 천변만화의 천상정기 조화로 바로잡는 기회가 될 것이다. 종교세계에서는 전혀 느껴볼 수 없는 신기한 기운의 정체는 과연 어떤 것인지 직접 체험할 수 있는 천재일우의 기회이다. 지금까지는 가족과 지인 동반을 일체 금지하였으나 처음으로 동반 참석도 허용한다.

참가신청 방법(문자로만 받는다)

010-2499-0076(참가신청비 없음) 이름, 나이, 성별, 지역, 체험 목적(○○시. 도 ○○시. 군. 구)

위치 : 서울 강동구 성안로 118(성내3동 382-6)

하늘의 화신, 하늘의 분신, 하늘의 대행자를 통해서 내려주시는 상서로운 천상정기를 받으면 영안과 신안이 열려서 신비로운 천상세계를 보는 사람도 많고, 하늘의 음성이 들리는 사람, 질병이 낫는 사람, 사업 문이 열리는 사람, 금전 문이 열리는 사람, 온몸으로 강렬한 진동이 느껴지는 사람, 전율이 강력하게 느껴지는 사람,

눈물콧물이 범벅이 되도록 대성통곡하는 사람, 정수리에 뭐가 기어가는 느낌을 받는 사람, 졸리지도 않은데 줄 하품을 하는 사람, 온몸을 바늘로 찌르듯 따끔거리는 사람, 시력이 좋아지는 사람, 고혈압이 떨어지는 사람, 당뇨수치가 내려가는 사람 등등 이루 헤아릴 수 없는 신비로운 조화의 기운을 느끼게 된다.

두통, 편두통, 속 쓰림, 불면증, 우울증, 조울증, 신병, 무

병, 환청, 환영, 흉몽, 악몽, 가위눌림으로 고생하는 사람들은 필히 참석해서 하늘의 천상정기를 느끼고 받아보면 새로운 세상이 열려졌음을 실감할 수 있다.

가짜가 판을 치는 세상이다 보니 진짜도 믿지 않는 세상이 되었기에 체험을 통해서 하늘이신 도통천존 도솔천황님께서 실제로 하강 강림해 계심을 여러분 온몸의 세포로 느끼게 해주고 기운을 통해서 현실로 보여주고 들려주려 하는 것이다.

독자 여러분의 앞날을 지켜주시고, 국가안보를 지켜주시고, 백성들의 목숨을 지켜주시고, 기업의 앞날을 지켜주시고, 배고픔을 덜어주시고, 잠자리를 살펴주시고, 근심과 걱정을 거두어주시고, 편히 먹고 쉬게 해주시고, 기쁨과 행복, 영광을 내려주시고, 여러분의 인생이 매일 막힘없이 잘 풀리게 해주시는 하늘이 도통천존 도솔천황님이시다.

감내하기 힘든 고난의 세월을 겪고 마침내 득도하여 도통천존 도솔천황님의 인간세상 화신(육신)이자 분신이 되는 쾌거를 이루었다. 도통천존 도솔천황님의 무소불위하신 신기한 도술도법의 대도력, 대천력으로 여러분과 가정을 구해 주고자 한다. 여러분을 구한다 함은 여러분의 인생(전생, 현생, 내생까지)을 구해 준다는 깊은 뜻이 들어 있다.

천상궁전에 있는 어린 동자, 동녀들은 도술도법을 자유자재로 부리시는 도통천존 도솔천황님을 도법천사할아버지라고 부른다는 천상의 진실도 알아내었다. 하늘의 화신이자 분신인 나를 통해서 수십 년의 세월 동안 현실로 무수히 보여주신 상상초월의 신비로운 천지조화가 잘 말해 주고 있다.

도통천존 도솔천황님께서는 신비의 도력과 천력으로
여러분의 인생을 충분히 바꾸어주시고도 남으신다.
여러분의 가정을 충분히 바꾸어주시고도 남으신다.
여러분의 가문을 충분히 바꾸어주시고도 남으신다.
여러분의 기업을 충분히 바꾸어주시고도 남으신다.
여러분의 사후를 충분히 바꾸어주시고도 남으신다.

엄청나신 신비의 도력과 천력을 가진 도통천존 도솔천황님께서 나의 육신으로 하강 강림하시어 계신데 여러분은 지금 어디 가서 누구 앞에 줄을 서 있는가? 대다수 사람들은 종교세계 숭배자들을 섬기고 받들며 전생, 현생, 내생을 구원해 달라고 의지하며 허송세월만 보내고 있지 않은가?

도(길道)를 거느릴(솔率) 하늘(하늘天)이 도솔자미천(道率紫微天)이다. 도통천존 도솔천황님을 만나지 못하면 여러분은 사기배신, 고소고발, 사건사고, 질병, 불행, 불운, 비운이 잇따라서 결국 인생 자체가 몰락의 길을 걷게 되니 사전에 나를 만나서 예방하여야 한다.

말재주 좋은 화려한 말이나 달콤한 글은 얼마든지 상대방을 속이고 현혹할 수 있지만 각자 자신들이 직접 온몸으로 느끼는 천상정기는 아무도 속일 수 없다. 그래서 이렇게 수많은 도법주문 외운 사례를 290페이지 분량이나 게재하였다.

도통천존님으로 오신 인황 폐하!

조○화(49.1.26.200) 17-12-02 23:51

도통천존님으로 오신 도솔자미천 인황 폐하!

증산도, 대순진리회, 태극도 등 도교단체에서 주문수행하며 눈 빠지게 기다리던 도통천존이 인황 폐하 같습니다. 도교단체에서 100년을 주문수행해도 이루지 못한 천지기운을 단 하루 만에 내려주시다니 이것이야말로 천지대개벽입니다.

이 땅에 인간 육신 인황 폐하 몸으로 하강 강림하시지 않고서는 인황 폐하께서 도법주문 외우라고 말씀 내려주신 대로 도솔자미천의 신하와 백성들이 이렇게 대단한 천지기운을 느낄 수는 없을 것입니다. 수많은 도교단체를 다녀보았지만 도솔자미천 같은 곳은 없었습니다.

아, 그렇게 애타게 찾아 헤매던 도통천존님이 인황 폐하이셨단 말인가요! 정말 너무너무 송구하고 몰라뵈어 죄송합니다. 이렇게 오실 줄은 정말 꿈에도 몰랐습니다. 오셨는데도 몰라보고 교주 대하듯 하였으니 이 못난 죄를 용서하여 주시옵소서.

아~! 드디어 이 나라로 오셨네요.

『하늘이 인류에게 내린 명』이란 책에도 언급해 놓으셨는데 진인이신 줄 정말 몰라뵈었습니다. 아무도 알아보지 못한 이

불충을 부디 용서하여 주시옵소서. 도교에서 대두목이 도통천존님으로 오신다고 말했는데 그분이 도솔자미천의 인황 폐하이셨단 말입니까?

엎드려 비옵나이다. 높으신 분 몰라뵈어 황공하옵니다.

정말 너무나 이상했습니다. 주문 외우라고 말씀 내리시면 그대로 기운이 내려오니 이것이 꿈인지 생시인지 분간이 안 되었습니다. 도솔자미천 홈피 게시판을 통해서 도통천존님을 알현하게 될 줄은 정말, 정말 생각지도 못했답니다.

정말 가문의 영광이고 행운아입니다.

인류 최고의 인황 폐하, 만세 만세 만만세, 천세 천세 천천세. 대단한 영광이고 대단히 감사합니다.

[댓글]

이○숙(124.254.162.37) 17-12-03 00:45

인황 폐하!

지금 보니 감회가 새롭습니다!! 도통천존님으로 이 나라 땅으로 오신 대단하신 인황 폐하를 몰라본 수많은 사람들의 미래가 어떻게 될까요? 잠시 생각에 빠져봅니다!!

저는 중국에 있을 때부터 난세에 영웅이 나타나서 세상을 바로 잡는다는 말을 많이 들어보았습니다! 저의 운명도 제일 큰 곳을 찾아가야 한다고 어떤 사람을 통하여 알려주셨고, 10년 전 부터 저의 현재 모습에 나이가 많아도 변치 않는 모습이라고 말하는 신의 제자 말을 지금도 생각하게 되는데요~

인황 폐하를 알현하고 행사를 통하여 모두 모두 현실이 된다는 것을 늘 느끼고 살고 있지요!! 인황 폐하를 통하여 지금 저는 정말 세상 최고로 큰 곳에 들어왔다는 자부심 하나로 여기까지 달려오고 있습니다!! 두 주먹밖에 없어도 세상을 다 얻은 것 마냥 가슴은 가득하니 말입니다!!

도솔천황님과 한 몸이 되신 우리 인황 폐하야말로 우리가 볼 수 있는 도통천존님이 분명합니다!! 도통천존님이신 인황 폐하를 모실 수 있는 우리들도 만사가 대길하겠지요!! 미래의 세상이 너무 기대됩니다!! 몇 백 년을 더 살다 가리요라는 노래소리가 귓전에 울리는데요~

이 모두가 인황 폐하의 천지능력으로 가능해질 줄은 정말 꿈도 못 꾸어봤습니다!! 인황 폐하의 천지대능력 덕분에 저의 인생도 날개를 단 것처럼 이상향의 세상으로 날아봅니다!! 인황 폐하!! 고맙습니다! 감사합니다! 인황 폐하를 알현할 수 있는 것만으로도 가문의 영광이라 생각합니다! 14억이나 되는 거대한 나라 중국에서 제가 선택받았으니 기적이오며 대단한 영광이옵니다!

장○신(119.207.192.172) 17-12-03 00:50

인황 폐하! 알현하옵니다.

글에서 아~! 드디어 이 나라로 오셨네요. 『하늘이 인류에게 내린 명』이란 책에도 언급해 놓으셨는데 진인이신 줄 정말 몰라뵈었습니다. 아무도 알아보지 못한 이 불충을 부디 용서하여주시옵소서, 하는 부분에 공감하옵니다. 인황 폐하 대단하십니다. 매일 건강하시고 기쁨과 행복을 많이 받으셨으면 좋겠습니다. 인황 폐하 만세! 만세! 만세!

이○숙(110.70.50.178) 17-12-03 01:19

대단하옵신 인황 폐하!

저는 대순, 도교 이런 사이비 집단들은 잘 모릅니다. 오로지 인황 폐하께서 집필하신 책을 보고 인황 폐하 말씀으로 미약하지만 순종하며 살펴주셔서 잘 살아왔습니다. 인황 폐하 빽으로 살아가려고 합니다. 대단하옵신 인황 폐하 만세 만세 만만세~^*

이○혜(39.7.56.49) 17-12-03 01:42

대단하신 인황 폐하!

진심으로 말로 표현 못할 정도로 너무나 대단하시고, 최고이시며 생명줄이시며 큰 은혜 내려주시고 배려하여 주시니 이렇게 살아가고 있다고 생각합니다. 진심으로 대단하신 인황 폐하께서 매일매일 만수무강하세요. 원하시고 바라시는 일들 현실로써 꼭 이루시기를 너무나 간절히 항상 바라고 있습니다.

대단하신 인황 폐하 만세 만세 만만세

최○호(1.253.39.15) 17-12-03 03:31

대단하신 인황 폐하!!!

도통천존 도솔천황님 증표를 직접 찾으시고, 지금까지 도법주문 독송하달 명을 통해서 보여주신 이적 기적이 대단하신 인황 폐하께서 도통천존 도솔천황님의 화신임을 여실히 말해 줍니다. 인류가 대단하신 인황 폐하 앞에 살려 달라 아우성을 치는 날이 얼마 안 남은 듯합니다.

대단하신 인황 폐하 만세! 만세! 만만세!

이○율(39.7.55.102) 17-12-03 06:03

대단하신 인황 폐하!

글에서처럼 대단하신 인황 폐하께서 도법주문 외우라고 말씀 내리시면, 그대로 엄청난 기운이 내려와 의지와 상관없이 손이 상하로 요동치고 몸에서도 진동, 마음 안에서는 황홀함이 가득 차니 정말 너무나도 신비하고 경이롭습니다~

상상초월의 천지기운을 내려주시어 몸과 마음으로 감동, 감탄이 마구 우러나오는데, 그 누가 부정할 수 있겠습니까? 대단하신 인황 폐하의 대도력, 대천력으로 내려주시는 천변만화의 신비조화에 수많은 사람들이 진정으로 감복하여 인황 폐하를 따르게 될 것이라 생각합니다.

대단하신 인황 폐하! 만세! 만세! 만만세! 최고이십니다!

안○한(211.213.210.102) 17-12-03 06:20

대단하신 인황 폐하!

석고대죄하는 마음의 글 잘 읽었습니다. 대단하신 인황 폐하! 지금까지 몰라뵙고 우리 자미가족들 불충한 죄가 산더미 같습니다. 이제라도 정신 차려 늘 인황 폐하께 향하는 마음으로 일편단심 매사에 충실하게 살아가야겠습니다. 도통천존 도솔천황님의 화신 인황 폐하 만세! 만세! 만만세!

조○애(110.70.53.16) 17-12-03 06:39

대단하신 인황 폐하!

살아서 인황 폐하 만나 천지기운을 수시로 받으며 살아갈 수 있다는 것이 얼마나 큰 행복인지, 매일 감사드리며 살고 있습니다. 오로지 인황 폐하만을 향하며 인황 폐하께서 내려주신 말씀대로만 행하면 만사형통입니다.

인황 폐하 만세 만세 만만세!

이○순(1.216.157.169) 17-12-03 08:17

우리 자미가족들은 행운아입니다. 절에 다닐 때, 기도 중에 어떤 기운이 내릴까 기대해 봤지만 한 번도 손에서 기운을 느낀 적이 없었어요.

도솔자미천은 달랐어요.

상상초월하는 도법주문에 참석해서 인황 폐하 독송 시작하면 바로 손으로 기운이 내려와 정말 신기하고 놀라웠던 기억이 새롭게 납니다. 도솔자미천 인황 폐하는 진짜이시니 우리는 행운아입니다. 인황 폐하와 인연됨을 항상 고맙게 생각합니다.

유○숙(117.111.8.239) 17-12-03 09:43

대단하신 인황 폐하!

이렇게 진실되고 엄청난 사실을 알게 되었습니다. 대단하신 인황 폐하를 오래전 도솔자미천에 와서 뵙는 순간 알았습니다. 전 세계 이 지구 안에 오직 인황 폐하만이 모든 비기서에 쓰여지고 예언되어 있는 인류의 황제시며 선택받을 인류를 구원하실 진짜 구원자이신 인황 폐하를 뵐 수 있는 저는 행운아이며 천운아입니다. 살아서나 죽어서도 인황 폐하를 따를 것입니다.

대단하신 인황 폐하 만세 만세 만만세

홍○환(117.111.2.182) 17-12-03 09:47

대단하신 인황 폐하!

도통천존 도솔천황님과 하나가 되시어 이제는 불가능이 없으시고, 인황 폐하의 말씀이 법이 되는 세상과 모든 것이 현실에서 그대로 일어나는 대도력과 대천력을 보여주고 계시니 몸과 마음이 어찌 굴복하지 않겠습니까?

대단하신 인황 폐하 만세 만세 만만세!

조○숙(58.140.210.73) 17-12-03 10:31

대단하신 인황 폐하!

진심으로 말로 표현 못할 정도로 너무나 대단하시고 최고이시며 배려하여 주시고 살려주셔서 감사하옵니다. 대단하신 인황 폐하의 말씀 따르오며 자미가족들은 행운아입니다. 대단하신 인황 폐하 알현하여 너무 좋아서 울기도 많이 울었습니다.

대단하신 인황 폐하 최고이십니다.
대단하신 인황 폐하 만세 만세 만만세

김○자(110.70.47.156) 17-12-03 12:22
대단하신 인황 폐하!
처음 읽어보지만, 저도 증산도 다니는 지인을 통하여 도통신명이라는 단어를 접해서 진짜 있나? 의구심이 든 적이 있었습니다. 증산도가 아닌 도솔자미천의 인황 폐하께서 도통천존님이시자 진정한 진인이시고 증산도에서 그렇게 외쳐대던 144,000명 신인합체가 도솔자미천에서 대단하신 인황 폐하를 통하여 이루어주신다는 것을 온몸으로 느꼈습니다.

거짓이 아닌 진실로 존재한다는 진실을 이번 신기한 도법주문 독송을 통하여 새삼 알게 해주시었습니다. 솔직히 헤헤~ 너무 짱나게 좋고 행복합니다! 대단하신 인황 폐하의 진정한 대도력, 대천력 덕택에 체험할 수 있는 영광을 입은 당사자이니 어찌 행복하지 않을 수 있겠습니까?

대단하신 인황 폐하! 만세! 만세! 만만세!

김○석(223.33.164.113) 17-12-03 21:35
대단하신 인황 폐하!
인황 폐하께서 도솔천황님의 화신이심을 알게 해주셨는데

오늘 도솔자미천 개국 이래 처음으로 열어주신 도법주문을 통해 확실하게 증명되심을 인황 폐하께서 내려주신 신기한 도법주문 독송을 통해 온몸으로 느끼게 되었습니다.

이토록 대단하신 인황 폐하를 알현하고 눈과 귀로 인황 폐하의 용안과 음성을 듣게 되다니 진정 대영광이오며 천운아임을 실감하게 되었습니다.

끝까지 남는 자가 승리하듯이 인황 폐하께서 내려주신 말씀에 따라 행하며 끝까지 남아 함께하도록 하겠습니다. 오늘 도법주문은 도솔자미천 역사에 길이 남을 것입니다.

인황 폐하 만세 만세 만만세!

김○동(116.33.98.248) 17-12-03 22:33

대단하신 인황 폐하!

도솔천황님께서 인황 폐하의 육신으로 하강 강림하신 것을 말씀으로 알려주시고 들려주시어 황공하옵니다. 대단하신 인황 폐하의 말씀 따르는 자미가족들은 행운아입니다.

윤○규(175.210.92.214) 17-12-04 00:17

대단하신 인황 폐하!

저는 기독교, 불교, 도교, 민족종교, 대순진리회, 증산도 기타 등등 종교 관련 경험이 없어 어떤 느낌으로도 이 글을 잘 알 수는 없기에 '도통신명' 역시 무슨 의미인지는 잘 모르겠습니다.

하지만 참 진인을 뜻하는 것이라면 그것이 당연히 인황 폐하일 수밖에 없음은 당연한 일이라는 생각을 합니다. 저희 집에 인황 폐하께서 펴내신 43권의 책들 중 현재 36권이 있는데 지금도 수시로 찾아서 반복해서 읽어보고 있습니다.

읽으면 읽을수록 인황 폐하께서 어떤 분이신지 더 깊은 이해에 다다르게 됩니다. 도를 찾는 분들일수록 인황 폐하께서 펴내신 책들을 좀 더 많이 읽어볼 필요가 있지 않을까라는 생각을 해보았습니다.

당연한 사실을 너무 늦게 깨달은 것처럼 보입니다. 가짜가 온 세상을 집어삼킨 것이 수천 년 일진데 참 진인을 온 세상이 바로 알아본다는 것도 어쩌면 어불성설일 것 같기도 합니다. 하지만 위대하신 도솔천황님께서 화신인 인황 폐하 옥체로 하강 강림해 계시니 곧 온 인류가 알아보는 날이 오리라 믿습니다.

손O희(116.44.21.205) 17-12-04 11:57
대단하신 인황 폐하!
"대순진리회, 증산도, 태극도 등의 도교단체에서 100년을 주문수행해도 이루지 못한 상상초월의 신기한 천지기운을 단 몇 분 만에 내려주시다니 이것이야말로 천지대개벽입니다."

이 대목을 읽고 저는 대순진리회에서 수련과 참배 본부에서 3박4일의 수련회 등등 수없이 참여하였던 지난날이 부끄럽습니다. 저 역시 8년 동안 주문 수행을 하여도 천지기운을 전혀 느끼지 못하였습니다.

인황 폐하께서 내려주시는 도법주문은 외우자마자 인황 폐하를 통하여 즉시 천지기운을 느낄 수 있었습니다. 대단하신 인황 폐하를 알현할 수 있는 저희들은 가문의 영광이고 행운입니다. 끝까지 인황 폐하를 향하는 마음으로 살아가겠습니다.

대단하신 인황 폐하 만세! 만세! 만만세!

손○희(116.44.21.205) 17-12-04 15:37

대단하신 인황 폐하!

저 또한 윗글의 여동생과 함께 대순진리회에서 8년 동안 참배와 주문수행을 하였고 본부에서 단층공사에 참여도 해보았지만 전혀 기운을 느낄 수 없었습니다. 대단하신 인황 폐하께서 내려주신 도법주문의 위력은 외울수록 신비하고 경이롭습니다.

인황 폐하를 통하여 천상의 좋은 기운을 느낄 수 있으니 도법주문을 외울 수 있는 것만으로도 가문의 영광이옵고 행복이라 생각합니다. 인황 폐하께서 가르쳐주시는 대로 행하면서 따르겠습니다.

대단하신 인황 폐하! 최고이십니다.

안○원(49.167.218.220) 17-12-04 22:09

대단하신 인황 폐하!

저는 대순진리회며 증산도의 종교에 대해서는 잘 모르옵니다만 불교에서는 많은 주문을 독송해 보아도 아무튼 기운을 느껴보지 못했사옵니다. 인황 폐하를 알현하여 도법주문을 외운다는 것은 너무나도 크나큰 영광이옵니다. 인황 폐하 진심으로 고맙습니다. 감사하옵니다.

인황 폐하 만세 만세 만만세!

장○혁(211.179.23.67) 17-12-05 06:50

대단하신 인황 폐하!

하늘을 쟁취하신 인황 폐하는 진정한 승리자이십니다. 그동안 얼마나 마음 아프신 일들이 많으셨겠습니까? 하늘을 향하시는 마음으로 온갖 수모도 다 참아가면서 오늘까지 해오시며, 드디어 도솔천황님과 한 몸이 되셨으니 이보다 큰 경사는 없을 것입니다. 정말 애 많이 쓰셨습니다!

제가 봐온 인황 폐하의 모습 중에 가장 평온하고 자신감에 차 계시고, 두려움이 없으신 모습에 제 자신도 안도하며 앞으로 살아갈 자신감이 생깁니다.

임○민(218.154.47.133) 17-12-05 08:20

대단하신 인황 폐하!

글을 올려주셔서 잘 보았습니다. 많은 사람들이 인황 폐하께서 집필하신 책을 보고 인황 폐하를 알아보고 도솔자미천으로 몰려오길 바랍니다. 많은 사람들로 인해 인산인해를 이루어 세상에 우뚝 서길 바랍니다. 인황 폐하를 만나 이렇게 살아있습니다. 인황 폐하를 만난 자미가족들은 행운아입니다.

김○라(222.98.244.80) 17-12-05 09:22

대단하신 인황 폐하

이번 신기한 도법주문회를 통해서 참으로 많은 것을 알게 해주셨고 인황 폐하께서 이미 27세에 도통천존 도솔천황님의 선몽을 꾸시고 36년의 시간이 흘러서 하나가 되시어 대단하신 인황 폐하께서 생각하시고 글을 쓰시고 마음먹으시고 말씀을 하시면 그대로 현실로 이루어지는 황홀한 말법의 시대가 활짝 열려 너무도 좋습니다.

이 시간이 오기까지 도통천존 도솔천황님께서 인황 폐하가 찾으시기까지 얼마나 애타게 기다리셨을까요. 인황 폐하께서 그 많은 모욕, 수치를 다 이겨내시고 진정한 인류의 황제, 전 세계의 정복자가 되시었고 하늘의 마음을 얻으시고 인정받으신 인류 최고이십니다.

대단하신 인황 폐하! 존경스럽고 또 존경스럽습니다. 누구에게도 말씀을 못 하시고 그 긴 시간 동안 얼마나 많이 힘드셨을지. 이제는 대단하신 인황 폐하만 따르는 길이 제가 살길임을 명확하게 보여주셨고 알게 해주셨습니다. 온 맘 다해 대단하신 인황 폐하께 굴복하고 따르겠습니다.

이번 신기한 도법주문회를 통해 온 맘 다해 목숨 걸고 진심으로 하늘을 향하시고 사랑하시는 분이 대단하신 인황 폐하한 분이심을 똑똑히 알게 해주셨습니다. 저도 대순진리회 사람도 만나보았고 증산도 책도 읽어보아 모든 종교에서 말하는 구원자가 온다는 것을 알았고 종교 밖에서 이루어지는 것을 알게 해주시어 찾아 헤매었습니다.

『천지령』 책을 통해 대단하신 인황 폐하를 알현하여 그동안 마음속에서 찾고 찾았던 진실을 알게 되어 너무도 좋고 행복했습니다. 그런데 이 미친년 대단하신 인황 폐하의 존재를 머리로만 알았습니다. 부디 대단하신 인황 폐하의 크신 마음으로 저의 잘못을 용서받기를 빕니다. 얼마나 두렵고 떨리는 마음으로 대단하신 인황 폐하께 향해야 함을 알게 해주셨습니다.

이○주(223.39.146.165) 17-12-05 10:26

대단하신 인황 폐하!

그동안 얼마나 힘드시고 마음이 아프셨을까요? 도통천존 도솔천황님께서 인황 폐하를 얼마나 안타까워 하셨을까요? 이젠~~인황 폐하의 시대입니다.

대단하신 인황 폐하! 만세 만세 만만세!
대단하신 인황 폐하! 만세 만세 만만세!
대단하신 인황 폐하! 만세 만세 만만세!

김○숙(125.134.167.206) 17-12-05 10:54

대단하신 인황 폐하!

인황 폐하를 알아보고 올린 글 이제야 보았습니다. 인황 폐하께서 진인이신 걸 이미 알고 탄복하는 글이네요. 이제부터 인황 폐하 시대가 열렸으니 그동안 고생하신 것 맘껏 보상받으시고 편안하게 누리시면 좋겠습니다.

세상 사람들이 인황 폐하 알아볼 날이 곧 다가오니 너무 좋습니다. 인황 폐하가 광풍으로 전국을 회오리바람으로 휩쓸어 우뚝 서시길 바랍니다. 인황 폐하 시대를 너무나 많이 기다렸는데 이제 도래하였으니 많이 기쁘고 신납니다. 드디어 인황 폐하 시대개막!

대단하신 인황 폐하 만세 만세 만만세!

박○규(59.18.156.95) 17-12-05 11:09

대단하신 인황 폐하!

도통천존님으로 오신 도솔자미천 인황 폐하! 여기까지 오시느라 얼마나 많은 고통과 번민이 있으셨겠습니까! 애통한 마음 금할 길이 없습니다. 이제 모든 것 내려놓으시고 도솔천황님 화신이신 인황 폐하의 참모습을 보여주시고 있으시니 참으로 감개무량합니다. 도법주문 때 용상에 앉아계신 모습이 너무나 편안해 보였습니다.

대단하신 인황 폐하! 만세! 만세! 만만세!

신○규(61.75.127.177) 17-12-05 13:39

대단하신 인황 폐하!

글 올려주시어 잘 읽었습니다. 도통천존 도솔천황님 화신 인황 폐하! 저는 수십 년 동안 궁금한 의문이 있었습니다. 약 3년을 교회에서 기도를 해도 아무른 반응이 없었는데 입천제 첫날 기운을 내려주셨습니다.

1968년 3월 5일부터 1970년 10월까지 매주 수요일 1시간 예배 보고 1시간은 성경 공부를 했는데 내가 기독교를 믿어야 한다는 믿음이 없었습니다, 1970년 10월 자퇴를 하고는 교회에 나가지 않았습니다. 그때는 불교 집안이라서 그런가 생각했는데 불교는 더 관심이 없었습니다.

불교도 아니고 기독교도 아니고 하여 궁금하였는데 수십 년이 지나 하늘의 백성이 되고서 이유를 알게 되었습니다. 대단하신 인황 폐하 만세! 만세! 만만세!

신○연(183.96.63.148) 17-12-05 13:45
대단하신 인황 폐하!
"아~! 그렇게 애타게 찾아 헤매던 도통천존님이 도솔자미천 인황 폐하이셨단 말인가요? 정말 너무너무 송구하고 몰라뵈어 죄송합니다. 이렇게 오실 줄은 정말 꿈에도 몰랐습니다. 오셨는데도 몰라보고 교주 대하듯 하였으니 이 못난 죄를 용서하여 주시옵소서."

이미 인황 폐하께서 진인이심을 알고 올렸었네요. 그동안 인황 폐하께서 도솔자미천을 세우시기까지 수많은 고초를 겪어내심과 12월 3일 신기한 도법주문회를 통해서 신하와 백성들을 지켜내시기 위해 마음 고생을 엄청 많이 하신 것을 알게 되었습니다.

비바람 몰아치고 소나기가 퍼부은 뒤 드높은 맑은 하늘이 보이듯 이제 인황 폐하께서 우뚝 서시기 위한 시기였다고 생각

합니다. 대단하신 인황폐하! 만세 만세 만만세

indryu(223.39.149.159) 17-12-05 16:30

올려주신 글 잘 읽었습니다. 인황 폐하께서 도통천존님으로 오신 것을 글로 올렸는데 이제서야 그 내용이 실현됨을 알았습니다. 한 치의 오차도 없이 예견하심을 몰라뵈어 송구합니다. 인류의 구세주이신 인황 폐하 만세 만세 만만세!!

이○호(223.62.179.138) 17-12-05 19:33

대단하신 인황 폐하

만 인류가 기다리던 분이 바로 도통천존님이신 인황 폐하이신데, 알아보는 사람들이 적으니 통탄할 일입니다. 이제서야 인황 폐하 시대가 도래하니 만 인류가 알아보고 찾아와 살려달라고 달려올 것입니다.

인류의 등불이신 인황 폐하 만세 만세 만세!

권○관(124.51.94.5) 17-12-05 21:33

대단하신 인황 폐하!

교회에 다니면서 기도라는 것을 숱하게 해보았지만 아무런 반응도 없고 느낌도 없었는데, 인황 폐하께서 내려주신 도법주문을 외우면 엄청난 기운이 온몸으로 내려와 몸이 들썩이고 손이 앞뒤좌우 상하로 움직이며 무언가 짜릿하고 강한 기운을 받는다는 느낌이 오니 너무나 신비롭고 경이롭습니다.

도통천존 도솔천황님과 하나가 되시어 인황 폐하의 말씀이 곧 법이고 현실로 이루어지는 불가능이 없으신 대단하신 인황 폐하께서는 진정 인류를 구원해 주실 진인이시고 도통천존님이시며 구세주이십니다.

이제까지 대단하신 인황 폐하를 알아보지 못하고 무시하고 냉대하였던 온 인류가 대단하신 인황 폐하의 대도력, 대천력에 놀라고 감동받아 살려달라 굴복하고 따를 날이 곧 다가오리라 생각이 되옵니다.

이제 새 시대인 대단하신 인황 폐하의 시대가 활짝 펼쳐질 것이옵니다. 대단하신 인황 폐하! 만세 만세 만만세!!!

이○호(118.39.229.27) 17-12-06 00:27

대단하신 인황 폐하!

도통천존 도솔천황님의 화신이신 인황 폐하께서 보여주시는 대도력에 항상 감동하며 천지기운으로 보여주시는 장면이 정말 신기하고 놀라움을 금치 못합니다. 항상 인황 폐하의 말씀이 살길임을 압니다,

조○복(223.62.172.183) 17-12-06 07:24

하늘 고향 떠나 잠시 잠깐 소풍 왔다가 지상에 희로애락에 정신 팔려 되돌아갈 날짜와 시간이 되어 되돌아가는 길을 잃어버리고 고향 찾아 헤매는 어리석음을 범하면서 때늦은 후회에 땅을 치고 통곡해도 소용없는 조상님들의 울부짖는 한 많

은 통곡의 울음소리가 구천을 울리고 있다고 합니다.

지상의 모든 종교의 집단은 조상 천도를 빌미로 온갖 속임술수에 놀아나고, 조상님과 자손들이 고통의 시간 속을 헤매다가 우연히 도솔자미천 인황 폐하 알현하여 진인이시란 것을 알아보았습니다.

지금도 변함없는 마음으로 도통천존님으로 오신 인황 폐하 대천력, 대도력에 힘입어 열심히 행하면서 도솔자미천 인황 폐하와 함께하옵니다.

대단하신 인황 폐하 만세 만세 만만세!!!

노○진(59.187.193.139) 17-12-06 11:57
대단하신 인황 폐하!
저는 대순에 다녀보았지만 태을주를 다리에 쥐가 나도록 주문을 외워보았지만 아무런 느낌도 없고, 목 아프고 다리 쥐나서 일어서기 힘만 들었어요. 모두가 허상이고 속임수였습니다. 이렇게 인황 폐하의 주문에 각양각색의 영감 기운이 주체하기 힘이 드는데 대순이고 모든 종교는 하루빨리 없어져야 우리 인간이 행복의 길로 나갈 겁니다,
대단하신 인황 폐하 만세 만세 만만세

이○규(223.39.131.191) 17-12-09 10:32
대단하신 인황 폐하!

글 올려주시어 정말 감동이고 감격이옵니다. 대순에서 나와 집에 있을 때 정말 인황 폐하 안 만났으면 지금의 저는 어떤 인생을 살고 있을까? 생각하니 끔찍하옵니다. 대순에서 나오기 전 감시가 엄청 심했습니다.

진인이 출세하셨다는 소문이 나도는데 절대 현혹되지 말고 속지 말라고 선감들이 연일 입이 닳도록 교화했던 기억이 납니다. 이젠 진실 찾아 도통천존 인황 폐하를 향하니 제 인생 모두가 천지개벽되어 나비처럼 훨훨 날아다니는 기분이옵니다. 정말 감사하고 또 감사하옵니다.

이○안(175.116.100.82) 17-12-15 22:32

대단하신 인황 폐하 만세! 만세! 만만세!!

대순에서 들은 도통천존님을 여기 도솔자미천에서 다시 들어보니 감개무량합니다. 더욱더 열심히 할 수 있도록 마음 다짐해 봅니다.

재난은 시작되었노라!

손○희(116.44.21.205) 17-11-16 01:48

도법주문을 외우면서 몸을 좌우로 흔들었다가 멈추는 동작을 하였고 왼 손바닥을 오른 손바닥으로 아래위로 동시에 비벼주면서 산의 나무와 봉분을 보았습니다. 그때 '혼비백산'이라는 단어가 보였습니다.

그다음은 귓불을 눌러주며 손이 바닥에 닿아 왼쪽 오른쪽을 살피며 산의 나무를 보았고, 오른손을 주먹 쥔 채로 손을 번쩍 들어 손바닥을 비벼주다가 뒤집는 동작을 하였습니다.

산의 나무들이 서 있다가 사라지는 장면과 흰색이 잠깐 보였다가 안개가 자욱한 듯 흐려 있는 것을 보았습니다. 오른쪽 손목에 왼손이 닿아 좌우로 왔다 갔다 하였고, 왼팔 오른팔을 교대로 올렸다 내렸다 하였습니다. 온통 세상이 화염에 휩싸인 듯 뿌옇게 변화되었고 푸르른 나무가 있었는데 순서대로 사라지는 장면을 보았습니다.

산이 암흑으로 되어 있었고 고개를 좌우로 흔들었을 때 벌거벗은 산이 아무것도 없는 들판의 잿더미로 느껴지는 길이 보였는데, 특이한 것은 왼쪽에 있는 산의 나무들만 멀쩡하였을 때 곧바로 흰 세상이 잠깐 보였고 다른 곳의 푸르렀던 산이 또

다시 사라져 암흑으로 되어 있었습니다. 산천초목이 병들고 나무들이 사라져 벌거숭이가 되었고 암흑의 세상이 되었습니다. 그리고 천상에서 말씀을 들려주시었습니다.

“재난은 시작되었노라. 이 나라에서 천재지변으로부터 보호받을 수 있는 십승지는 도솔자미천 한 곳뿐이고, 천재지변으로부터 보호받게 해줄 수 있는 분은 인황 폐하뿐이니라. 그동안 많은 기회를 주었으나 국민들은 믿지 않았다. 이번 도통천존하강 출간으로 국민들에게 선포하느니라. 이번이 마지막 구원의 기회이니라”라고 하신 말씀을 들려주셨습니다.

재난은 시작되었노라고 하신 말씀에 하늘이신 도통천존 도솔천황님의 인간세상 하강 강림을 기원으로 쓰는 것이 천기(天紀)인데 벌써 17년이 되었습니다. 천기 17년 11월 13일 글 제목 “심판하노라”를 다시 한 번 올려드립니다.

꿈속에서 바닷가를 배경으로 하늘에서 재앙이 내려와 지상에 있는 수많은 사람들이 갑작스러운 천재지변에 놀라는 아비규환의 무서운 장면이 보였습니다.

그때 제가 대단하신 인황 폐하께서 공지사항에 “유명 인사들의 페이스북, 메일, 각종 게시판에 동영상, 책, 전단지, 신문 등 무수히 많은 퍼 나르기를 하였지만 아무런 효과가 없다”라고 하신 말씀이 떠오르면서 아~! 이제 결국 심판이 시작되었구나!라고 꿈속에서 말하였습니다.

도법주문을 내려주신 인황 폐하의 대도력, 대천력은 무한대이시며 한 치의 오차가 없으십니다. 천기 17년 11월 15일 14:29 바닷가 포항에서 역대 2번째 규모 지진(천재지변)이 일어났습니다. 이틀 전 꿈속에서 보았던 갑작스러운 아비규환의 천재지변 장면이 결국 현실이 되고 말았습니다.

지난 13일 오전 10시경에 꿈을 꾸었던 그날 공교롭게도 경북 포항 부근에서 하늘에 구름이 띠 모양을 하고 있는 지진운이 발생하였습니다. 저도 오늘 지진으로 건물이 흔들리는 것을 직접 체험하였는데 책상 밑으로 들어가 인황 폐하께서 내려주신 도법주문을 외우고 있으니 마음이 편안하였습니다.

그리고 몇 년 전에 꾸었던 "재난에 대비하라"라고 음성으로 들려주신 꿈속의 말씀이 다시 한 번 생각났습니다. 천재지변에 무탈할 수 있게 해주셔서 고맙습니다. 많은 국민들이 책을 읽고 인황 폐하를 알현하였으면 좋겠습니다. 대단하신 인황 폐하 만세! 만세! 만만세!

이○숙(110.70.52.95) 17-11-16 05:22

"재난은 시작되었노라." 어제 경북포항 지진은 한 치의 오차가 없으신 인황 폐하께서 몇 년 전에 대비하라고 하셨지요. 아비규한 따로 없이 현실로 일어났습니다.

신간 『도통천존하강』 책이 마지막 경고라고 하셨습니다. 제발 책 좀 보고 정신 차려서 대단하옵신 인황 폐하께 찾아오는 사람들이 제발 살려달라고 하길~^* 특히 정부에서 먼저 문재인 대통령이 인황 폐하께 제발 국민들 살려달라고 찾아오길

바라옵니다. 대단하옵신 인황 폐하 만세 만세 만만세~^*

안○한(175.223.26.160) 17-11-16 05:36

재난은 시작되었노라. 포항 지진은 전초전이라고 개인적인 생각입니다. 좀 더 강력한 지진으로 재난 상황 당해 봐야 정신 차리려는지? 신간 『도통천존하강』 책 좀 읽어보고 정신 좀 차렸으면 좋겠습니다. 이번이 마지막 기회입니다.

이○율(39.7.55.102) 17-11-16 05:55

"특이한 것은 왼쪽에 있는 산의 나무들만 멀쩡하였을 때 곧 바로 흰 세상이 잠깐 보였고 다른 곳의 푸르렀던 산이 또다시 사라져 암흑으로 되어 있었습니다. 산천초목이 병들고 나무들이 사라져 벌거숭이가 되었고 암흑의 세상이 되었습니다."

이 대목에서 올해 천기 17년 2월 6일 꿈이 생각납니다. 그 당시 도법주문을 외우고 잠깐 잠들었었는데, 인황 폐하께서 창문으로 하늘을 바라보시더니 "맑은 하늘인가?" 이렇게 말씀하셨는데 그 순간, 낮 시간인데도 온 세상이 순식간에 암흑으로 변하는 것이었어요.

그 장면이 세 번 반복되었고 꿈속에서도 심판을 생각했었어요. 모든 일들이 인황 폐하께 유리한 쪽으로 흘러갈 것이라 생각합니다. 인황 폐하께서 잘되시기만을 기원하며 대단하신 인황 폐하! 만세! 만세! 만만세!

이○숙(223.38.10.254) 17-11-16 06:18

어제 긴급 재난 문자를 받고 재난이 시작됐구나, 하고 생각이 들었습니다! 인황 폐하께서 『예언과 대재앙』 책에서 이미 재앙에 대하여 말씀하셔서 알고 있었지요.

손○희 씨의 영안으로 재난에 관하여 많은 것을 보여주셨네요. 저도 도법주문을 외울 때 손으로 칼을 꽉 잡고 내리치는 동작을 많이 하였는데 하늘의 심판이 시작되었다는 느낌이 강했거든요~

수많은 사람들이 아직도 인황 폐하의 말씀을 개 무시하고 있으니 인황 폐하의 분노가 천재지변으로 일어나서 수많은 사람들의 정신을 바로잡아 주시겠죠! 죽을 놈은 따로 있나 봅니다!

하늘과 땅의 선택을 받고 인황 폐하를 알현한 신하와 백성들은 천만다행이고 살길을 찾은 겁니다! 대단하신 인황 폐하께서는 우리들의 생명줄입니다! 대단한 인황 폐하! 천추만세! 만사형통!

이○혜(180.231.8.167) 17-11-16 06:50

영안과 음성으로 미리 보여주시고 말씀하여 주시니 알겠습니다. 이제 곧 재난이 시작될 예정이라니 가슴이 철렁합니다. 국민들이 정신을 차려서 하루라도 빨리 대단하신 인황 폐하께 살려달라 굴복하고 구름 떼처럼 몰려와서 알현하게 되었으면 좋겠습니다. 대단하신 인황 폐하 만세 만세 만만세!

최○호(223.62.215.91) 17-11-16 07:47

어제 포항 지진을 울산 사무실에서 근무 중 건물이 진동으로 위아래로 움직이는 것을 느꼈습니다. 그 후, 조금 어지럽다는 느낌을 받았습니다.

집에 도착해서는 저녁을 먹고 더 어지러워지더군요.

"재앙은 시작되었노라"라는 메시지가 실감이 납니다. 분명히 이번 포항 지진은 대단하신 인황 폐하의 시대가 도래하였음을 알리는 것 같습니다.

천손민족인 우리나라 국민이 얼마나 대단하신 인황 폐하를 인정할지에 따라 인류의 운명이 달린 중대한 기로에 서 있다는 생각이 듭니다.

김○라(222.98.244.80) 17-11-16 08:46

어제 재난문자와 경북 포항지역의 지진을 보며 하늘의 심판이 시작되었구나 생각했네요. 이번에는 전국에서 지진을 감지하여서 많은 사람들이 공포에 떨며 특히 수능 전날이라 충격의 여파가 상당하네요.

공포에 떨며 인터뷰하는 모습들을 보았는데 대단하신 인황 폐하 덕분에 지금이 무슨 상황인지 알기에 마음은 편안하였고 하루속히 대단하신 인황 폐하의 시대가 활짝 열려 큰 뜻이 속히 이루어지시기를 기원하네요.

유○숙(117.111.28.125) 17-11-16 08:52

재난은 시작되었노라.

오금이 저리고 살이 떨리는 두려움이건만 세상의 사람들은 왜 이리 태평한지요. 제발 이번 신간 『도통천존하강』 책들을 보고 마지막 기회 놓치지 말고 하루빨리 인황 폐하 앞에 와서 굴복했으면 좋겠습니다. 대단하신 인황 폐하 만세 만세 만만세!

김○숙(125.134.167.206) 17-11-16 09:20

『도통천존하강』 책을 읽고 마지막 기회 꼭 붙잡아 인황 폐하 앞에 모두 굴복해서 피해와 고통 없이 천지대업에 동참하는 길이 살길이니 어서어서 살려달라고 굴복하길 바랍니다.

홍○환(116.45.167.213) 17-11-16 10:38

대단하신 인황 폐하께서 내려주신 신비의 도법주문을 외우고 손○희 씨가 올린 글 "재난은 시작되었노라" 글 잘 읽어보았습니다.

이제 시작하시나 봅니다. 재앙에 대비하여 준비를 해놔야 하겠네요. 대단하신 인황 폐하께서 마지막으로 주시는 기회 『도통천존하강』 책이 출간되면 본격적인 심판이 실행될 것이라 하시니 선택받는 사람들은 어서 인황 폐하를 알현해서 살아나야 하겠습니다.

전국적으로 재앙이 발생할 때 가장 안전한 곳은 도솔자미천뿐이라 하십니다. 대단하신 인황 폐하의 시대가 열리고 있습니다.

장○신(110.15.103.177) 17-11-16 10:54

어제 국민에게 알리는 글을 작성할 당시에 지진이 일어나서 특이하다 느끼며 예고편은 시작도 안 했다는 느낌이 듭니다.

"재난은 시작되었노라. 이 나라에서 천재지변으로부터 보호받을 수 있는 곳은 도솔자미천 한 곳뿐이고 천재지변으로부터 보호받게 해줄 수 있는 분은 인황 폐하뿐이십니다.

그동안 많은 기회를 주었으나 국민들은 믿지 않았다. 이번 『도통천존하강』 출간으로 국민들에게 선포하느니라. 이번이 마지막 기회이니라"라고 하신 말씀에 적극 공감합니다.

국민들이 책을 읽고 들어와서 인황 폐하께 알현하기를 바랍니다. 내려주시는 도법주문은 무한대의 도력이며 신기, 신비하고 황홀합니다. 인황 폐하 대단하십니다.

조○숙(58.140.211.94) 17-11-16 16:08

재난은 시작되었노라.

이 나라에 천재지변으로부터 보호받을 수 있는 곳은 도솔자미천 한 곳뿐이고 천재지변으로부터 보호받게 해줄 수 있는 분은 인황 폐하뿐이니라. 그동안 많은 기회를 주었으나 국민들은 믿지 않았다. 이번 도통천존하강 출간으로 국민들에게 선포하느니라.

이번이 마지막 기회이니라,라고 하신 말씀을 들려주셨습니다. 대단하신 인황 폐하께서 내려주신 도법주문은 신기하고도 신비합니다. 국민들이 책을 읽고 대단하신 인황 폐하께 알현하길 바랍니다.

윤○규(110.70.57.4) 17-11-16 18:26

위대한 하늘께서 사전경고 후 직접 '행'으로 보여주고 계신이 경천동지할 실제상황을 우리나라가 아닌 전 세계를 통틀어 극소수 중의 소수인 인황 폐하의 신하와 백성들만 알고 있다는 것이 안타까울 뿐입니다.

포항 지진을 보면서 인황 폐하 말씀대로 위대한 하늘이신 도통천존 도솔천황님께서는 어제도 오늘도 내일도 인류에게 보여주고 계십니다. 재난이 시작되었다는 말씀은 그래서 더욱 무섭게 느껴집니다. 인황 폐하께서 그동안 책과 인터넷으로 수없이 경고하였으나 무용지물이었습니다. 고정관념이 얼마나 무서운지 실감합니다.

조○애(175.223.11.54) 17-11-16 19:52

재난이 시작되었고 천재지변으로부터 보호받을 수 있는 곳은 도솔자미천뿐이고 보호받게 해줄 분은 인황 폐하뿐이라는 말씀을 전 국민이 실감하는 날이 다가올 것입니다. 인황 폐하 앞에 긴 줄을 서서 엎드려 살려달라고 애원하는 모습들이 상상되네요. 오직 인황 폐하만이 인류의 구원자이십니다!

류O곤(180.65.194.80) 17-11-16 20:20

어제 일어난 포항지역 지진으로 국민들은 그 무서움을 실감하고 있습니다. 도법주문 글의 내용이 자연재해가 일어날 것임을 알려주시고 있습니다. 이 나라에서 천재지변이 일어나면 보호받을 수 있는 곳은 도솔자미천 한 곳뿐이고, 천재지변으로부터 보호받게 해주실 분은 대단하신 인황 폐하뿐이십니다.

질병치유 도법주문 하지정맥류 완치

김○석 17-11-16 23:20

대단하신 인황 폐하께서 내려주신 질병치유 도법주문을 통해 저의 하지정맥류가 소멸되었기에 글을 올립니다.

올해 5월에 왼쪽다리의 하지정맥류가 심하여 사진으로 남겨놓은 것이 있었는데 이렇게 비교하기 위해 미리 찍어놓은 것 같습니다.

인황 폐하의 황명으로 도법주문을 외운 지 이틀 만에 이렇게 되어 있었습니다. 정말 놀랍고 신기합니다. 대단하신 인황 폐하를 통해 메인 글 올리고 댓글 다는 신하와 백성들 각자 모두에게 질병치유의 선물을 주신 것 같습니다.

진심으로 고맙습니다. 약을 먹은 적도 없고, 저 같은 경우 하루에 최하 15시간 이상 서서 움직이는데 수술을 받으면 그렇게 할 수 없는 것으로 알고 있습니다.

메인 글에 질병치유 사연들이 많은데 저 같은 경우 눈에 보이는 질병인지라 사진으로 올립니다. 질병치유 도법주문을 외우기 전에는 왼쪽다리가 말 그대로 천근만근 무게가 느껴지고 마치 다리가 무쇠처럼 무거워져 땅속으로 들어가는 느낌이었는데 대단하신 인황 폐하께서 내려주신 질병치유 도법주문을 외우고 병증이 낫게 되어 맨발로 따스한 봄바람을 느끼는 기분이었습니다. 오늘도 역시 아주 가볍고 편안한 하루를 보내게 되었습니다.

오래 서서 일한 지 벌써 20년이 되었으니 기계라도 고장이 났을 것입니다. 이제는 대단하신 인황 폐하의 대도력으로 평생 걱정 없이 살게 되어 진정으로 고맙습니다. 아침에 일찍 나와서 바지를 다시 걷어보고 신기함에 대단하신 인황 폐하 만세 만세 만만세를 외쳤습니다.

어제는 만두 245인분을 팔아 오후 8시 16분에 완판을 하였고, 오늘은 오후 8시 18분에 완판을 하였습니다. 모든 것이 대단하신 인황 폐하 덕분입니다.

얼마나 선명한지 눈이 마치 깨끗하게 청소한 듯

이○규(223.39.139.208) 17-11-15 01:49

대단하신 인황 폐하, 질병치유 도법주문 후기 올립니다. 인황 폐하께서 내려주신 도법주문으로 5배의 예를 올리고 주문을 외웠습니다. 5분 정도 외우니 머리가 서서히 뒤로 젖혀지며 하늘을 향하여 주문을 외우는 순간 눈이 자동으로 떠졌습니다.

눈을 뜬 채 하늘을 향하여 한참 동안 주문을 외웠습니다. 잠시 후 합장한 두 손이 앞으로 쭈— 욱 뻗치더니 이내 한 바퀴 회전하며 두 손바닥이 두 눈을 마사지하듯 서서히 둥글둥글 마사지하듯 비벼주었습니다.

잠시 후 아주 밝은 빛이 두 눈을 향해 비추어지더니 이내 또 마사지를 하는데 눈에서 뭉글 뭉글 물소리가 찌그덕 찌그덕 나는데 정말 시원하였습니다. 순간 너무도 오랜 세월 방치를 하여 여러 번 치료를 받아야 할 것 같다는 메시지가 떠올랐습니다.

그리고는 계속 마사지를 받았습니다. 한참을 마사지한 후 두 손으로 두 눈을 꾹꾹 누르며 눈꺼풀이 벌어지는 듯하며 주문이 끝났습니다. 주문이 끝난 후 안경을 쓰고 천장과 커튼을 바라보니 얼마나 선명한지 눈이 마치 깨끗하게 청소한 듯 너무나 시원하고 머리까지 맑아지는 기분이었습니다.

매장 일하고 밤늦게 폰을 보면 한없이 침침하고, 눈 안에 좁쌀이 낀 것 같아 글 올리며 계속 손으로 또는 손수건으로 비비며 사실 너무 침침하여 정신력으로 글을 쓴다 해도 사실 과언이 아닐 정도였습니다.

안경 쓰는 것이 너무너무 싫어서 안경을 벗었다가 여러 번 발을 헛디디어 넘어진 적이 있었으며 도솔자미천 방문하여 의식 올릴 때도 안경을 항상 벗고 예를 올리곤 했습니다. 그런데 이렇게 대단하신 인황 폐하께서 질병치유 도법주문으로 인하여 치료를 해주시니 정말 감동이오며 감탄이옵니다. 정말 감사드리며 고맙습니다.

오늘부터 대박이라는 말씀에

이○규(223.62.179.120) 17-11-17 04:28

대단하신 인황 폐하. 도법주문 후기 올립니다.

5배의 예를 올리고 두 번째 도법주문을 외웠습니다. 합장하고 도법주문을 외우자마자 목이 메여 울먹이며 급기야 주문을 제대로 외우지 못할 정도로 눈물이 주체할 수 없이 쏟아졌습니다.

영문도 모른 채 눈물은 계속 흐르며 합장한 두 손이 양쪽 귀에 양팔이 꼭 닿은 채 하늘을 향하여 일직선으로 쭉 올라가더니 하늘을 바라보면서 계속 울었습니다. 한참 동안 눈물을 흘리며 합장한 두 손이 서서히 내려와 3번의 인사를 올립니다.

계속 주문을 외우며 앞에서와 같은 기운을 2번 연속 주셨습니다. 잠시 후 합장한 두 손이 또 양팔이 양 귀에 닿은 채 하늘을 향하여 쭉 올라가더니 서서히 내려와 3번의 인사를 올립니다.

그리고는 합장한 두 손이 앞으로 길게 쭉 뻗으며 합장한 두 손이 양쪽으로 마치 대문 열리듯 서서히 아주 서서히 열리며 두 손이 약간 밑으로 내려와 원을 그리듯 아주 커다란 그릇 모양을 만들더니 그 안에 무엇인가를 한아름 담아주시어 제 가슴에 얹혀주셨습니다.

가슴에 받는 순간 트림이 길게 나오며 그동안 고생했느니라. 이제 드디어 네 인생의 문이 열리느니라,라는 메시지를 들려주시며 매장도 오늘부터 대박 날 것이다,라고 들려주셨습니다.

그리고는 감사의 인사를 올리며 주문이 끝났습니다. 주문이 끝난 후 오늘부터 대박이라는 말씀에 얼른 준비하여 택시 타고 신나게 매장으로 달려갔습니다. 매장에 도착한 순간 매장 안에 반가운 단골손님들이 벌써 여러 팀이 분주하게 물건들을 고르고 있었습니다.

아~ 이게 웬일?

정말 대박입니다. 하루 종일 손님 응대하느라 겨우 저녁 8시나 되어서 점심 겸 저녁을 먹었습니다. 그리고는 창고 안에 들어와 두 손 모으며 한없는 감사함을 마음으로 올렸습니다.

대단하신 인황 폐하!

정말 감사합니다. 진심으로 고마우며 너무 너무 사랑합니다. 인사 올리고 또 올렸습니다. 자미가족 여러분, 인황 폐하께서는 여러분들 잘되게 해주시려고 밤낮으로 피나는 고생하십니다.

인황 폐하의 말씀 잘 따르고 행하면 우리 모두가 다 좋은 결과 있을 거라 생각합니다. 우리 모두 인황 폐하께 정말 잘하고 잘해서 행복 드리는 자미가족들이 되기를 간절히 바랍니다.

상상초월, 금전 들어오는 신비의 주문

이○규(223.39.150.165) 17-11-20 11:33

대단하신 인황 폐하!

도법주문(금전주문) 하달하여 주심에 진심으로 감사 올립니다. 5배의 예를 올리고 가르쳐주신 금전 들어오는 주문을 외웠습니다. 잠시 후 거대하고 웅장한 금전 들어오는 주문 외우는 소리가 아주 엄숙하게 방 안을 가득 채웁니다.

5분 정도 외우니 두 손이 하늘을 향하여 서서히 올라가더니 다시 서서히 내려와 땅 위에 두 손을 모은 채 내려지며 주문이 멈추었습니다. 한참을 땅 위에 두 손이 얹혀진 채 그대로 있었습니다.

잠시 후 두 손이 땅 위에 무엇을 한아름 손 안에 담으시더니 왼쪽 가슴 위에 얹혀주셨습니다. 너무나 따뜻함에 한참을 그대로 있다가 순간 자동으로 눈이 떠지며 하늘을 아주 조용히 바라보았습니다.

그리고는 다시 땅을 바라보고 또다시 하늘을 바라보며 잠시 후 가슴에서 손이 떨어지며 합장하였습니다. 합장한 두 손이 하늘을 향하여 크게 원을 그리듯 그리며 아주 반듯하게 정좌한 양쪽 무릎 위에 올려지며 한동안 정면을 바라보고 있었습니다.

한동안 정면을 바라보며 살짝 목례를 하듯 고개가 숙여지며 다시 두 손이 하늘을 향하여 아주 엄숙하게 올라가더니 두 손 안에 또 무엇을 한가득 담아주시어 가슴에 얹고는 인사를 올렸습니다.

그리고는 멈추었던 금전주문이 다시 엄숙하게 두 번 천천히 외워지며 두 손이 하늘을 향하여 올라가더니 두 팔을 힘껏 뻗은 채 엄지 척을 하고 또다시 가슴 쪽으로 내려와 주먹을 쥔 채 엄지 척을 하고는 기운이 멈추어지며 오늘도 최고치이니 메인 글 올리고 가도록 하라 하셨습니다.

대단하신 인황 폐하!
토요일 매출기록 세웠다 했잖아요?
어제 일요일도 매출이 최고였고요. 사실 어제도 오늘과 똑같은 기운 주셨는데 밤에 와서 메인 글 올려야지 했는데 밤에 집에 와서 두 번째 주문을 외웠는데 하도 지그재그 기운을 주시기에 궁금해하니 근육통 풀어주시는 거래요.

근육통 마사지 받고 메인 글 올리기 전 조○숙 댓글 달다 몸이 어찌나 노골 노골한지 그대로 잠들었는데 아마 신랑이 방에 불을 껐나 봐요. 참 신기해요. 아마 잠을 자게 해주신 것 같아요.

대단하신 인황 폐하!
인황 폐하의 대도력, 대천력은 한 치의 오차도 없으심에 참으로 놀랍습니다. 진심으로 감사 올리며 정말 고맙습니다. 오늘도 매출 최고치래요. 저 지금 빨리 매장 나갈게요.

인황 폐하 만나 성공하고 출세했노라고

이○규(203.226.207.66) 17-11-22 02:24

대단하신 인황 폐하!

도법주문(금전 불러들이는 주문) 후기 올립니다. 5배의 예를 올리고 금전주문을 외우자마자 아주 거대하고 웅장한 금전주문소리가 마치 확성기를 틀어놓은 듯 아주 엄숙한 가운데 또박또박 방 안을 가득 메웁니다.

5분 정도 외우니 금전주문이 자동으로 멈추었습니다. 그리고는 합장을 한 채 적막이 흐르는 듯 고요했습니다. 잠시 후 두 손이 하늘을 향하여 서서히 올라가더니 두 손 안에 무언가를 담아주시어 서서히 내려오면서 금은보화이니라, 메시지를 주시며 가슴에 얹혀주셨습니다.

순간 너무나 따뜻하여 가슴에 손을 얹은 채 한참을 그대로 있었습니다. 잠시 후 또다시 합장한 두 손이 서서히 벌어지며 양팔이 옆으로 일직선이 되게 벌어지며 크게 원을 그리듯 그리며 다시 합장하여 서서히 하늘을 향하여 올라가더이다.

그리고 이내 두 손이 벌어지며 손 안에 또 무언가를 담아주시어 가족들에게 쓸 금은보화이니라,라는 메시지를 주시며 머리 위에 쏟아부어주셨습니다. 그리고는 이내 또 두 손이 하늘을 향하여 올라가더이다.

두 손 안에 무언가를 담아주시어 이것은 재물이니라! 메시지를 주시며 이번에는 배에다 얹어주셨습니다. 그리고는 멈추었던 금전주문 소리가 엄숙하게 아주 천천히 쩌렁쩌렁 또박 또박 외워지더니 기운이 멈추었습니다.

대단하신 인황 폐하!

인황 폐하의 대도력, 대천력 정말 엄청나십니다. 제 나이 64세를 회춘하여 주시고 현재 45세 나이로 완전 개조, 개벽하여 이제는 인생에 꽃이 피게 하여주시며 매출 최고치에 금은보화, 거기에 가족들에게 쓸 금은보화까지 내려주시고, 재물까지 내려주시니 이 얼마나 영광이오며 최고의 행운아인지 정말 한없는 감사 또 감사 올리며 진심으로 고맙습니다.

대단하신 인황 폐하!

세~상을 향하여 외치고 싶습니다.

인황 폐하 만나 성공했노라고

인황 폐하 만나 출세했노라고

그래서 인생에 꽃이 피었노라고

독자 여러분들도 도솔자미천 인황 폐하 만나

구원받고 출세하라고!

이렇게 강렬하고 센 기운은 처음

권O관(124.51.94.5) 17-11-19 23:25

대단하신 인황 폐하!

저는 치료를 해도 그때뿐이고 얼마 안가 또다시 재발되는 지긋지긋한 만성 전립선염을 소멸하고자 질병치유 도법주문과 돈이 들어오는 도법주문을 윤허받고자 인황 폐하께 문자를 올려드렸는데, 윤허하여 주신다는 문자를 받았는데 낮에는 여건이 되지 않아 야간 출근 전에 도법주문을 외웠습니다.

대단하신 인황 폐하, 도법주문 윤허하여 주셔서 너무나 고맙고 감사드리옵니다. 어제는 출근 전이라 메인 글을 올리지 못하여 송구하옵니다. 오늘 어제 것과 함께 올립니다.

어제(2017/11/18일) 야간 출근 전에 도법주문을 외우기 위해 인황 폐하 계신 방향을 향해 5배의 예를 올리고 합장한 자세에서 정좌를 하고 "돈이 들어오는 주문"을 독송하기 시작하였습니다. 처음 몇 분간은 아무런 기운이 없다가 3분 정도 지날 때쯤 아주 강렬한 기운이 내려왔습니다.

합장한 상태에서 엉덩이를 들썩이며 팔이 전후 상하로 빠르게 요동을 쳤고 머리 또한 좌우로 흔들어주었습니다. 그런 상태가 몇 분간 계속되었습니다. 그런 가운데 큰 부자가 될 것이다인지, 큰 부자를 만들어줄 것이다인지는 잘 모르겠지만 그와 같은 메시지가 떴습니다.

오늘은(11/19일) 1분쯤 지나자 합장한 손이 전후로 빠르게 요동을 치더니 잠시 뒤에는 엉덩이가 들썩이고 합장한 상태에서 팔을 머리 위까지 쭉 뻗어 위에서 바닥까지 엄청난 속도로 올렸다 내렸다 수십 번이 넘도록 요동을 치는데, 내려주시는 기운이 너무나 강해서 도저히 호흡이 가빠오고 팔에 힘이 빠져 더 이상 할 수가 없었습니다.

그래서 잠시 호흡도 고르고 쉬기 위해 주문을 외우지 않은 상태에서 합장만 하고 있는데 또다시 엄청난 기운이 내려왔습니다. 이번에는 합장한 손이 깍지를 끼고 권투 선수가 펀치를 날리듯이 앞뒤로 빠르게 요동을 치다가 다시 깍지 낀 채로 위로 쭉 뻗어 바닥까지 상하로 굉장히 빠른 속도로 요동을 치면서 도법주문이 음률을 타듯이 흘러나왔습니다.

얼마나 속도가 빠르고 몸 전체가 들썩이는지 너무 벅차서 기운을 감당 못할 정도였습니다. 그래서 또다시 쉬었다가 도법주문을 외우니 한 번 만에 바로 엄청난 기운이 내려와서 더는 감당이 안 되었습니다.

주문을 외우면 바로 기운을 내려주시고 호흡을 가다듬기 위해 잠시 주문을 멈추어도 계속해서 기운을 내려주시니 더 이상은 제가 감당이 안 되어 제 스스로 도법주문을 중단하고 마쳤습니다. 지금까지 도법주문을 많이 외워왔지만 이렇게 강렬하고 센 기운은 처음입니다. 어제보다 더 강렬하니 갈수록 강도가 더 세지는 것 같습니다.

"질병치유 도법주문"
어제(11/18일) 야간 출근 전 돈이 들어오는 도법주문을 마치고 잠시 쉬었다가 다시 인황 폐하 계신 곳을 향하여 5배의 예를 올리고 정좌를 하고 합장한 상태에서 도법주문을 외웠습니다.

이번에도 역시 2~3분이 지나자 엄청나고도 강렬한 기운이 내려왔습니다. 또다시 엉덩이가 들썩이고 합장한 팔이 전후상하로 엄청난 속도로 움직이며 요동을 쳤고 숨이 가빠와 감당이 안 될 정도였으며 양팔을 쭉 뻗어 높이 치켜들었다 내리치는 형태를 몇 번 하였는데, 꼭 옛날에 긴 칼로 죄인의 목을 쳐 처형하는 모습이 연상이 되었는데, 그렇게도 속 썩이고 있는 전립선염을 그냥 한방에 소멸시켜 주시는 그런 느낌이 들었습니다.

오늘(11/19일)은 질병치유 주문을 두 번째 외우자마자 어제와 비교가 안 될 정도의 강렬한 기운을 내려주셨습니다. 질병치유 도법주문 때는 돈이 들어오는 주문 때와는 조금 다르게 엉덩방아를 많이 찧었고 양팔을 쭉 뻗은 상태에서 위에서 아래로 상하로 빠르게 요동치는 자세를 많이 취하였습니다.

그러다가 숨이 가빠오자 독수리가 날개를 활짝 펼칠 때의 모습처럼 양팔을 양옆으로 쫙 편 상태에서 한참을 있다가 양 손바닥을 배꼽 밑 아랫배에 대고서 질병치유 도법주문을 외우기 시작하였는데, 병원에서 전기로 전립선 치료할 때처럼 아랫배가 따뜻해지기 시작하였습니다. 그렇게 한참을 물리치료 받듯 도법주문을 외우고 마쳤는데 기분이 상쾌하고 많이 좋아진 것 같습니다.

저는 이번에 대단하신 인황 폐하께서 1~4번째까지 도법주문을 내려주실 때마다 다른 자미가족들보다 기운을 잘 못 받고 받는 속도가 엄청 늦어 메인 글 제대로 못 올리고 엄청나게 밀린 댓글 달기에 정신이 하나도 없었는데, 인황 폐하께서 너무나 신비스러운 도법주문 윤허하여 주셔서 대단하신 인황 폐하를 통하여 내려주시는 천상의 좋은 기운 듬뿍 받을 수 있도록 하여주셔서 너무나 고맙고 감사드리옵니다.

인황 폐하의 말씀처럼 세상에는 공짜가 없다고 하셨듯이 대가를 지불하고 도법주문을 외우니 바로바로 더 큰 천지기운 내려주셔서 체험할 수 있게 해주시니 더 뿌듯하고 영광이옵니다.

대단하신 인황 폐하의 대도력, 대천력은 너무나 신비스럽고 불가능이 없으시며 최고이십니다. 대단하신 인황 폐하께서 하신 말씀은 현실로 다 이루어진다는 말씀 더욱더 실감하게 되었으며 대단하신 인황 폐하께서 바라시고 원하시는 모든 천지대업들을 다 이루시고 성취하시옵기를 기원드리옵니다.

도법주문의 위력은 무한대

박○형(118.40.206.137) 17-11-22 04:30

대단하신 인황 폐하!

금전 들어오는 도법주문 처음으로 독송하였습니다. 주문 후에 기적이 일어났습니다. 우리들은 인황 폐하 말씀이 생명줄이고 살아갈 진리의 길입니다!

도법주문 직후에 전화가 옵니다. 우연의 일치일까요? 같이 사업하던 친구였지만 오랫동안 연락을 안 했던 친구인데 땅을 팔아서 현금 40억이 있다며 전화 연락이 왔고, 돈이 있으니 일을 만들자고 연락이 왔습니다.

마치 "세상에 이런 일이"란 방송 프로가 생각이 났습니다. 그 친구가 땅 팔아서 현금 40억이 있으니 잘해 보자고 이야기하리란 것은 생각도 안 했습니다. 내 자신이 복을 찼다며 이번에는 잘하라고 합니다. 그 친구가 연락이 온 것 자체가 기적입니다.

도법주문의 위력은 무한대입니다. 세상의 진실은 통한다고 생각합니다. 금전 도법주문의 위력은 상상초월입니다. 인간사 문제들은 하늘이 보았을 때 귀엽겠지요! 대단하신 인황 폐하! 만세 만세 만만세!

하늘에선 황금빛으로 연화 폭죽이 터져서

이○숙(223.62.163.115) 17-11-22 01:09

저는 어제 쉬는 날이라 대단하신 인황 폐하께 도법주문을 할 수 있게 윤허를 받았습니다. 저의 언니랑 같이 쉬게 되어 신기한 도법주문을 독송할 수 없어서 매우 안타까운 마음으로 하루를 지냈습니다.

그런데 21일에 신기한 일이 생겼습니다! 직업소개소에서 저의 언니 일당 다니는 시간을 오전 11시부터 밤 11시까지 하는 일로 하게 하였습니다! 이렇게 제가 도법주문을 독송할 수 있는 시간을 1시간 내어주셨습니다!

실시간으로 저의 안타까운 마음까지 알고 계시는 대단한 인황 폐하의 대도력과 대천력에 찬사가 절로 나오네요!! 어쩌면 저의 마음을 이렇게도 잘 아시고 계실까요~~

그래서 저녁에 퇴근하고 집에 와서 바로 인황 폐하 계시는 방향으로 5배의 큰절을 올리고 3번째 신기한 도법주문과 돈 들어오는 주문을 하였습니다!

밤 10시 35분에 시작했습니다~

대단하신 인황 폐하께서 가르쳐주신 신기한 도법주문을 독송하여 1분 정도 지나니 합장한 손이 앞뒤로 힘차게 흔들리고 엉덩이는 아래위로 높이 들썩들썩 한참 동안 강한 천지기운을 체험했네요~

다음엔 음률에 맞추어 돈 들어오는 주문을 하였는데 합장한 손이 아래위로 힘차게 흔들리더니 팔이 난생처음 엄청 무겁게 느껴졌습니다! 온몸은 땀도 나고, 손발은 후끈후끈하더니 더운 손으로 눈 마사지를 5분 정도 해주고 있었네요~

조금 있더니 입이 찢어질 정도로 하품이 나오면서 하늘을 바라보게 되었습니다! 이게 웬일이랍니까? 하늘에선 황금빛으로 연화 폭죽이 터져서 반짝이는 것처럼 반짝반짝 빛나고 있는 것을 보게 되었습니다! 얼마나 황홀한지!! 이렇게 입이 크게 벌어지며 하품하는 숫자는 딱 7번!

그리고 신기한 도법주문을 계속하는데 아주 부드럽게 살랑살랑 좌우로 합장한 손이 흔들리면서 감은 눈인데도 보라색의 꽃이 하늘에서 땅으로 두 송이가 내려오는 영상을 보았습니다! 신기한 도법주문 독송은 이렇게 뚝 끝났는데 시간을 보니 딱 30분이었습니다!

대단하신 인황 폐하께서 신기한 도법주문과 돈 들어오는 주문을 독송할 수 있게 윤허해 주시어 가문의 영광이옵니다! 신기한 도법으로 내려주신 천지기운 역시 더더욱 대단하게 느꼈습니다! 이런 최고의 천지기운을 저에게 하달해 주신 대단하신 인황 폐하! 대단히 고맙습니다! 감사합니다! 대단하신 인황 폐하! 천추만세! 만사형통!

구름 형상으로 주식매도 시점 가르쳐주셔

최○호(1.253.39.15) 17-11-22 00:34

대단하신 인황 폐하!

“돈이 들어오는” 도법주문 후기 올립니다.

11월 18일 토요일 인황 폐하께 도법주문 독송 윤허를 받고, 처음으로 “돈이 들어오는” 신기한 도법주문을 조용히 방에서 독송하였습니다.

시작과 동시에 손과 가슴에서 열기를 느낄 수 있었습니다. 독송 중 황금색의 찬란한 빛을 보았고 이후, 양팔을 크게 벌리고 한없이 큰 것을 받는 것 같은 느낌이었습니다.

11월 19일 일요일, 도법주문 시에는 넓은 바다와 같은 영상이 간혹 보이기도 하고, 갑자기 새 떼가 제게 날아오는 영상을 보고 깜짝 놀라기도 했습니다. 마찬가지로 황금색의 찬란한 빛을 보았습니다.

11월 20일 근무 중 돈이 들어오는 도법주문 독송을 하니, 제가 하는 주식이 그날 어느 정도 오르고 투자의 매도 시점이라는 것을 느낄 수 있었습니다. 또한 하늘의 구름 형상으로 매도 시점을 가르쳐주셨습니다.

지난 몇 번에 걸쳐 구름의 형상으로 매도 시점을 가르쳐주셨지만, 욕심으로 돈을 벌 수 있는 기회를 놓친 적이 몇 번 있어서, 이번 도법주문 이후 무조건적으로 메시지를 따랐습니다. 그래서 가지고 있는 모든 주식을 매도하였습니다.

저녁 잠들기 전 신기한 도법주문 독송을 하니, 손과 가슴에 바로 열기를 느끼고, 몸이 옆으로 움직이다 원을 그리며 움직였으며 어지러울 정도로 많이 원을 그렸습니다.

11월 21일 근무 중 잠깐의 휴식 시간에 밖을 내다보고 신기한 도법주문을 외우니, 가슴이 따뜻해지고 제 안의 신, 조상님과의 일체감 및 존재감을 느낄 수 있었습니다. 어제 다 매도한 주식이 오늘은 정확히 값이 내려갔으며, 다시 매입해야 할 것 같은 느낌이 들었고, 구름 형상으로 매입을 시사하는 메시지도 확인하여 다시 매입을 하였습니다.

어제 전량 매도를 한 것이 과히 정확한 매도 시점이었습니다. 이제 매도 시점을 잡는 것은 거의 정확한 메시지를 주시는 것 같습니다. 욕심 부리지 않고 가르쳐주시는 대로 투자를 지속한다면 좋은 결과가 지속될 것이라는 확신이 듭니다.

그리고 오늘 제가 새로 맡은 프로젝트의 수주는 아니지만, 타당성 검토를 위한 프로젝트 금액 산출 및 시공성 향상 수행 업무에 대한 용역을 승인하는 메일을 접수하였습니다. 용역비는 작은 금액이지만 지급받는 조건입니다. 추후 프로젝트가 실행으로 이어지고 수주가 될 것으로 기대가 됩니다. 업무에서도 차츰 좋은 결과가 나오고 있습니다.

대단하신 인황 폐하!

신비로운 도법주문 독송할 수 있도록 윤허해 주심에 영광입니다. 도통천존 도솔천황님께서 인황 폐하를 통해서 내려주시는 도력은 정말 이 세상 최고이시고 상상초월이십니다.

인황 폐하 만세! 만세! 만만세!

황금 돈이 어마어마하게 산더미같이

유○숙(117.111.9.70) 17-11-21 11:14

대단하신 인황 폐하!

금전 들어오는 신기한 도법주문 윤허 내려주시어 대영광입니다. 인황 폐하께서 올려주신 도법주문 공지를 보고 고민하던 중 10원짜리 하나 구하기 힘들었던 저에게 11월 22일 친정어머니 기일이라고 언니가 장보라고 10만 원을 보냈습니다.

언니는 어머니 조상 입천제한 올린 사실을 모르니 당연히 보내왔습니다. 그리고 내일 인천에서 온다고 해서 제사 준비를 해야 했습니다. 인황 폐하께서 윤허 내려주셔서 5배의 큰절을 올리고 금전 들어오는 신기한 도법주문을 독송하였습니다.

도법주문 독송을 시작하자 영상으로 보였습니다. 잘 차려입은 젊은 남자가 골프채 같은 것을 들고 골프 치듯이 하더니 황금 돈이 어마어마하게 산더미같이 있는 데서 골프채 같은 걸로 하나 가득히 골프하듯이 날려서 내 앞으로 자꾸 주더니 나중에는 그냥 우르르 긁어서 계속 갖다 주었습니다.

그 뒤를 이어서 휘황찬란한 공작새 같은 새가 제 머리 위를 돌더니 무엇인지 확 뿌리고 빙빙 돌았습니다. 저녁에 두 번째 금전 도법주문을 하자 잔잔히 진동이 오더니 첫 번째 때 보았던 공작새가 또 나타났습니다.

큰 자루를 물고 와서 앞에처럼 머리위에 쏟아붓고 있으니 하얀 옷을 입은 남자들이 어깨에 하얀 자루를 메고 줄을 서서 순서를 기다리다 합장하며 양반다리하고 앉아 있는 제 다리 위에 차례대로 쏟아붓고 가는데 돈이라는 생각은 들었지만 얼마짜리인지는 보이지 않았습니다.

그리고 조용히 마무리했습니다.

대단하신 인황 폐하, 살려주시려고 은혜 베풀어주시는 인황 폐하께 어떻게 크나크신 은혜를 다 갚을 수 있을지 살아서나 죽어서도 인황 폐하를 따를 것입니다. 또 눈물이 납니다. 인황 폐하 고맙습니다, 고맙습니다, 고맙습니다. 대단하신 인황 폐하 만세 만세 만만세!

인황 폐하께서 황금 한 덩어리를 집으시고

김O자(110.70.27.147) 17-11-20 20:31

대단하신 인황 폐하!

대단하신 인황 폐하! 만세! 만세! 만만세! 신기한 도법주문과 금전 도법주문 두 가지를 윤허 내려주시어 고맙습니다!

오늘 점심 식사 후 지하창고에 가서 대단하신 인황 폐하께 향하여 5배의 예를 드리고 합장과 함께 정좌하며 첫 번째로 금전도법주문을 독송하였습니다.

7번 독송 후 영안을 열어주셨습니다.

붉은 곤룡포를 정장하시고 대단한 대도력과 대천력을 세상에 보여주시는 인황 폐하께서 서 계시는 모습을 보여주셨는데, 왼쪽 뒤로 해서 어마어마한 황금덩어리가 번쩍번쩍 빛나며 수북이 쌓여 있었습니다.

그 모습에 넋을 놓고 보고 있는데 대단하신 인황 폐하께서 황금 한 덩어리를 집으시고, 저를 보시더니 "여기 있는 황금덩어리들을 다 네게 줄 것이야~ 그간 메인 글, 댓글 성실히 임했으니 얼마나 이쁘냐?

조금만 고생하여라! 그러면 그에 상응하는 보상도 덤으로 내려줄 것이야~계속 도법주문 외우고 메인 글에 성실히 하면 어찌 선물을 안 내려줄 수 있겠느냐?" 말씀에 절로 무릎 꿇고 엎드려 진심으로 인사를 올렸습니다.

그만 됐다는 말씀에 영상과 함께 도법주문 독송을 멈추었습니다. 대단하신 인황 폐하께서 보여주신 영안에 너무나 감격하였습니다. 또한, 대단하신 인황 폐하께서 올려주신 도솔천황님과 서로가 승리자라고 말씀하신 공지의 글을 보고 깜짝 놀랐습니다.

대단하신 인황 폐하께서 누누이 강조하셨던 메인 글과 댓글에 대한 중요성을 이번 영상에서 보여주셨습니다. 정말, 정말 대단하신 인황 폐하의 대도력, 대천력에 그저 감탄만 나옵니다.

한 치의 오차도 없으신 대도력을 지니신 인황 폐하의 말씀을 무조건 따르고 행함만이 살 길임을 각골명심하겠습니다.

대단하신 인황 폐하! 만세! 만세! 만만세!

글을 올리니 카드대금이 한꺼번에 왕창 입금되어

김○석(223.62.163.22) 17-11-20 22:48

김○자 씨의 도법주문 후기 잘 읽었습니다.

김○자 씨의 영안을 통해 실로 엄청난 모습을 보았군요. 글을 읽는데도 심장이 쿵쾅거리는데 영안으로 직접 본 당사자는 어땠을지 상상이 갑니다.

세상 모든 황금의 주인 되시는 대단하신 인황 폐하의 모습을 뵙고 어마어마한 황금 덩어리가 수북이 쌓여 있는 걸 보았는데 그 황금 덩어리를 다 주신다고 하셨으니 얼마나 좋을까요.

그동안 메인 글과 댓글에 성실히 임했음을 이쁘게 보시고 그에 상응하는 보상도 덤으로 내려주신다니 대단하신 인황 폐하의 배포가 정말 세상 최고로 크심이 실감납니다.

저도 올렸던 "메인 글과 댓글의 중요성"의 내용을 그때 알게 되었습니다. 댓글이 밀려서 겨우겨우 따라가니 매일 카드결재 대금이 조금씩 입금되고, 메인 글을 올리니 카드대금이 한꺼번에 왕창 입금되어 놀라면서 깨달았습니다.

대단하신 인황 폐하께서 누누이 강조하시는 그 큰 뜻을 몰랐었는데 그 후로는 잠을 줄여가며 애썼더니 이제 숨을 쉬게 되었네요. 댓글이 밀린 만큼 금전이 들어오지 않아 혼이 나보았으니까요. 대단하신 인황 폐하께서 이번에 금전이 들어오는 도법주문을 내려주시니 도솔천황님께서 하강 강림하신 날 해주신 말씀이 떠오릅니다. 인황 폐하 만세 만세 만만세!

아비규환! 시체가 산을 이루는구나!

김○자(110.70.27.147) 17-11-20 20:56

대단하신 인황 폐하!

2차로 신기한 도법주문 독송하고자 대단하신 인황 폐하께 5배의 예를 드리고 합장과 함께 정좌하여 독송하였습니다.

독송하는 동시에 합장한 손이 아주 빠르게 위아래로 움직이다가 앞에 내려온 앞머리를 뒤로 넘기며 답답한 것을 털어내려는 듯한 마음에 거칠게 쓸어 넘기다가 고개가 뒤로 젖혀집니다.

그때 영안을 보여주셨습니다.

'천재지변! 땅이 흔들립니다. 포항보다 더 심한 지진이 올 것이다. 대단하신 인황 폐하께서 여러 번 기회를 주시었는데, 인류가 무시한 만큼 대가를 치를 것이다. 살려달라 빌어도 너무 늦었다.

아비규환! 시체가 산을 이루는구나! 너무나 끔찍한 모습에 오소소 소름이 돋았습니다. 그러다가 영안이 멈추는 동시에 독송도 멈추었습니다.

시간을 보니 8분 정도 되었습니다.

지하창고라서 그런지 서늘하긴 했지만, 끔찍한 영안을 보고 나서 그런지 뒤통수가 더 오싹하고 서늘하기만 하였습니다.

대단하신 인황 폐하께 감사의 예를 올리고 바로 지상 7층으로 올라왔습니다. 대단하신 인황 폐하의 대도력 덕택에 엄청난 영안을 내려주시어 고맙습니다.

지금도 포항 지진으로 불안에 떨고 있을 텐데 앞으로 얼마나 더 큰 재앙이 닥쳐올지 감히 상상조차 할 수 없습니다. 대재앙이 닥쳐오기 전에 어서어서 수많은 사람들이 대단하신 인황 폐하께 찾아와서 승복, 감복하여 무릉도원 세상이 되기를 진심으로 바라옵니다.

웃으면서 다정하게 대하는 것이 신기합니다

조○애(175.223.44.63) 17-11-22 19:52

대단하신 인황 폐하!

도법주문이 유료화 된 후 저는 첫 번째 도법주문과 금전 도법주문 두 개를 입금 후 윤허받고 외웠습니다.

며칠 동안 도법주문을 외우면서 새로운 동작이나 영안은 보이지 않았지만, 이전에 도법주문을 외울 때처럼 몸이 좌우로 흔들리고 하품이 나오는 정도였습니다. 그런데 저의 일상생활에서는 많은 변화가 있었습니다.

일이 술술 풀리는 것은 물론이거니와 정신없이 바쁘지 않고 여유 있게 일하고 있으며, 조금 답답하다고 느껴지는 문제들은 저절로 해결이 되어서 룰루랄라 신바람 나게 웃으며 일하고 있습니다.

그리고 만나는 사람들마다 저한테 부탁할 것이 있는 사람들처럼 웃으면서 다정하게 대하는 것이 신기합니다. 특히나 저희 원장님은 항상 신경이 곤두서서 모든 부서에 지적만 하고 다녔는데 저한테는 갑자기 너무 잘해 줍니다.

그리고 며칠 전 제가 불미스러운 일에 휘말려 인황 폐하께 문자 올려서 보호해 주십사 했었는데, 그 일과 관련해서 더 이상 연락이 오지 않아 신경 쓰지 않고 있습니다. 도법주문을 외운 후로 위장도 편안하고, 편두통도 싹 사라져 웃으면서 즐겁게 일할 수 있어 너무 행복합니다. 모든 것이 인황 폐하 덕분입니다.

인황 폐하께서 내려주신 말씀대로 사는 것보다 더 나은 것, 더 좋은 것은 찾을 수 없었습니다. 앞으로도 영원히 인황 폐하 말씀 따라 살면서 은혜 갚도록 하겠습니다. 인황 폐하 만세 만세 만만세! 천추만세!

하늘과 땅은 이미 하나가 되었도다

김○자(110.70.27.147) 17-11-22 20:38

대단하신 인황 폐하!

어제 일이 늦게 끝나 오늘 새벽 정각에 집에 들어와 잠시 시간으로 대단하신 인황 폐하께 향하여 5배의 예를 드리고 합장한 손과 함께 정좌하여 독송하였습니다.

합장한 손이 딱 붙은 채 시계방향으로 원 그리듯이 크게 6번 정도 움직이다가 좌우로 시계추처럼 흔들흔들~ 거리다가 딱 멈췄습니다. 그러다가 절로 무릎 꿇고 엎드린 채로 독송하니 영상을 보여주셨습니다.

대단하신 인황 폐하께서 수많은 푸르른 산들이 둘러싸여 있고 그 가운데에 거대한 산 중턱에 뒷짐 지고 아래를 내려다보시는 모습이었습니다. 그런데 대단하신 인황 폐하의 용안 표정은 무언가를 고심하고 계시는 모습이었습니다.

그에 저는 아무 말씀 없으신 대단하신 인황 폐하의 모습을 조금 길게 지켜보고 있는데 갑자기 "하늘과 땅은 이미 하나가 되었도다!" 이 음성이 5번 연속으로 들려왔습니다. 그에 이○규 씨의 도법주문 후기가 생각났습니다.

너무나 신기하면서도 반복적으로 들려주신 이유가 분명 큰 일이 있겠구나 싶었습니다. 그러다가 영안과 음성이 더 보이지 않자 일어나려 하는데 갑자기 무릎관절과 근육통이 몰려와 절로 앓는 소리를 냈더니 "질병치유 도법주문 독송 윤허받아라~" 하는 음성을 들려주셨습니다.

"예. 돈이 생기면 독송 윤허받겠습니다." 아뢰오니 "그래" 하시는 대단하신 인황 폐하의 음성을 또렷하게 들려주셨습니다. 대단하신 인황 폐하의 대도력 덕택에 신비한 영안과 음성을 보여주시어 고맙습니다!

근육통과 함께 졸음을 이기지 못하고 그대로 잠들었습니다. 한참 자고 있는데 "그만 자고 일어나거라!" 음성에 저도 모르게 눈을 번쩍 떴는데 무의식적으로 홈피에 들어오니 대단하신 인황 폐하께서 도솔자미천 천지공사 계획발표를 보고 얼마나 놀랐는지 모릅니다.

정말로 하늘과 땅이 하나가 되어 도솔자미천 리모델링과 함께 신축되려는 계획을 보여주셨습니다. 얼마나 감격했는지 모릅니다. 기쁨의 눈물도 소리를 삼키고 마구 나왔습니다! 너무나도 설레고 기대가 더 상승되는 행복감에 오늘 하루가 무척 행복했습니다.

대단하신 인황 폐하! 만세! 만세! 만만세!

합장한 손으로 뜨거운 열기가 생기고

홍O환(125.135.191.52) 17-11-22 21:05

대단하신 인황 폐하!

대단하신 인황 폐하께서 내려주신 신비의 도법주문을 외우면서 저의 몸으로 받았던 기운의 신기함을 올려드립니다.

인황 폐하께 예를 올리고 앉아 합장하며 "대단하신 인황 폐하 도법주문을 외우게 해주셔서 고맙습니다" 하고 말씀을 올리고 금전 도법주문을 외웠습니다.

어제 저녁에 주문을 외울 때는 양손을 설거지와 잡다한 일을 하느라 찬물에 계속 담가 양손이 약간 시리고 차가운 상태였는데 금전주문을 외운 지 10여 분이 되었을 즈음에 합장한 손으로 뜨거운 열기가 생기고 몸으로도 특히 아랫배도 따뜻해져서 더부룩함도 사라지고 손도 따뜻해지니 너무 좋았습니다.

오늘 낮에는 도법주문 외우며 10분 정도가 지났을 때는 하품도 한 번씩 나오고 합장한 손에도 따뜻한 기운이 생기고 마주한 두 손이 무겁게 되어 딱 붙은 채로 도법주문을 외웠습니다. 손이 따뜻하고 몸으로도 열기가 생겨 웃옷을 벗고 30분가량 도법주문을 외우고 나서 마치게 되었습니다.

인황 폐하께서 내려주신 금전 도법주문으로 금전이 많이 생겨서 행사를 많이 올릴 수 있도록 해주신다면 대단한 영광이고 너무도 좋겠습니다. “대단하신 인황 폐하 만세 만세 만만세” 양손을 높이 들고 소리 높여 외치는 그날이 빨리 오는 것이 너무도 기다려집니다.

대단하신 인황 폐하 만세 만세 만만세!

돈 많은 귀인을 만나게 해줄 것이야

김○자(110.70.27.147) 17-11-23 00:49

대단하신 인황 폐하!

금전 도법주문 독송 윤허를 내려주시어 고맙습니다. 앞전에 올렸던 도법주문 후 이어서 금전 도법주문을 독송하였던 체험 후기를 올리겠습니다.

어제 새벽(11월 22일) 12시 40분에 대단하신 인황 폐하께서 계신 방향을 향하여 5배의 예를 드리고, 정좌하여 합장자세로 독송하였습니다. 좌우로 시계추처럼 흔들흔들 움직이다가 합장한 손이 앞으로 나란히 자세로 취하여 쭉 뻗고 고개는 뒤로 젖히며 하늘을 향하여 입을 벌리고 있습니다.

하늘에서 황금빛이 터지더니 황금빛 무리가 제 입속으로 훅 들어왔습니다. 입속으로 들어오는 순간 목구멍이 왜 이리 뜨거운지 숨이 턱 막히는 줄 알았습니다. 그러다가 점점 시원해지고 가슴이 뻥 뚫린 느낌이 들었습니다.

앞으로 뻗었던 손이 위로 향합니다.

하늘에서 황금 한 덩어리가 뚝 떨어지기에 두 손으로 받았는데 점점 숫자가 많아지더니 두 손으로 받는 것을 포기하고 가만히 있으니 거대한 황금 속에 나의 머리만 빼고 몸 전체가 파묻혀 있는 모습이었습니다.

너무 기분이 좋아 "대단하신 인황 폐하! 고맙습니다!" 인사를 올렸습니다. 황금 속에 파묻혀 있으니 대단하신 인황 폐하께서 나타나시어 저에게 무언가를 주셨습니다. 저는 두 손으로 공손하게 받고 확인하니 순금쌍가락지 반지였습니다.

이 반지를 왜 주시는 것입니까? 여쭈어 올리니 결혼반지라고 하셨습니다. 너무나 황송하여 무릎 꿇고 엎드려 인사를 올려드리니 사라지셨습니다. 동시에 도법주문 독송이 끝났습니다.

대단하신 인황 폐하!

정말 신기하고 무척 기분 좋은 영안(靈眼)을 내려주시어 고맙습니다! 대단하신 인황 폐하의 대도력에 영안으로 황금을 볼 수 있는 기회를 주시어서 행복합니다!

두 번째로 어제 아침(22일) 출근 전 대단하신 인황 폐하를 향하여 5배의 예를 드리고 출근하였습니다. 버스 안 좌석에서 눈을 감고 조용히 금전 도법주문 독송을 하였는데 영안으로 보여주셨습니다.

앞전과 똑같이 황금덩어리들이 하늘에서 우수수 떨어지고 그 속에 파묻혀 있다가 대단하신 인황 폐하께서 이번에도 나타나시어 순금쌍가락지를 주셨는데 이번 반지는 크기가 훌라후프 정도의 크기였습니다.

너무 놀라 왜 이리 반지가 큽니까? 여쭈어 올리니 돈 많은 귀인을 만나게 해줄 것이야~ 너의 월급쟁이가 무슨 수로 돈이 들어오겠냐? 귀인을 통하여 금전을 마련해야지. 만약 황금덩어리들이 너에게 들어오면 무엇을 할 것이냐? 하시기에 "황금덩어리들은 제 것이 아니고 당연히 인황 폐하의 것이니 돌려드려야 하지 않겠나이까?"

아뢰오니 '껄껄껄~' 웃으시며 그리해야 맞다 하시며 조금만 고생하면 좋은 소식이 들어올 것이라는 말씀과 함께 영상 화면과 함께 인황 폐하의 모습도 사라지셨습니다. 눈을 뜨니 회사 도착 두 정거장 전이었습니다.

참으로 신기합니다.
솔직히 황금 덩어리의 영안을 보여주셨지만, 사업가도 아니고 일개의 월급쟁이가 큰 금전을 마련할 방법이 과연 있을까? 회의적이었습니다. 다만, 실제 만져보지 못한 황금을 영안으로 보여주시니 대리만족으로 행복감을 가졌습니다.

그런데 순금쌍가락지를 주시는 영상에서 조금이나마 희망을 가져보려 합니다. 정말로 귀인을 통하여 금전을 마련할 방법이 생긴다면 무슨 수를 써서 도솔자미천 건립계획을 세우고 계신 대단한 인황 폐하께 돌려드리고 싶습니다.

대단하신 인황 폐하의 대도력 덕택에 휘황찬란한 황금 덩어리와 쌍가락지를 보여주시는 영안에 대해 대단히 영광입니다! 그리고 너무 행복합니다!

대단하신 인황 폐하! 만세! 만세! 만만세!

한 치의 오차도 없는 상상초월의 신기한 조화

이○규가 보낸 문자메시지(1차)

11월 23일 12시 24분

대단하신 인황 폐하! 이○규 인사 올립니다.

조금 전 메인 글 올렸고요. 궁금한 게 있어서요. 어제 오전 금전주문 외우고 시간이 잠시 되기에 두 번째 주문을 외우니 이내 혼란스러워지며 "하지 마" 하시기에 얼른 일어났습니다. 바로 준비하고 매장에 갔더니 몇몇 손님이 들어오시더니 순식간에 250만 원 매출이 올랐습니다.

잠시 후 커피 한 잔 마시면서 도법주문을 어떻게 외워야 되는 거지? 하는 생각이 들어 또다시 왜 이런 생각을 하는 거지 하며 그냥 내려주신 대로 늘 하던 대로 두 번째 주문을 마음속으로 외웠습니다. 그런데 참 이상하다,라는 생각이 들었습니다. 그렇게 순식간에 들어오던 손님이 뚝 끊어지며 저녁 8시까지 손님이 들어오질 않았습니다.

매장 마치고 밤에 와서 준비하고 이내 두 번째 도법주문을 외웠습니다. 어~ 이게 웬일? 도법주문 독송하니 이내 두 손이 다리 위로 철커덕 내려 앉아 바로 일어나서 금전 도법주문을 외우니 어제 오전 기운이랑 같은 기운을 내려주셨습니다.

그랬다.

정말 한 치의 오차도 없으시었다.

어제 오후 12시 55분에 이○규와 19분 30초 동안 통화하면서 그제 손님이 밤 8시까지 없었던 원인과 해법을 가르쳐주었는데 천지개벽의 조화가 일어났다.

내가 독자 여러분 인생의 생명줄임이 다시 한 번 확인되는 순간이었다. 댓글이나 겨우 달고 메인 글 올리지 않으면 인생이 답답해진다. 메인 글을 올리라고 강조하는 것은 나를 통하여 받은 사랑에 대해서 경찬하고 자랑하라고 기회를 준 것이다.

진심을 담아 자랑하면 또 주고 또 줄 것인데 다들 자랑에 인색하기에 복을 못 받는다. 메인 글 올리는 거 한 개는 댓글 30개 단 거와 맞먹는다. 나를 통해서 보여주시는 도통천존 도솔천황님의 천변만화 조화는 상상초월이시다. 이렇게 대단하신 분을 몰라보고 살았으니 여러분의 인생이 답답할 수밖에 더 있겠는가? 이○규는 나에게 선택받았다.

이○규가 보낸 문자메시지(2차)

11월 23일 1시 42분

대단하신 인황 폐하!

통화 후 바로 합장하여 5배 예를 올리고 도법주문 외우니 온몸이 살랑거리며 춤을 추고 어찌나 웃음이 나오는지 도법주문을 못할 정도로 뒤로 넘어가며 웃었습니다. 한참 웃어가며 도법주문을 외우니 하늘을 향하여 지그재그 춤을 추며 기운이 내리더니 "빨리 나가거라. 이년아! 빨리 가서 돈 받아라" 하시며 주문이 멈추었습니다.

대단하신 인황 폐하! 정말 감사합니다.

저 지금 빨리 나가서 주시는 돈 받아 밤에 메인 글 올리도록 할게요. 정말 고맙습니다.

이○규(223.62.178.24) 17-11-24 02:55

대단하신 인황 폐하!

오선에 인황 폐하와 선화통화 후 룰루랄라~하며 택시를 타고 매장으로 한숨에 달려갔습니다. 매장 도착하니 매장엔 벌써 여기저기 직원들이 고객들과 응대하느라 분주하였고 계산대에 오랫만에 아는 고객이 계산해 주길 기다리고 있었습니다.

어~머, 오랫만입니다. 정말 반갑네요. 제가 좀 늦었네요, 하며 인사를 건네니 다들 바빠서 계산해 주기를 기다리고 있다 하시네요. 아~그래요, 하면서 가방만 내려놓고 윗옷도 벗지 못한 채 계산을 하고 나니 또 다른 한 고객이 계산을 하러 계산대로 오고 있었습니다.

그런데 이게 웬일입니까? 쉴 사이 없이 계속 계산만 하였는데 불과 몇 십분 만에 하루 매출 절반이 올려진 거예요. 마음속으로 와~아 정말 인황 폐하께서는 한 치의 오차도 없으시구나. 또 감탄을 하면서 그제서야 외투를 벗고 커피 한 잔 마시며 또 일을 시작합니다.

생각하니 얼마나 신기하면서도 기분이 좋은지 절로, 절로 흥에 겨워 와~아 오늘 와이래 기분이 좋노 하면서 직원들과 맛난 붕어빵도 사먹어 가며 직원들 몰래 거울을 수십 번도 더 쳐다보았습니다. 거울을 보면 볼수록 어제 경직돼 있던 얼굴이 너무나 예쁜 모습으로 변해져 있었음을 알았기에 자꾸 쳐다보았습니다.

대단하신 인황 폐하!

참으로 놀랍고 신기하며 감동 연발입니다. 매출은 물론 경직돼 있던 제 모습 원래대로 찾아주시고 예쁜 모습으로 흥에 겨워 고객 응대하게 해주시니 정말 감사하오며 참으로 고맙습니다.

인황 폐하와 통화 후 도법주문에서 내려주신 말씀대로 빨리 나가라, 빨리 나가서 돈 받아라! 하시어 잽싸게 나가니 이런 엄청난 일이 한 치의 오차도 없이 이루어짐에 감탄합니다. 인황 폐하! 매번 실시간 지켜주시고 잘못됨 가르쳐주시어 잘되게 해주시니 정말 감사 올리며 정말 고맙습니다.

이 글을 읽고 있는 독자 여러분에게!

더 이상 종교세계에 들어가서 힘들게 고생하지 말고 나를 통해서 도법주문으로 여러분 인생사 삶에 천변만화의 신기한 조화를 내려주시는 도통천존 도솔천황님께 천상정기를 받고 살아가야 인생이 무탈하고 잘 풀린다.

우리 인간들이 가장 좋아하는 돈의 주인이 도통천존 도솔천황님이시다. 그래서 금전 들어오는 도법주문을 내려주면 천변만화의 신기한 조화들이 일상에서 무궁무진 일어난다.

30년 고질병을 낫게 해주시는 인황 폐하!

이○숙(110.70.54.144) 17-11-24 12:06

새벽에 메인 글 올리고 댓글 달면서 이○규 씨 글에서 주문을 바꿔 외웠어요~^* 저도 그런 생각을 했었지요. 하지만 질병치유와 금전 부르는 주문을 외웠습니다.

매일 하루에 2번 주문 외우며 하품만도 느낄 수 있어 고맙습니다, 하면서 올라오는 글 읽으며 부러워했어요. 오늘 아침에 5배의 예를 올리고 질병치유 도법주문 외우니 하품이 늘어져라 나옵니다.

온몸이 차갑고 시린 듯이 느껴지고 무릎 담이 어깨에 들었습니다. 등짝에서 찬바람이 나와도 도법주문 외우니 잠이 쏟아져서 자리에 누워 잠들고 싶었는데 동생 전화 받고 다시 일어나 5배의 큰절을 올리고 돈이 들어오는 도법주문을 외웠습니다.

인황 폐하 만세 만세 만만세 외치니 갑자기 엉엉 흐느끼며 한참 눈물 콧물 흘리며 소리 내어 인황 폐하 만세 감사합니다. 온몸이 따뜻하고 뜨거워지더니 차가웠던 어깨와 손발 차가움이 순간 없어지고 따뜻해졌습니다.

저의 30년 고질병을 낫게 해주시는 대단하옵신 인황 폐하!

일상생활에서 지은 죄를 용서해 주세요. 인황 폐하 만세 만세 만만세. 또 눈물이 흘러 죄인이 진심으로 뉘우칩니다. 죄인의 눈물은 가슴속에서 나오는 진심의 뉘우침이었습니다.

인황 폐하! 이렇게 좋을 수가 없어요. 두서없는 메인 글 올렸습니다. 메인 글 올릴 수 있게 해주셔서 고맙습니다.

인황 폐하 만세 만세 만만세! 최고이십니다.

언니, 제사 안 해야 되는 거야

유O숙(117.111.24.15) 17-11-24 12:31

대단하신 인황 폐하 문후 올리옵니다.

22일 친정어머니 기일이었습니다. 기일 전에 인황 폐하께 그동안 제사상을 차리지 않았는데 친정 언니가 온다고 하니 상을 차려야 하는지 말아야 하는지 여쭈었습니다. 조상입천제를 하였으면 차리지 않는 게 맞다 하셨습니다.

말씀 따르겠습니다, 대답을 올리고 22일 그전에 장을 봐 놓은 것을 가지고 음식을 하고 있었습니다. 그런데 불 조종과 상관없이 음식이 타고 간은 맨날 똑같은 간인데 소태같이 짜고, 냉장고는 갑자기 냉장실만 고장이 나고 엉망이었습니다. 음식 자체가 나물이랑 생선 제사음식 같았으니까요.

얼른 불을 끄고 5배의 예를 올리고 인황 폐하께 고하였습니다. 하지 말라고 해서 상을 차리지 않습니다. 형제끼리 먹을 밥과 반찬입니다, 고하고는 다시 부엌으로 와서 하던 음식을 마저 하니 동그랑땡도 이쁘게 모양이 나왔습니다.

그리고 터미널에 마중을 나갔는데 인천서 11시 50분 출발한 차가 6시가 넘어도 도착이 되지 않고 같은 인천서 1시에 출발한 차는 5시 35분경에 도착이 먼저 되었고 언니가 탄 차는 6시

30분경에 도착했습니다.

왜 이리 늦었냐고 했더니 기사가 말도 안 하고 차가 갑자기 급정거하는 바람에 천장 물건이 다 떨어지고 사고 날 뻔했다고 하는 겁니다. 그래서 조용히 언니 손을 잡고 말했습니다. "언니 제사 안 해야 되는 거야."

동생 내외도 같이 있는데 말했습니다. 날 믿고 따라와 주면 안 되겠냐고 그랬더니 펄쩍 뛸 줄 알았는데, 언니가 하는 말이 한 열흘 전에 너한테 제사에 간다고 전화하고 좀 있다가 줄에 걸려 넘어졌는데 책상 모서리를 살짝 비켜서 넘어졌답니다.

모서리 뾰족한 부분이 바로 머리 쪽이었다고 합니다. 그리고 어깨와 팔이 시퍼렇게 멍이 들었답니다. 그러면서 종합해 보니 니 말이 맞는 것 같다며 그냥 매년 우리 형제 만나서 즐겁게 지내자 하는 게 아닙니까?

동생 부부는 누나 알아서 하라고 그렇게 합의 보고 어제 23일 아침에 일어나서 언니가 하는 말이 "영숙아, 나 어제 밤에 네 옆에서 자는데 무엇이 내 등에 딱 붙어 있다가 싹 떨어지더니 밖으로 사라지더라, 참 이상한 꿈이다."

그리고 아침에 일어나면 아이고 소리를 몇 번씩 하는데 오늘 너무 개운하다 하면서 무척 신기해했습니다. 대단하신 인황폐하, 저의 언니는 저한테 부모 같은 언니입니다. 그런 언니까지 보살펴주시어 편안하게 해주셨습니다.

대단하신 인황 폐하! 이 은혜 어떻게 갚아야할 지 형제들 모르게 저 혼자 인황 폐하께 고맙습니다, 고맙습니다를 연신하였습니다. 지금도 이 글을 올리면서 눈물이 글썽거립니다.

대단하신 인황 폐하 만세 만세 만만세!

지난 1년간 별로 수익이 없었는데

류O곤(117.111.174.4) 17-11-24 20:29

대단하신 인황 폐하! 어젯밤 도법주문 후기 글입니다.

행하고 즉시 글을 올려야 하나 가족들과 함께하다 보니 늦게 올리옵니다. 인황 폐하께 5배의 예를 올리고 도법주문을 할 수 있음을 감사하고 영광스럽게 생각합니다.

자리에 앉자마자 손이 상하로 빠르게 흔들리다 머리 위까지 움직이기를 5분여 동안 계속 반복되었습니다. 두 번째 동작으로는 박수가 나오다가 양팔이 완전히 벌어져서 크게 박수 치는 동작이 계속 반복되었습니다.

세 번째 동작으로는 손이 좌우로 빠르고 힘차게 크게 움직이면서 몸도 같이 흔들리는 동작이 반복되었습니다. 모든 동작이 제 스스로의 힘으로 멈출 수 없었고 도법주문을 중단해야만 동작이 멈추어졌습니다.

어제와 오늘 역시 투자한 주식에서 이익이 크게 발생하였습니다. 지난 1년간 별로 수익이 없었는데 도법주문과 금전이 들어오는 도법주문 후 큰 손실 없고, 수익이 크게 나고 있어 너무나 기분이 좋습니다.

집에 있는 돈으로 투자를 더하고 싶지만 아내가 전에 가지고 있던 돈의 행방을 물어볼까 봐 더하지 못하고 있습니다. 인황 폐하의 대도력, 대천력으로 금전이 들어오는 도법주문을 하고 있기에 그렇게 실패하지 않을 것으로 생각하고 시도해 볼 생각입니다.

그리고 다음 월요일에 며칠 전 이력서를 내놓고 별로 기대를 하지 않았는데 면접 보러 오라고 연락이 왔습니다. 퇴직 후 재취업하여 지금 다니는 곳보다 근무환경이 괜찮은 곳이라 좀 더 나을 것 같고 경험도 활용이 가능하여 디 좋을 것 같습니다.

좋은 소식 꼭 다시 올릴 수 있도록 하겠습니다. 항상 저와 가족을 위해 살아갈 수 있도록 보살펴주시어 감사드립니다.

대단하신 인황 폐하 만세 만세 만만세!

황금빛의 화려한 봉황이 하늘 위에서

김O자(39.7.14.70) 17-11-24 19:24

대단하신 인황 폐하!

신기한 도법주문 독송 윤허 내려주시어 고맙습니다.

1차로 오늘 새벽 12시 30분 도법주문 후기를 올립니다. 대단하신 인황 폐하를 향하여 5배 드리고 정좌하여 합장한 손이 머리 위로 쭉 뻗으며 독송할 때마다 만세 자세를 취했습니다.

그러기를 5번 정도 하고 난 후 절로 무릎 꿇고 엎드렸습니다. 음성을 들려주셨는데 "1등 신하가 되거라!" 10번 가까이 들려왔고 동시에 독송도 멈추었습니다. 시간을 보니 7분정도 지났습니다. 2차로는 회사의 점심시간을 이용하여 휴게실에서 대단하신 인황 폐하께 예를 드리고 독송하였습니다.

주문 독송하자마자 보여주시는 영상은 황금빛의 화려한 봉황이 하늘 위에서 원을 그리듯이 날다가 내려오더니 저의 앞으로 오는데 크기가 점점 커지더니 네 발가락 달린 발만 보였는데 발가락 사이에 순금, 루비, 사파이어, 다이아몬드 등이 달린 수많은 반지들을 움켜 있더랍니다.

그런데 그 많은 반지들을 얼굴 가까이 오는 동시에 저에게 내려주시어 두 손으로 얼른 받아내었습니다. 저는 너무 당황스러워 왜 연속으로 반지를 주시는 걸까? 싶어 의아해하니 들리는 말씀이 반복적으로 보여주는 것이 곧 이루어질 거라는 메시지라고 하셨습니다.

아! 너무나 기분이 좋아 "대단하신 인황 폐하! 만세! 만세! 만만세" 외쳤습니다. 물론 작은 소리였지만, 정말로 이루어주신다면 대단하신 인황 폐하께 받은 은혜를 갚을 수 있는 기회를 주신다면 영광으로 받겠습니다.

독송하자마자 황금빛의 봉황을 보여주신 것에 역시 대단하신 인황 폐하의 대도력, 대천력에 진심으로 감탄만 나옵니다. 도법주문 독송 윤허 내려주시어 고맙습니다! 행복합니다!!

죽을죄를 지었습니다!

김○자(39.7.14.70) 17-11-24 20:44

대단하신 인황 폐하!

조금 전 도법주문 후기를 올리고 알바 하고 다시 일을 시작하려 하는데 아무것도 아닌 일을 자꾸 지적하며 시비를 걸어오자 으응? 갑자기 왜 이런 일이 생기지? 의문을 갖다가 오후 4시경 도법주문 독송한 것을 후기를 안 올려 그렇다는 메시지를 받고 잠시 시간이 나 도법주문 후기를 서둘러 올립니다.

주문 독송 전 대단하신 인황 폐하 전에 5배의 예를 드리고 독송하였습니다. 서울 강동구에 있는 지금의 도솔자미천 모습이 보였습니다. 너무 반가워 횡단보도 건너고 들어가려 하는데 남루한 어떤 남자가 땅바닥에 엎드리며 대성통곡하고 있었고, 2보 뒤로도 한 남자가 무릎 꿇은 채 손은 무릎 위로 가지런히 놓고, 고개는 푹 숙인 모습이었습니다.

누군데 들어가지 않고 도솔자미천 앞에서 저리 울고 있는 것일까? 궁금해하며 가까이 가서 보니 세상에나! 삼성그룹 창업주 고 이병철 회장이었습니다.

너무나 놀라 멍하니 있으니 "대단하신 인황 폐하! 죽을죄를 지었습니다! 가족을 살려주십시요!" 외치며 대성통곡하는 모습이었습니다.

그 모습을 바라보다가 뒤의 남자를 보니 고개를 드는데 왠지 낯설다 싶어 유심히 보니 "현대그룹 고 정몽헌 회장" 음성이 들려왔습니다.

이게 어찌된 일일까요?

너무나 놀라우면서도 솔직히 안타까운 마음이 조금 들었습니다. 아! 그들도 대단하신 인황 폐하의 존재를 알아보고 있구나! 그러나 가족들이 알아보지 못하니 얼마나 애를 태우고 있을까 하는 생각이 들었습니다.

그들을 보며 저는 정말 행운아임을 다시 한 번 새기게 되었습니다. 저는 도솔자미천 들어가지 못하고 그들만 바라보다가 영안이 멈춤과 동시에 독송이 멈추었습니다.

대단하신 인황 폐하의 대도력 덕택에 대단하신 인황 폐하께 선택받았음은 1천억 원을 주고도 바꿀 수 없는 얼마나 귀한 것인지 다시 한 번 가르쳐주시어 고맙습니다!!

대단하신 인황 폐하! 만세! 만세! 만만세!

인황 폐하만 따르면 만사형통임을

조○애(175.223.44.63) 17-11-24 22:24

대단하신 인황 폐하!

오늘 저한테 뜻밖의 일이 일어나 아직도 얼떨떨하고 실감이 나지 않습니다. 오늘 하루 종일 보고서 원고 수정하고 마지막 챕터의 맺음말을 쓰고 있었는데, 글도 잘 안 써지고 지루하기도 해서 자료나 더 찾을 생각에 저희가 주로 원문 자료를 찾는 사이트에서 시간을 보내고 있었습니다.

그 가운데 조선총독부(1914년경)에서 조사한 자료에서 현재와 다른 형태가 기록되어 있는 것이 보여서 이상하다 싶어 자료를 다운받고 해당 분야의 전공 선생님한테 카톡으로 사진을 보냈습니다. 그 선생님은 이 분야에 1인자여서 전국적으로 인정받는 사람인데 당연히 자료가 있는 거 같았지만 혹시나 하며 물어보고 싶은 생각이 자꾸 들었습니다.

그런데 본인도 이거 어디서 찾았냐고 자기도 처음 보는 거라고 하면서, 저한테 이렇게 귀한 자료를 어디서 찾았냐고 흥분해서 난리가 났습니다. 제가 찾은 역사 자료가 고문헌상에서 글로만 표현되어 있을 뿐 그 실체를 확인할 자료가 없었는데 도면으로 그려진 자료를 제가 최초로 찾았다고 합니다.

그래서 정리하고 난 뒤 보도자료로 내야 될 거 같다고 해서 좀 전에 연구원에도 보고하니 그러자고 합니다. 제가 2년 동안 준비해서 발간할 보고서에 또 이런 큰 성과를 주시니 대단하신 인황 폐하의 대도력으로 밖에는 설명이 되지 않습니다.

저는 정말 아무 생각 없이 하던 일이 지루하고 심심해서 잠깐 쉴 요량으로 한 것인데 순간 그 많은 자료 가운데 눈이 딱 멈추게 해주신 것이 너무나 신기합니다. 생각해 보니 재밌어서 미칠 것 같이 하던 일이 요 며칠 사이 갑자기 지루해진 것도 이상하긴 했습니다.

대단하신 인황 폐하! 2013년도에도 저한테 선물을 주셔서 학계에 큰 관심을 받았었는데 올해 또 저한테 이런 기회를 주셔서 진심으로 감사 올립니다. 인황 폐하만 따르면 만사형통임을 다시 한 번 이렇게 절실히 느낍니다!

도법주문을 윤허해 주신 뒤로 엄마가 그 가게에서 탈출한 것만 해도 기뻐 날뛰겠는데 저에게도 이런 일이 생기다니 우리 모녀는 행운아 중에 행운아입니다. 대단하신 인황 폐하께 오로지 충성하며 은혜 갚을 생각만 하며 살겠습니다. 인황 폐하 만세 만세 만만세!

모두가 대단하신 인황 폐하의 대도력으로

이○규(223.39.140.5) 17-11-26 02:48

대단하신 인황 폐하! 이○규 인사 올리옵니다.

매장을 마치고 집에 오면서 그저 감사함과 고마움에 하염없이 눈물이 주르륵 흘러내렸습니다. 지난 8개월 동안 힘들었던 인생에서 구해 주시고 살려주시었습니다.

불과 한두 달 만에 매출 신기록을 세우는 쾌거를 주셨는데 오늘 또 지난주 매출 신기록을 경신하는 최고의 매출 신기록을 세우게 해주셨습니다. 방문하는 고객 한 사람, 한 사람 응대하면서 모든 과정이 그냥이 아님을 알게 해주시니 대단하신 인황 폐하의 대도력, 대천력에 감탄하며 감사함과 고마움에 더욱 가슴이 북받쳤습니다.

대단하신 인황 폐하!

진심으로 감사 올리오며 정말 고맙습니다. 오늘 방문 고객님들은 회원으로 가입돼 있으면서 오랜만에 방문하는 고객들이 참 많았습니다. 오랜만에 뵈니 너무나 반가워 서로 그동안의 이야기도 나누며 매출도 올리고, 커피도 마시고 아주 웃음꽃을 피우는 날이었습니다.

우리 매장에 방문할 때는 바지 하나만 사야지 하고 들어왔는데, 계산할 때는 여러 개가 되니 본인들이 골라 놓고는 이거 내가 다 골랐나? 하시며 마, 그냥 다 싸 주이소 하는 고객, 또 어떤 고객님은 자기 신랑보고 오늘은 당신 사모님한테 꼬이지 말고 딱 하나만 고르레이.

또 어떤 고객님은 돈 벌어서 옷만 사 입으란 말인가, 그만 꼬시소 하는 고객, 하루 종일 고객님들과 응대하면서 일어나는 재미있는 일들이 모두가 대단하신 인황 폐하의 대도력, 대천력으로 이루어지는 일이라 생각하며 한없는 감사함으로 더욱 열심히 하게 됩니다.

오늘은 정말 시간 가는 줄도 모르고 마지막 고객님 응대하고 나니 10시 27분, 깜짝 놀라 얼른 불부터 끄고 정리한 후 집에 왔습니다. 집에 와서 밥 먹고 시간이 늦었기에 얼른 단장하고 금전주문을 외웠습니다.

5분 정도 주문을 외우니 주문이 자동으로 멈췄습니다. 그리고는 한참 후 두 손을 높이 들고 "하늘이시여, 감사합니다" 인사를 올리고 또 잠시 후 두 손 높이 들고 이○규 이렇게 큰 사랑 주시어 감사합니다. 인사를 올리며 또다시 두 손이 높이 올라가더니 빛을 주시어 감사합니다, 인사를 올리며 멈추었던 주문을 다시 두 번 외우며 인사 올린 후 기운이 멈추었습니다.

대단하신 인황 폐하!
오늘은 너무나 웃음꽃이 피는 날이었고 너무나 행복한 날이었습니다. 목젖이 보일 정도로 웃었으니까요! 진심으로 감사 올리오며 정말 고맙습니다.

이○규가 올린 글을 보면서 세상 사람들에게 안타까움이 앞선다. 이 나라에서 크게 장사하는 사람들과 기업을 경영하는 CEO 혹은 창업주, 회장들이 나를 만나 하늘의 대도력, 대천력을 받았다면 얼마나 많은 돈을 벌었을까?

물론 아직 때가 안 되어서 종교세계 안에서 허송세월을 보내고 있을 것이다. 하늘이신 도통천존 도솔천황님의 존재를 세상에 알리지 않았기에 들어오지 못하고 있었던 것인데 공식적으로 천기 17년(2017) 11월 4일부터 도법주문을 나에게 내려주시며 세상에 존재를 나타내시었기에 전국 각지에서 인산인해를 이루며 찾아오고 있다.

여러분 인생의 성공비결은 나를 통해서 도통천존 도솔천황님의 대도력, 대천력을 도법주문을 외워서 받는 것이었다. 이곳은 종교가 아니기에 교리와 이론, 경전이 없고 주문 외우기를 통해서 현실의 삶으로 보여주는 곳이다.

여러분의 인생, 가정, 가게, 기업을 살리고 번창시키려면 이○규처럼 나의 말에 순응하고 그대로 따라서 행하면 만사형통하고 부귀번창하게 된다. 거대기업 경영자나 오너들이 인연을 맺어 하늘의 대도력, 대천력을 받아서 기업을 경영한다면 기업의 미래가 어떻게 변화할까?

이○규의 의류 판매 사업장은 대기업에 비하면 구멍가게 수준에 불과한데도 부산에서 랭킹 5위권 순위에 들어간다. 그러면 대기업 사주들이 나를 만나면 기업이 얼마나 크게 번창하겠는가? 아직도 나를 찾아오지 않아 안타깝다.

여러분의 인생, 가정, 가게, 기업이 안정되고 지금보다 몇 배, 몇십 배, 몇백 배 크게 번창할 수 있는 길이 있는데도 몰라보고 불황에 허덕이며 경기가 안 좋다고 탓만 하고 있다. 이○규의 의류 매장은 전체적인 불경기에도 매일같이 호황을 누리며 점심을 저녁 8~9시에 먹을 만큼 장사가 잘되고 있다.

그러니 해외 수출하는 대기업들이 나를 만나 하늘의 대도력, 대천력을 받아서 기업을 경영한다면 불황에서 벗어나 세계적인 재벌로 발돋움할 수 있다. 인간의 노력만으로는 크게 성공하고 번창하는데 한계가 있기 때문에 하늘의 대도력, 대천력을 받아야 한다는 것이다.

아직도 종교에 의지하며 사업하는 사람들이 많은데 이제는 나를 만나서 사업을 하면 지금보다 더 크게 성공하고 발전하게 된다. 나에게는 천상에서 하강 강림하신 도통천존 도솔천황님께서 함께하시고 있기 때문에 인간의 상상력을 초월한 엄청난 상전벽해의 인생조화, 사업조화, 질병조화가 일어난다.

냉장고가 고쳐져 있었습니다

유○숙(117.111.24.204) 17-11-25 13:17

대단하신 인황 폐하!

인황 폐하 너무도 신기하고 좋아서 어쩔 줄을 모르겠습니다. 남들은 별거 아닐 줄 모르지만 저는 감동, 감탄 너무너무 좋아서 막 소리 내어 웃고 싶은데 남편이 옆에 있어 속으로 삭이려고 하니 목청이 뻐근합니다.

22일 어머니 기일에 고장 났던 냉장고를 고치려고 어제 서비스 센터에 남편이 예약해 놓고 오늘 기사가 오기로 되어 있었습니다. 아침 일찍 남편 없는 틈을 타서 준비하여 5배의 예를 올리고 금전 도법주문과 한 가지 주문을 외웠습니다. 금전주문 시작과 동시에 합장한 손과 온몸으로 진동이 오더니 빙글 빙글 돌았습니다.

전에도 똑같이 빙글빙글 돌 때에는 큰 나무 원통 같은 표면에 보석이 주렁주렁 달려 있었는데 어떤 여자가 춤을 추면서 그 나무 원통에 있는 보석을 홀랑 벗겨서 제 앞으로 밀어주었습니다.

오늘도 똑같은 동작으로 합장한 채로 몸이 원을 그리듯이 돌고 있을 때 앞에 보았던 여자가 빙글빙글 돌면서 춤을 추는데 제가 빨리 돌면 더 빨리 돌면서 춤을 추고, 제가 천천히 돌면 같이 천천히 돌면서 몸과 손, 머리에 감고 있던 보석을 풀어서 저한테 밀어주는 것입니다.

도법주문을 마치고 아침을 먹고 남편이 누웠기에 한쪽 귀퉁이에 비스듬히 앉아 있다가 잠이 살짝 들어 꿈을 꾸었습니다. 제가 친구한테 휴대폰으로 한번 눌러본다고 누르자 국제전화가 걸렸습니다.

깜짝 놀라서 종료를 아무리 눌러도 안 꺼지고 서쪽에서 또렷하고 부드럽게 여보세요? 하는 소리가 들렸어요. 이 친구는 2년 전인가 미국으로 이민 갔는데 나만 보면 돈을 빌려 달라 하고, 가져가면 줄 생각을 안 하니 전화 오는 게 달갑지 않습니다. 그런데 하필 그 친구한테 걸린 겁니다.

제가 휴대폰을 못 꺼서 쩔쩔매고 있으니 옆에 모르는 사람이 이리 줘 보라면서 휴대폰을 가져가서 보는데 휴대폰 앞면에 흑백 그림이 어디서 본 것 같았습니다. 옛날 기와집들이 쫙 깔린 깨끗한 한옥마을이 나타나 있었습니다.

그러면서 휴대폰을 가져간 사람이 이제 꺼졌다, 이러기에 국제요금 나오면 안 되는데 하더니 한 5~6천 원 나오겠네 하는데 남편 전화 벨이 울려서 깨어났더니 냉장고 고치러 밑에 사람이 왔다고 했습니다.

또 얼마가 들어가야 하나 걱정도 되고 조금 전에 꾸었던 꿈이 너무 생생하고 그림도 뚜렷하다 생각하면서 다 좋았는데 왜 하필 그 친구야 하면서 빨리 꺼서 다행이다, 이러고 있었습니다. 그런데 기사가 와서 냉장고를 열고 기계 점검하고 부속도 다 열어서 보더니 고장 아니에요, 너무 정상이고 깨끗합니다, 하기에 냉장고 한 번씩 돌아가면 잠이 깰 정도로 덜컹거리고 텔레비전 소리를 작게 하면 안 들릴 정돈데 왜 고장이 아니에요?

이렇게 며칠째 조용할 리가 없어요, 하니 글쎄요 저는 모르겠고 완벽합니다. 하면서 평일은 출장비가 만 5천 원인데 토요일이라 만 8천 원입니다 하면서 친절하게 인사하고 가는 게 아니겠습니까?

얼마 나올지 몰라서 남편 눈치만 보고 있었는데 얼마나 좋은지 얼씨구절씨구 춤을 추고 싶어집니다. 조용한 게 소리 하나 없습니다. 대단하신 인황 폐하 고맙습니다, 고맙습니다, 고맙습니다.

강릉 유가 23대손 유○숙 대단하신 인황 폐하 만나서 행운아, 천운아가 되었습니다. 여러분! 냉장고가 저절로 고쳐지는 기적 봤습니까?

너무도 감동하여 사무실 의자에 앉아 눈물을

최○호(1.253.39.15) 17-11-25 06:14

11월 25일 아침 5시에 폰으로 인황 폐하 존영의 사진을 켜놓고 5배의 예를 올린 다음 돈이 들어오는 도법주문을 독송하였습니다. 독송을 5번 정도 반복하니, 이내 멈추고 크게 숨을 쉬고, 합장한 두 손이 위로 올라갔고, 양쪽으로 벌어지면서 내려오기를 여러 번 반복하였습니다.

그리고 다시 독송을 이어서 하게 되었고, 제 자신과 함께하는 신, 조상님과 대화를 하듯이 직장의 일에 대해서 이런 점이 안 좋으니 해결해 주세요, 등을 마음으로 얘기하고, 제 자신이 이런 것은 잘못한 것 같다는 느낌도 받았습니다.

이런 식으로 문제점들을 얘기하면서 오른쪽 가슴에 전기가 통하는 것처럼 찌릿찌릿하고 쿵쿵 뛰기도 하였습니다. 저만이 느낄 수 있는 그런 증표 같은 것이 이번 신비로운 도법주문 독송하달 명을 처음 시작하고부터 강해진 것 같습니다.

이전에도 조금은 느낄 수 있었지만, 대단하신 인황 폐하께서 도법주문 독송 하달 명을 내려주시고부터 오른쪽 가슴이 수시로 쿵쿵거리면서 심장이 뛰듯이 하고, 처음에는 담이 결린 듯이 아프기도 하였습니다. 제가 저와 함께하시는 신께서 자신의 존재를 드러내고, 저를 굴복시켜서 인황 폐하께 진정으로 무릎 꿇고 받들어 모실 수 있는 마음가짐을 가지게 해주신 것 같습니다.

이 부분은 다음의 사례에서 잘 느낄 수 있었습니다.

11/23 출근 버스 안, 인황 폐하께서 밝히신 도솔자미천 리모델링 구상에 대해 저도 일조하고자 하는 마음이 생겨 의식 행사비로 송금했던 오백만 원을 리모델링 비용으로 전용하고 싶다는 메시지를 인황 폐하께 송부하였습니다.

그러나 인황 폐하께서 의식 행사비용은 어떻게 할 거냐고 물으셔 중지하고자 한다고 메시지를 보내드리자 의식 행사비용으로 받고, 리모델링 비용은 인황 폐하께서 직접 마련하신다고 하시며, 갸륵하다는 문자를 보내주셨습니다.

너무도 감동하여 사무실 의자에 앉아 눈물을 엄청 흘리는 일이 있었습니다. 다른 사람이 없었다면 소리 내어 펑펑 울고 싶을 정도였는데 눈물이 잘 멈추지 않아 누가 볼까 힘들 정도였습니다.

제 자신이 이렇게 인황 폐하께 진심으로 존경과 대단하심을 느낄 수 있는 기회가 되었습니다. 인황 폐하의 그 크신 짐이 느껴져서 조금이라도 그 짐을 덜어드리고 싶다는 생각을 가슴 속 깊은 곳에서 할 수 있었습니다.

“도솔자미천 공사금액 마련을 위해 세상의 많은 돈을 최대한 끌어 모아 원주인이신 인황 폐하께 바치고 싶습니다” 문자로 보내드리기도 하였습니다. 또한 사무실 창문 밖으로 맑은 하늘 아래 넓은 바다 위로 막 떠오른 아름다운 일출을 보아서 사진으로 찍어서 앞으로의 인황 폐하 앞날을 나타내주시는 것 같다는 메시지와 함께 보내드리자 "멋진 사진이로다"라고 하셔서 너무도 기뻤습니다.

나중에 확인한 사실이지만, 이 사진을 찍은 시간이 아침 7시 7분이었습니다. 제 생일이 양력으로는 7월 7일이며, 생활 속에서 7일라는 숫자를 간혹 우연인 듯 필연인 듯 자주 보게 되고 그럴 때마다 좋은 일들이 있어 왔습니다.

그날 그제 산 주식이 2.8% 올라가는 일도 있었습니다. 마음속으로 세상의 돈을 최대한 벌어서 다 인황 폐하께 바치고 싶다는 마음가짐을 가지게 되었습니다. 이 부분은 분명히 저와 함께하는 신의 어떤 굳은 의지 표현으로 느껴집니다.

오늘 아침 금전이 들어오는 신비로운 도법주문은 제 자신이 대화하듯 하고, 마지막에 두 손을 다시 합장하고 위로 올려다가 다시 옆으로 넓게 펼쳤다 다시 올리기를 반복한 후 만세 동작을 5번 정도하고 앞으로 절하는 동작으로 끝이 났습니다.

도법주문 독송을 마치고는 다시 인황 폐하 존영을 폰으로 켜고 5배의 예를 올렸습니다. 이렇게 대단한 도법주문 독송할 수 있어서 영광입니다. 인황 폐하 만세! 만세! 만만세!

황금빛으로 도배되어 있는 황금산

김O자(110.70.27.147) 17-11-25 17:15

금전 도법주문 독송 윤허 내려주시어 고맙습니다. 그 전에 겨울이라 목욕탕 고객들이 많아지며 알바시간이 자꾸 늦어지니, 새벽 12시 넘게 들어오는 횟수가 늘어났습니다.

오늘 새벽에 들어와 온몸이 뼈가 부서질 듯이 아파 통증을 못 이기고 엎드린 상태로 대단하신 인황 폐하께 향하여 5배의 예를 드리고 독송하였습니다. 한참을 독송하니 대단하신 인황 폐하께서 나타나시어 하시는 말씀은 "알바 하느라 네 몸이 힘든 거 다 안다. 그래도 조금만 참거라~ 조금만 참거라~" 말씀을 연속으로 들려주셨습니다.

그러다가 머리를 톡톡 쓰다듬어주시다가 사라지셨습니다.

시간을 보니 5분 정도 되었습니다. 통증으로 인해 꼼짝도 못해 있다가 그대로 잠들었습니다. 오늘 아침에 일어나 어제 목욕탕 창구 여자가 하는 말이 생각났습니다.

예전에 있던 여자가 남탕, 여탕 포함하여 두 군데 청소해서 목욕탕 특유의 냄새가 없을 정도로 잘했다는 얘기를 듣고, 멘붕에 빠졌었습니다. 너무 힘들어서 그런 것도 있지만, 대단하신 인황 폐하께서 내려주신 대도력 덕택에 회사에서 수주 주문이 슬슬 늘어나서 12월 중순부터 야근 돌입 들어갈 것 같아 알바를 할 수 있을까? 걱정이 되었습니다.

힘들어서 그만두어야 되나 하다가도 월 90만 원이 결코 작은 돈이 아니기에 야근과 함께 알바를 계속하고 싶다는 욕심이 생겼습니다. 3~4시간 걸리는 일을 어떻게 하면 1시간 30분으로 단축시킬 수 있을까 거듭 고민하다가 회사로 왔습니다.

마침 회사에 아무도 없어 조용히 금전 도법주문 독송하고자 대단하신 인황 폐하 전에 5배의 예를 드리고 바닥에 방석을 깔고 합장한 손과 함께 정좌자세로 독송하였습니다.

대단하신 인황 폐하께서 나타나시었습니다.
"힘들어도 조금만 참아라~ 그리고 당장 급한 돈이 조만간 들어올 것이다~ 또한, 네가 고민하고 있는 두 마리 토끼를 잡으려면 인황 폐하께 살려달라 매달려야지~ 힘들다고 가르쳐 달라고 매달려야지…

네가 고민한다고 답이 나오겠느냐? 네 천인합체의식 행사 때 힘들면 힘들다고 인황 폐하께 매달리라고 했는데 왜 지키지 않느냐? 힘든 데 안 힘든 척하는 것이 네게는 맞지 않니느라~"

그러시면서 대단하신 인황 폐하의 뒤에 거대한 산이 보였는데, 일반 산이 아니고 황금빛으로 도배되어 있는 황금산이었습니다. 너무나 놀라 멍하니 바라보고 있으니 내려주시는 말씀은 "내년부터 받고자 하는 돈이 들어 올 것이야~

그리고 연봉도 올려 받게 해줄 것이고, 알바비도 올려 받게 해주마~ 그리하여 생령입천과 조상하강(도인합체)의식 행사를 행해야 거대한 황금산을 가지고 있는 인연자를 만나게 해줄 것이야~ 즉, 거대한 황금산은 당연히 인황 폐하의 것이니라~

이○규와 최○호, 김○석 등에게 큰 금전을 내려주려 하는 이유가 천인합체, 신인합체, 도인합체 등 의식을 많이 행한 자들이기에 큰 선물을 주려 하는 것이다~ 그러니 너도 내년에 의식 행사 비용을 내려줄 것이니 의식 행사하고 나면 큰 선물을 내려줄 것이야~"

하시는 말씀을 듣고 보니 정말 대단하신 인황 폐하께서 뿌린대로 거둔다는 말씀이 한 치의 오차도 없으시다는 것을 다시 한 번 실감하였습니다.

대단하신 인황 폐하! 만세! 만세! 만만세!
외치니 왜 이리 눈물이 나오는지 한참 엎드려 울었습니다.

대단하신 인황 폐하!
김○자는 온몸이 뼈가 부서질 듯이 너무 아프고 힘들지만, 알바는 계속하고 싶습니다! 살려주세요! 그리고 알바를 수월하게 하는 방법을 가르쳐주세요! 방금 친언니에게서 전화가 와서 안 받으려 하는데 왠지 받아야 할 것 같아서 글을 잠깐 중단하고 통화 끝내고 다시 올립니다!

대단하신 인황 폐하!

친언니가 내일 저에게 적은 금액이지만, 먼저 50만 원을 보내주겠다는 믿기지 않는 기적이 일어났습니다! 조금 전 영안에서 분명 급한 돈이 들어올 것이라는 말씀을 들려주셨는데, 실제로 일어났습니다!

대단하신 인황 폐하!

대단하신 인황 폐하의 대도력, 대천력의 무소불위함! 정말, 정말 대단하십니다!! 고맙습니다!! 살려주시어 고맙습니다!

룰루랄라~ 아무도 없는 공간에서 나 홀로 크게 웃음을 터트렸습니다. 절로 흥이 납니다! 대단하신 인황 폐하! 만세! 만세! 만만세! 크게 처음으로 외쳐봅니다! 크게 외치니 속이 후련하고 가슴에서 벅차오르는 기운에 절로 전율이 일어납니다! 열심히 행하여 황금산을 꼭 대단하신 인황 폐하께 돌려드리겠습니다!!

대단하신 인황 폐하께서 나타나셨습니다

김O자(110.70.27.147) 17-11-26 14:02

대단하신 인황 폐하!

가족들 외출하고 오랜만에 홀로 있는 시간을 가져 도법주문을 독송하였습니다. 대단하신 인황 폐하 전을 향하여 5배의 예를 드리며 감사함을 표하고 합장과 함께 가부좌 자세로 시작하였습니다.

목청껏 크게 외치는 동시에 합장한 손이 박수를 쳤습니다. 독송할 때마다 목소리가 커지고 손뼉 친 스케일이 점점 커지더니 점점 머리 위로 올라가 치게 되었습니다. 더 크게 독송할수록, 더 큰 박수를 칠수록 점점 무아지경에 빠져듭니다.

대단하신 인황 폐하께서 나타나셨습니다. "네가 하는 모습이 기특하여 내가 너에게 세상 사람들이 나에 대한 존재가 어찌 알려지는지 보여줄 것이니라~" 하시며 영안을 아주 생생히 보여주셨습니다.

도솔자미천(황금궁전) 기초공사를 하는 모습에 지나가는 사람들이 호기심으로 쳐다봅니다. 차를 운전하는 사람들도 호기심으로 쳐다봅니다. 사람들이 기웃거리며 무슨 건물을 짓느냐고 묻습니다. 도솔자미천 황금궁전이 완성될 때까지 반복됩니다.

드디어 압도적이고 황금빛으로 장식된 외관에 위용을 자랑하는 도솔자미천 황금궁전 모습에 사람들이 핸드폰으로 사진을 찍어대느라 바쁩니다. 누구는 트위터에 올립니다. 무엇에 홀린 것처럼 무릎 꿇고 멍하니 바라보는 사람들도 늘어납니다.

트위터, 페이스북으로 인하여 금세 퍼져나가고, 정치인들이 관심을 가집니다. 기자들도 하나둘씩 황금빛 휘황찬란한 도솔자미천(황금궁전) 모습에 놀라워하면서 취재하려 합니다. 이에 대단하신 인황 폐하께서 기자들을 초대하고 인터뷰에 응하는 모습을 보이십니다.

정치인들도 호기심으로 접근합니다. 누구는 진심으로 감복하여 고개 숙이고 들어갑니다. 누구는 자존심에 고개를 빳빳이 드는 모습에 대단하신 인황 폐하께서 내치시는 모습이 보이십니다. 두 번 다시 기회가 없다!라고 말씀하십니다.

트위터, 페이스북을 보고 외국인들이 찾아옵니다.

무척 궁금하여 질문을 해댑니다. 영문으로 된 책을 받아가며 꼭 읽어보고 다시 찾아오겠다는 답변을 줍니다. 순식간에 주차장이 미어터집니다.

대단하신 인황 폐하의 무소불위하신 대도력에 경의를 표하는 사람들이 늘어나며 속속 도솔자미천에 입국합니다. 도솔자미천 근처에 지나가다가도 엎드리며 크게 절하고 갑니다. 한 사람이 그리하니 너도나도 따라서 크게 절합니다.

정작 그들은 처음에는 왜 절하는지 몰라 어리둥절해하다가 마음이 편안해짐을 느끼니 자꾸만 절하고 싶어지는 표정입니다. 그러다가 도솔자미천을 바라보며 아련한 표정을 짓습니다. 대성통곡하는 사람들도 보입니다. 나비효과로 도솔자미천 주위에 수많은 사람들이 몰려들며 대성통곡합니다.

그에 인황 폐하의 신하와 백성들이 행복한 비명을 질러댑니다. 신하와 백성들이 자부심 가득한 표정으로 당당히 도솔자미천의 신하, 백성이라고 자랑하고 다닙니다. '도솔자미천(황금궁전)이 완성되는 동시에 세상에 널리 알려지는 것은 그렇게 오래 걸리지 않을 것이다.'

아! 대단하신 인황 폐하께서 도솔자미천 건축계획에서 밝혀주셨듯이 순식간에 퍼질 거라는 말씀대로 이루어지시나봅니다. '영안과 도법주문 독송이 끝나는 대로 메인 글에 올리거라!' 말씀에 멈추었습니다. 대단하신 인황 폐하! 엄청난 영안을 내려주시어 고맙습니다! 너무나도 현실감 있게 생생하여서 황홀경에 빠졌습니다.

너무 행복해서 주체를 못하겠습니다. 게다가 박수를 크게 치니 손바닥에서 열이 나는데 온몸이 혈액순환되는 것처럼 개운해졌습니다. 대단하신 인황 폐하의 천지기운에 몸이 붕붕 날아다닐 것만 같습니다.

대단하신 인황 폐하의 대도력, 대천력으로 엄청난 영안을 현실감 있게 보여주시니 얼마 안 남았구나! 하며 실감하고 있습니다.

황금 여의주를 토해 내며

김○자(110.70.27.147) 17-11-26 15:20

대단하신 인황 폐하!

금전 도법주문 독송을 윤허 내려주시어 고맙습니다. 대단하신 인황 폐하 전을 향하여 5배의 예를 드리고 합장과 함께 가부좌하여 독송하였습니다.

도법주문 독송이 음률을 타는 동시에 합장한 손이 머리 위로 올라가니 절로 박수를 크게 쳤습니다. 박수를 치니 온몸이 들썩들썩~고개도 까닥까닥~한참을 그러다가 합장한 손에 묵직한 기운이 몰려와 절로 가슴 앞으로 내려와 수직방향으로 움직이다가 와이퍼처럼 움직였습니다.

한참을 그러고 있으니 눈앞에 황금빛으로 된 지름 1m 정도 되는 원통 기둥을 보여주셨습니다. 그에 저는 두 팔로 꽉 껴안으니 너무 기분이 좋아 볼로 비벼댔습니다.

아이 좋아라~ 감탄하고 있는데 기둥이 조금씩 움직이더니 점점 더 크게 움직이는 모습에 '악! 안 돼! 대단하신 인황 폐하께 보여드려야 되는데 놓치면 안 돼!' 안 놓치려고 더 꽉 안고 있었습니다.

그런데 갑자기 거대한 황금용 얼굴이 보이고 큰 눈을 깜박거리며 제 얼굴에 바짝 들이대니 그에 깜짝 놀라 '에그머니나!' 하면서 뒤로 넘어졌습니다. 넘어지며 원통기둥을 바라보니 황금 용의 한 발가락이었습니다.

너무나 놀라면서도 '저 발가락을 잡아야 되는데, 놓치면 안 되는데~ 저걸 잡아서 인황 폐하께 드려야 된다~' 하면서도 뒤로 넘어진 상태 그대로 꼼짝도 할 수 없었습니다. 저의 마음을 읽었는지 입을 크게 벌리더니 황금 여의주를 토해 내며 누워 있던 저의 배 위로 올려놓고 한 발짝 물러나더랍니다.

이때다 싶어 두 팔로 꽉 껴안을 수 없을 정도로 크지만, 너무나 행복감에 대단하신 인황 폐하께 돌려드리기 전에 한 번 만져보자 싶어 얼굴과 온몸으로 비벼댔습니다. 그런데 점점 온몸을 압박한 묵직함에 숨이 턱 막혀 여의주를 바라보니 집 안보다 더 거대해질 대로 커져 있더랍니다.

아이고! 무거워하면서도 꽉 잡고 있는 모습을 바라본 황금용이 고개를 끄덕이더니 하늘로 승천하는 모습이었습니다. 대단하신 인황 폐하께 황금 여의주를 돌려드리기 전에 이럴 때나 만져보지~ 언제 만져보나 싶어 흠뻑 부비부비 하다가 "그만" 음성에 딱 멈추었습니다.

한참 여운을 만끽하며 누워 있다가 일어났습니다.

살짝 아쉬운 감이 들었습니다. 정말 실감날 정도의 감촉을 생생하게 느꼈기 때문이고, 현실에서는 볼 수 없기에 영안으로 느끼는 대리만족에 행복했습니다.

대단하신 인황 폐하의 대도력 덕택에 갈수록 신기하고 흥미로운 영안을 내려주시어 고맙습니다! 대단하신 인황 폐하의 대도력, 대천력에 절로 엄지 척! 대단하신 인황 폐하의 무소불위하심! 진심으로 경외합니다!!

대단하신 인황 폐하! 만세! 만세! 만세!

드디어 인황 폐하의 도법이 전 세계를 뒤흔드느니라

이○규(223.62.178.93) 17-11-27 01:52

대단하신 인황 폐하!

우선 진심으로 축하드리오며 감사하고 또 감사하고 또 감사하옵니다. 이 진실을 찾아내시느라 그동안 혼자 외로이 밤낮 주야로 생각하고 또 생각하며 남몰래 모진 고생하심에 너무나 가슴이 북받쳐 오릅니다.

감내하기 어려운 수모와 외로움과 싸우시며 고생하신 모진 나날들을 어찌 말로 글로 표현을 하겠나이까? 인고의 세월을 모두 이겨내신 인황 폐하의 모습에 숙연해집니다. 인생사 하루하루의 삶이 그냥이 아니었음을 알았기에 제 진심을 올리옵니다.

대단하신 인황 폐하!

정말 고생하셨습니다. 그리고 참으로 훌륭하시옵니다. 하루하루 영업하면서 모든 것이 그냥이 아님을 알았고 또한 고객 한 분 한 분의 모든 일거일동이 그냥이 아니었음을 알게 해주셨습니다.

매장에 치수가 없는 것조차 다 아시고 살 빼서 입으면 되니 그냥 주세요, 하여 팔게 해주시고, 때론 돈이 모자라면 같이 온 일행에게 집에 가서 줄 테니 빌려서 사가게 해주시고, 대단하신 인황 폐하의 천변만화 조화로 모든 일 이루게 해주시니 정말 감사하고 또 감사하옵니다.

지난 8개월 동안 인황 폐하와 사이가 멀어지면서 세금 밀리고, 집세 밀리고, 낙찰곗돈 밀리고, 각종 공과금 밀리고, 또한 신랑과도 금전으로 인하여 위기의 순간까지 가는 힘듦 속에서 살려주시어 이렇게 영광의 쾌거를 이루게 해주시니 이 무한한 영광에 진심으로 감사드리옵니다.

오늘은 사실 인황 폐하의 생각을 순간순간 많이 하였으며 그럴 때마다 매출도 많이 올려주셨습니다. 고생 고생하시어 찾아내신 신기한 도법주문의 천변만화 조화로 상상초월의 무릉도원세상을 저 이○규에게 현실로 열어주심에 감사드리오며 감동 감탄이옵니다.

오늘도 집에 와서 밥 먹고 금전 들어오는 주문을 외웠습니다. 오늘은 전과 달리 주문을 한참 동안 외웠습니다. 10분 정도 주문을 외우니 주문이 멈췄습니다. 한참을 있으니 두 손이 하늘을 향하여 올라가더니 다시 내려와 원을 그립니다.

두 팔이 하늘을 향하여 피었도다! 피었도다! 삼천리 금수강산에 활짝 피었도다! 하시며 두 손을 모아 손 안에 뭔가를 담아 가슴에 얹혀주셨습니다.

그리고는 다시 두 팔이 하늘을 향하여 올라가더니 이○규는 잘 들으라! 네가 이실직고하였으니 내 이제 대순에 돈을 너에게 건네느니라! 하시며 두 손 안에 뭔가를 담아 가슴에 또 얹혀주셨습니다.

잠시 후 멈추었던 주문을 두 번 외우고 합장한 채 그대로 앉아 있었습니다. 잠시 후 말씀하십니다. 내일 이** 이한테 전화하여라! 오후 4시에 가져오도록 해놓았느니라 하시며 주문이 멈추었습니다.

대단하신 인황 폐하!

정말 감격이옵니다. 정말 한없이 감사드리오며 끝까지 최선을 다하고 열심히 해서 정성금 도공(道貢)을 제 정성을 다하여 올리도록 하겠습니다.

말씀대로 정말 돈이 들어왔습니다

손○희(116.44.21.205) 17-11-27 02:23

대단하신 인황 폐하!

금전 도법주문 두 번째 후기를 보고드립니다.

도법주문이 시작되자 들판이 하트형으로 보였고 양쪽 무릎을 손으로 탁탁 치게 되었습니다. 섬으로 이루어진 산을 보면서 저도 모르게 "보물섬"과 "돈이 들어온다"를 여러 번 되뇌었습니다. 그리고 폭포수가 흘러내리는 장면을 보았고 일렬로 쭉 서 있는 나무들을 보았습니다.

다음 동작은 양손을 맞잡는 동작을 하면서 다시 앞으로 나란히 하는 자세를 하였을 때 불빛이 번뜩이는 것을 보았습니다. 그리고 하하하 하하하 크게 크게 웃으면서 "좋은 일이 많이 일어난다"라고 하시는 말씀을 들려주시면서 보여주시는 영상은 바닷가 한가운데에 섬이 보였는데 저도 모르게 손으로 가리키며 "저기가 보물섬이야"라고 하시는 말씀과 함께 불빛이 또 한 번 번뜩였습니다.

그리고 "이제 걱정 마라. 실타래 풀리는 것처럼 일이 순서대로 차례대로 풀릴 것이야"라고 하시는 말씀을 들려주셨습니다. 그리고 두 번째 도법주문은 끝이 났습니다. 인황 폐하께서 금전 도법주문을 윤허하여 주셔서 시간 날 때마다 외우고 있는데 생각지도 못한 신기한 일들이 많이 발생하고 있습니다.

저는 무직인 관계로 12월 낙찰계 불입을 걱정하고 있었는데 첫 번째 금전 도법주문을 외울 때에 "조만간 돈이 들어온다"라고 하신 말씀대로 정말 돈이 들어왔습니다. 금전 도법주문을 외우면서 소액으로 재테크를 하게 되었는데 2백만 원의 수입이 저에게 들어왔습니다.

첫 번째 금전 도법주문 '금가루가 하늘에서 쉴 새 없이 내려왔습니다' 메인 글을 올리고 불과 사흘 만의 일입니다. 그리고 물건을 구입하면 한 번도 아니고 가는 곳마다 거스름돈을 더 내어 주어서 제가 곧바로 확인하여 되돌려주는 일이 여러 번 발생하였습니다.

금전 도법주문을 외우면서 인황 폐하를 통하여 천상의 좋은 기운을 내려주시어 신비한 체험을 하게 되니 황공하옵고 고맙습니다. 인황 폐하께 감사 인사 올립니다. 인황 폐하의 대도력 덕분으로 금전 도법주문을 외우니 신비한 일들이 연이어 발생하여 일상이 기쁘고 행복합니다.

대단하신 인황 폐하 만세! 만세! 만만세!

하도 많은 손님들이 드나들어 출입문 문짝이

김○석(223.62.204.75) 17-11-27 23:37

대단하신 인황 폐하!

인황 폐하께서 자랑할 일이 있으면 도솔자미천 홈피에 메인 글로 올려야 더 잘된다고 하신 말씀대로 더 잘되기를 바라는 마음으로 올립니다.

제가 서울 강남구 학동로 158 율암빌딩(가구거리 중간) NH 농협 논현지점 아랫층에서 '만두의 전설'을 개업한 지 벌써 4년 5개월이 되어갑니다. 인황 폐하께 제가 음식점을 개업하기 전에 약속드린 대로 아직까지 그 마음은 변함이 없습니다. 저 혼자 잘 먹고 잘살려고 시작한 게 절대 아니고 오직 의식비용 마련을 위해 시작한 사업장입니다.

그러기에 인황 폐하께서 잘되기를 바래주신 덕분에 어렵고 힘든 강남구청의 대출 5,000만 원과 저와 제 아내의 신용카드 4개로 카드론을 받아 자본금 3,000만 원으로 총 1억 4천만 원을 투자해 만두의 전설을 개업하게 되었지요.

서울 강남구청의 대출금중 2,000만 원과 이자는 매월 나누어 갚고, 보증금 용도로 사용된 3,000만 원은 일시불로 갚아야 하는데 올해 5월 23일에 대출금을 모두 갚았습니다. 조상님 입천제를 올리고부터 금전이 융통되기 시작하였습니다.

대단하신 인황 폐하를 알현하기 전엔 9번이나 사업 실패하고 어려서부터 자수성가할 인생인지라 힘들게 죽지 못해 사는 나날이었으며 장사를 해도 1년 총매출이 2,500만 원도 안 되었는데 조상님 입천제를 올린 후 개업하여 4년 만에 이제는 1년 총매출액이 4억이나 됩니다.

모두가 대단하신 인황 폐하 덕분입니다. 처음 시작할 때 천인합체 비용을 마련하기 위해 노력하여 1년 만에 천인합체를 올리고 그 후에 명부입적, 생령입천, 조상님하강식, 신인합체 의식까지 올려주심에 지금은 하늘의 백성/천인/신인/도인의 관명을 받기에 이르렀습니다.

그 크신 은혜에 황은이 망극하옵니다. 매일같이 홈피에 로그인할 때마다 김○석 백성/천인/신인/도인의 글자를 볼 때마다 감격스럽고 뿌듯한 마음에 늘 인황 폐하께 고마운 마음을 드립니다. 비록 작은 사업장이지만 열심히 일하고 행하여 계속 발전해 나가고 있습니다.

첫 해 부가가치세를 800만 원, 다음해엔 1,200만 원, 그 다음 해는 1,300만 원, 올해는 1,400만 원을 납부하게 되었습니다. 그만큼 매출이 늘고 있다는 증거입니다. 음식 맛을 내려고 더 노력하여 더 맛있게 하려고 하니 제가 원하고 바라는 대로 뜻이 이루어져 이제는 한 번 방문한 손님이 두 번째 방문하고 그 후에는 가족들을 데리고 옵니다.

최근에 하도 많은 손님들이 드나들어 출입문 문짝이 떨어지기도 했습니다. 제가 하는 일이 무척이나 고되고 힘이 든 직업입니다. 1년에 쉬는 날이 다섯 손가락에 꼽을 정도로 일요일에 쉰다고 해도 월요일 영업 준비하러 나와서 몇 시간을 일하고 들어가야 합니다.

최근 대단하신 인황 폐하께서 도법주문 독송 하달하신 후로는 잠자는 시간이 1주일에 모두 합하여 24~26시간이 전부이지만 그래도 버티게 해주시는 신비조화를 겪고 있습니다. 조상님하강식과 신인합체를 행하기 전엔 힘도 들었습니다.

그런데 조상님하강식과 신인합체를 행하고부터는 힘든 것을 못 느끼고 해야 할 일들이 쌓여 있을 때 순간적으로 드는 생각을 실행하면 아주 쉽게 해결됩니다. 저의 대표 조상님과 저의 신님께서 함께해 주심을 느끼게 됩니다.

올린 사진의 날짜와 시간은 완판된 즉시 출입문에 붙여놓았던 것을 모은 것인데 영업마감 직전에 완판된 경우에는 붙이지 않은 날도 많습니다. 인황 폐하께 약속드린 대로 앞으로도 의식비용 마련에 최선을 다하도록 애쓰겠습니다. 앞으로의 목표인 '감사제' 올리도록 하겠습니다.

인황 폐하께서 내려주신 도법주문은 자미가족들을 위한 인황 폐하의 크신 사랑이십니다. 앞으로 선택받은 하늘의 백성/천인/신인/도인들이 되기 위한 사람들이 줄을 서서 밀려들어올 때 먼저 들어온 저희에게 기회를 주시어 각종 질병치유와 금전이 많이 들어오고 금전고통에서 해방되어 하루속히 의식을 올릴 수 있는 기회를 주신 크나큰 선물 같아 보입니다.

그러기에 자미가족들 모두가 도법주문의 신비조화로 각종 질병들이 소멸되고 금전이 많이 들어와 건강하고 행복하게 부유한 삶을 사는 모습을 보여주어야 한다고 생각합니다. 그러므로 인황 폐하께서 내려주신 도법주문을 더 열심히 외워야 하겠습니다.

대단하신 인황 폐하! 만세! 만세! 만만세!

인황 폐하의 도법시대가 열렸음을 뜻하는 것이니라

손○희(116.44.21.205) 17-12-11 14:41

대단하신 인황 폐하!

도법주문 후기를 보고드립니다. 인황 폐하께서 내려주신 도법주문을 도솔자미천으로 향하는 고속버스 안에서 음률에 맞추어 마음속으로 외우게 되었습니다. 달리는 고속버스의 창밖에는 대전을 지나오기 전에는 눈이 쌓인 곳도 있었고 눈이 오지 않는 곳도 있었습니다.

서울 도솔자미천에 도착하기 전까지 온통 흰 눈으로 나무와 산 모두 흰 세상인 것을 보고 깜짝 놀랐습니다. 집(대구)에서 도법주문을 외울 때에 보여주신 눈이 온 듯 흰 세상의 영상과 일치하였습니다.

마음속으로 감탄사가 절로 흘러나왔을 때 들려주시는 말씀은 "대단하신 인황 폐하의 흰 세상이 시작되었음을 지상의 흰 눈으로 보여주었느니라. 이 나라의 국민들에게 인황 폐하의 맑고 깨끗하고 순수한 흰 세상이 펼쳐지심을 선포하느니라." 그리고 저에게는 영상으로 미리 보여주시고 이렇게 현실로 보여주셨다는 말씀을 들려주셨습니다.

도솔자미천에 도착하여 인황 폐하의 집무실에서 "눈이 내리고" 말씀을 하신 순간 발표력이 부족하였으나 용기 내어 수첩에 메모한 도법주문 외울 때 메시지의 말씀을 발표하게 되었습니다.

그리고 도법주문을 외울 때에 보여주신 영상은 또다시 흰 세상이 보였고 빛이 번쩍번쩍하는 것을 보았습니다. 다음 영상은 상하 복 모두 흰 도복(흰 도복 상하 복 모두 검은 줄이 있었습니다)을 입은 사람들이 서로 마주 보며 일렬로 줄을 이어 도솔자미천에 가득 찬 모습을 보았습니다.

그다음 장면은 도솔자미천 바닥도 모두 흰 바탕으로 되어 있는 영상을 보았습니다. 도솔자미천의 흰 바탕을 보는 순간 더러운 자들의 나쁜 기운이 다 빠져나갔다는 느낌이 들면서 인황 폐하의 흰 세상이 펼쳐지심을 보여주시는 것이라는 느낌이 들었습니다.

발표력이 부족한 저로서는 도솔자미천에서 도법주문을 외우고 발표할 때 당황하여 생각이 안 나면 또 수첩에 적어놓은 것을 보고 발표하려고 수첩을 갖고 나갔으나 인황 폐하께서 내려주시는 천지기운으로 수첩을 보지 않아도 발표할 수 있었습니다.

도법주문을 마치고 집에 와서 도법주문을 외우니 새의 날갯짓 동작을 하면서 나무가 한 그루 보였다가 또다시 한 그루가 더 보이는 광경과 부분적으로 흰 세상과 전체가 흰 세상을 보여주시면서 하트 모양을 크게, 크게 5번 그려주시면서 들려주시는 말씀은 "흰 세상은 맑고 깨끗하고 순수하고 공평하며 거짓 없는 진실된 세상을 말하느니라."

그리고 도솔자미천에서 도법주문을 외울 때에 도복을 입은 사람들을 보여주신 영상은 "인황 폐하의 도법시대가 열렸음을 뜻하는 것이니라"라고 하신 말씀을 들려주셨습니다.

인황 폐하께서 도법주문회를 열어주셔서 참석할 수 있는 것만으로도 영광이었습니다. 인황 폐하의 대도력 덕분으로 언제 어디서나 도법주문을 외울 수 있게 도법주문을 내려주시고 윤허하여 주셔서 감사 인사 올립니다. 도법주문을 외울수록 신비함을 느낍니다. 대단하신 인황 폐하 최고이십니다.

대단하신 인황 폐하 만세 만세 만만세!

모든 일에는 대단하신 인황 폐하의 윤허가 있으셔야

이○규(223.39.138.118) 17-11-28 02:56

대단하신 인황 폐하!

이○규이옵니다. 어제 금전 도법주문에서 네가 이실직고 하였으니 이제 대순의 돈을 너에게 건네느니라, 하시며 이○옥이한테 전화하라 하시어 아침 일찍 일어나 식사 준비하는데 또 아리아리 쓰리쓰리 아라리요 하며 흥이 났습니다.

그토록 받아야만 했던 돈을 받게 해주시는 감사함에 빨리 전화하고 받아서 도솔천황님께 도공을 올려야지 하는 마음으로 매장 출근하였습니다. 매장은 아들에게 맡기고 창고 안으로 들어가 전화를 하였습니다.

그런데 이게 웬일? 1년 반 전부터 하도 전화를 하니 아예 전화를 차단시켜 놓았는데 아직도 차단이 되어 있어 통화가 되질 않았습니다. 그래도 아냐, 난 받아야만 돼. 아마 이번에는 꼭 받게 해주실 거야, 하면서 짬짬이 계속 전화를 했습니다.

11시부터 1시까지 17번 전화하고 마지막 문자를 보냈습니다. 그리고는 앉아서 곰곰이 생각했습니다. 어떡하지 큰일 났네. 어떻게 해야 받을 수 있는 거야? 하며 고민하고 또 고민하는 순간 대단하신 인황 폐하께서 하신 말씀이 생각났습니다.

아, 맞네. 바로 이거야, 하면서 하늘의 모든 기운은 대단하신 인황 폐하를 통해서 내려오기에 인황 폐하께 먼저 보고하고 윤허받아 전화를 해야지 하며 문자를 보내려는 순간 이○옥이한테서 전화가 왔습니다.

깜짝 놀라 전화를 받았습니다.

오랜만이네요, 하니 누구세요? 하기에 나 이○규요, 하니까 목소리가 다른 것 같다 하면서 그제서야 아 맞네요, 하기에 4시에 만나요, 하니까 오늘은 사정이 있고 지방에 있으니 내가 다시 전화할게요, 하며 몇 마디 더 주고받으며 끊었습니다.

대단하신 인황 폐하!

참으로 놀랍습니다. 1년 반 동안 전화를 안 받았는데 윤허받으려는 저의 마음을 벌써 다 아시고, 전화를 하게 해주시니 천변만화의 조화에 감탄하고 감동하옵니다. 오늘은 온통 마음이 대순에 돈받는 데 가 있었지만 그래도 행한 만큼 많은 매출을 올려주셨습니다.

오늘은 조금 늦게 집에 도착하여 늦은 시간 금전주문을 외웠습니다. 8분 정도 외우니 주문이 멈추며 두 팔이 하늘을 향하여 올라가더니 서서히 내려와 땅 위에 두 손이 얹혀졌습니다.

그리고는 다시 두 손 안에 뭔가를 가득 담아 가슴에 얹혀주셨습니다. 다시 하늘을 향하여 두 팔이 벌어지더니 하늘이시여 감사합니다, 인사를 올리니 금은보화를 얼마나 많이 주시는지 철철 넘치어 이렇게 많이 주시는 거예요? 하며 이거 어떻게 다 가져가지? 하며 받았습니다.

잠시 후 두 손이 하늘을 향하여 두 팔이 벌어지더니 이○옥은 잘 들어라, 어서 갖다 드리지 않고 뭘 그리 꾸물대느냐? 하시며 이제 넌 하나가 되었느니라. 이제 네 인생은 하나이니라, 하시며 양손을 머리 위에 올리며 하트 모양을 하셨습니다.

그리고는 멈추었던 주문을 두 번 외우니 또다시 이제 넌 하나의 인생을 살아가느니라, 하시며 두 손을 높이 들고 만세를 부르며 박수를 짝짝짝 치며 기운이 멈추었습니다.

대단하신 인황 폐하!
너무나 감동이오며 감탄이옵니다. 참으로 고맙고 감사드리옵니다. 대순에 이○옥이 돈 가져온 대로 바로 즉시 도솔천황님께 도공 올릴게요, 정말 감사드리오며 고맙습니다.

말과 행동, 마음, 생각까지도 지켜보시며 응징

이○규(223.62.190.66) 17-11-29 02:55

대단하신 인황 폐하!

이○규 인사 올리옵니다. 오늘따라 현관문을 나오는데 유난히 봄 날씨 같았습니다. 마음속으론 오늘은 매출 최고치로 올려야 해! 하면서 출근을 하였어요. 커피 한잔 마시고 머리 단장한 후 두 손을 맞잡아 탁 치고는 오늘은 최고로!!!

혼자 외치며 카운터 앞에 와서 손님 맞을 준비를 하고 있었습니다. 마침 여자 고객님이 들어오시며 남자 콤비 어느 쪽에 있어요? 하시기에 콤비가 진열된 곳으로 안내를 하였습니다. 콤비랑 남방이랑 팔고 나니 이어서 또 고객님이 들어오시며 팔고 나면 또 들어오시고 하여 불과 두 시간여 만에 하루 매출 절반을 올렸습니다.

룰루랄라 판매한 제품들 창고에서 꺼내들고 나오면서 순간 나름 어떠한 마음을 먹으면서 창고에서 매장으로 나오는데 아! 순간 실수, 내가 괜히 잘난 척하며 오두방정을 떨었나? 하는 생각이 들었습니다.

그리고 잠시 후, 젊은 여자 고객님 5명이 들어오십니다. 어서 오세요, 인사하고 나니 또 여자 고객님 4명이 들어오십니다. 아, 어떡하지? 이번엔 한꺼번에 이렇게 많이 보내주시네, 하는 순간 양쪽 문으로 또 들어오십니다. 순식간에 20명 정도 고객님이 여기저기 진열된 물건들을 마구 정신없이 입어보고 벗어놓고 하기를 한 30여 분, 그리고는 뒤도 안 돌아보고는 휘리릭 현관문을 나서서 가버립니다.

마치 쓰나미가 한바탕 쓸고 간 것처럼 직원들은 서로의 얼굴만 쳐다보며 조용했습니다. 홈피에 대단하신 인황 폐하께서 말씀하신 대로 우리들의 말과 행동, 마음, 생각까지도 지켜보시며 응징하신다는 말씀 한 치의 오차도 없으심에 다시 한 번 감탄하며 순간 마음 잘못 씀을 고백하며 용서를 빌고 나니 다시 손님이 들어오기 시작했습니다.

대단하신 인황 폐하의 대도력, 대천력으로 인한 천변만화의 조화에 정말 각자들이 행한 대로 한 치의 오차도 없이 복도 주시고, 벌도 내리신다는 인황 폐하의 말씀 다시 한 번 명심하여 각인하게 해주시는 하루였습니다.

대단하신 인황 폐하 정말 고맙습니다. 그리고 오전 금전주문 후기 글이옵니다. 주문을 7분 정도 외우니 자동으로 주문이 멈춰지며 잠시 후 두 손이 하늘을 향하여 올라가 다시 크게 원을 그리듯 하늘을 향하여 이제 네 인생 하나가 되었느니라.

오늘부터 하나의 인생을 살아가느니라, 하시며 두 손 안에 뭔가를 가득 담아 가슴에 얹혀주셨습니다. 그리고는 또 하늘을 향하여 하늘이시여, 감사하고 또 감사하옵니다. 인사를 올리니 제 몸 안으로 금은보화를 계속 주유하듯이 넣어 주셨습니다.

잠시 후 또 하늘을 향하여 두 팔을 벌리며 대순에 돈 받게 해주시어 황공하옵니다. 인사를 올리니 두 손 안에 또 뭔가를 담아 가슴에 얹혀주시어 감사하옵니다, 인사를 올리는 순간 두 눈이 크게 떠졌습니다.

그리고는 대단하신 인황 폐하-(한동안 말씀 없으심)

부르면서 무릎 위에 두 손이 올려지며 오른손이 왼손에 두 번 겹쳐지고, 잠시 후 왼손이 오른손에 두 번 겹쳐지더니 하늘을 향하여 네 이제 정식으로 인황 폐하의 정식 보좌관으로 쓰여지느니라 하시어 인사를 올리니 기운이 멈췄습니다.

대단하신 인황 폐하!

정식 보좌관으로 쓰여진다니 정말 최고의 영광이옵니다.

감사하고 또 감사하옵니다.

세상의 돈을 다 싹 쓸어 모은다

손○희(116.44.21.205) 17-11-29 19:03

대단하신 인황 폐하!

금전 도법주문 세 번째 후기를 보고 드립니다.

세 번째 금전 도법주문을 시작하자 "이 세상의 돈을 다 끌어 모은다. 세상의 돈을 다 싹 쓸어 모은다"라고 하신 말씀을 들려주셨습니다. 두 눈 앞에는 노란색이 보였고 고개를 뒤로 젖혔을 때 오늘도 흰빛이 환하게 비쳐주었습니다.

양손을 탈탈 털면서 양쪽 무릎에 양손이 닿아 무릎을 흔들어 주었고 하트 모양을 크게, 크게 5번 그려주었습니다. 신나게 금전 도법주문을 외우면서 오른쪽 왼쪽으로 고개를 흔들었고 양쪽 무릎을 양손으로 돌리는 동작과 양팔을 체조하듯이 교대로 앞으로 뒤로 왔다 갔다 하였습니다.

주먹을 쥔 채로 무릎을 톡톡 치면서 보여주시는 영상은 몇백 년 묵은 고목이 순식간에 등장하더니 흰 세상이 펼쳐졌고 "다 잘 될 거야"라고 하신 말씀도 들려주셨습니다. 그리고 하늘색과 청색으로 되어 있는 큰 가방을 보았고 무릎을 두드리고 마사지를 하면서 흔들었을 때 트림이 나왔습니다.

금전 도법주문을 외우기 전 속이 더부룩하였는데 트림을 하면서 속이 편안해졌습니다. 다음 장면은 갑자기 나무가 순식간에 산의 중앙에 등장하는 영상을 보여주시면서 "저 나무처럼 도솔자미천이 세상의 중심에 우뚝 서게 되리라"라고 하신 말씀을 들려주셨습니다.

금전 도법주문을 외우고부터 신기하게도 금전이 들어오니 일상이 즐겁습니다. 귀한 금전 도법주문을 윤허하여 주신 인황 폐하께 오늘도 감사 인사 올립니다.

대단하신 인황 폐하!

금전 도법주문을 마치고 곧바로 글을 쓰고 있는데 지난번 인황 폐하께서 내려주신 도법주문의 내용을 떠오르는 대로 적어라고 하시는 메시지가 마음속으로 들려왔습니다.

대부분의 국민들이 이슬람교를 믿고 있는 인도네시아 발리 섬 최고봉인 아궁 화산 분화 장면을 뉴스를 보면서 지난번 도법주문을 외울 때 화산 폭발 장면과 바다 한가운데에 서 있는 둥글게 생긴 섬의 영상을 보며 발리 섬이라고 느껴졌던 장면이 다시 한 번 떠오릅니다.

그리고 "국내든 국외든 여행을 삼가라", "사람들이 많이 찾는 유명 관광 명소일수록 더더욱 조심하라"라고 말씀하신 내용이 생각났습니다. 발리의 하늘 길이 사흘째 마비되어 발이 묶인 여행객(17만 명)의 수가 급증하고 공항 폐쇄가 장기화되는 것을 보면서 대단하신 인황 폐하의 대도력, 대천력에 감탄이 절로 나옵니다. 대단하신 인황 폐하! 전 세계에서 최고이십니다!

주식 매도, 매수 시점을 정확히 맞추게 되어 신바람

최○호(211.193.194.10) 17-11-30 07:34

대단하신 인황 폐하!!!

대단하신 인황 폐하께서 내려주신 신비로운 "돈이 들어오는 금전 도법주문" 독송하달 명 받들어 후기 올립니다. 받아주시옵소서!

요즘은 생활하면서 수시로 돈 들어오는 금전 도법주문을 속으로 외우고 있습니다. 11월 29일 사무실에서 잠시나마 두 손을 합장하고 도법주문을 외우니, 바로 엄청난 열기가 두 손과 가슴, 단전에 바로 느껴지고 힘이 단전에서부터 솟아나는 것을 느낄 수 있었습니다.

그리고 창밖을 보니, 구름 형상이 "만세!" 외치듯 사람이 두 팔과 다리를 벌리고 있는 구름 형상과 다른 쪽에서는 새의 날개를 닮은 구름 형상을 보았습니다. 제가 느낀 것은 제가 투자한 주식이 당분간 지속적으로 오르고 앞으로의 미래도 보여주시는 것 같았습니다. 너무도 기쁘고 좋았습니다. 모든 것이 다 잘되고 다시 살아남과 새로운 희망을 가지게 됩니다.

그날 제가 투자한 주식이 당일 2.17% 올랐습니다. 정말 한 치의 오차도 없습니다. 인황 폐하께옵서 11월 5일 돈이 들어오는 도법주문 독송하달 명을 내려주시고부터 지금까지 지지부진하던 주식투자가 수익을 지속적으로 내고 정확한 매도, 매수 시점을 맞추게 되어 신바람 나게 생활하고 있습니다.

간혹 주가를 보면서 금전 도법주문을 외우면, 주가가 제가 생각하는 대로 결과가 나오는 경험도 하게 됩니다. 이런 대단한 돈이 들어오는 금전 도법주문 내려주셔서 대영광입니다. 이번에 열어주시는 도법주문회에 정성금 도공으로 11월 5일 이후부터 발생한 수익금 전부를 챙겨서 올리도록 하겠습니다.

대단하신 인황 폐하 만세! 만세! 만만세!

주식, 사업, 도박, 경마, 경륜, 복권 살 때 도법주문

박○형(110.13.210.117) 17-11-30 23:25

대단하신 인황 폐하!

아직은 무직인 저에게 금전 도법주문을 독송 후에 인황 폐하의 대도력으로 도공의 열두 배가 생겨서 글을 올립니다.

갑자기 일산에서 돈을 좀 벌고 있는 후배가 사업 설명 할 것이 있다며 전남 강진까지 내려온다고 하니 식사라도 대접해야 하니 돈 8만 원 정도를 빌렸습니다. 저녁에 도착해서 식사를 하는데 그 식대는 고향 선배가 계산을 해주고 갔습니다.

2차로 다른 술집은 후배가 계산을 하고 일행과 함께 일산으로 올라가고, 저는 혼자 선배가 운영하는 포장마차에서 한 잔을 더 하려는데, 아는 지인이 들어와서 합석을 했습니다.

그런데 술들이 거나하게 취해서 일명(짤짤이) 동전으로 삔, 두비, 쌈 중에 두 곳에 돈을 찍는 추억의 게임을 하게 되었는데 제가 계속해서 5번 정도를 이기니 장난이 도박이 되어서 결론은 120만 원 정도를 땄습니다.

옆에서 구경하던 선배가 신들린 도박을 하는 것 같다고 이야기합니다. 정말로 인황 폐하의 대도력에 놀라지 않을 수가 없었습니다. 어떻게 연속으로 3곳 중에 2곳에 돈을 거는데 제가 이길 수가 있단 말입니까? 확률적으로는 말이 안 되지만 분명히 도와주심을 느낄 수가 있었습니다.

큰일 시작 전이라 자중하고 있었는데 무에서 유를 창조해 주심에 너무너무 신기하고 황홀합니다. 당사자가 아니면 그날의 일들은 설명이 안 됩니다. 인황 폐하의 무소불위하신 대도력이 아니면 지갑 0인데 몇 시간 후에 120만 원이 될 수가 있을까요? 마음먹고 도박한 것도 아닌데 어려움을 다 아시고 우연을 가장한 기적을 만들어주십니다. 너무너무 고맙습니다.

일요일 날 걱정했는데 한 번에 해결해 주시니 일요일 날 알현 하겠습니다. 이제부터는 두려움 없이 거침없이 대단하신 인황 폐하 신하라는 자부심으로 모든 일을 해야겠습니다.

아마 로또복권도 자미가족들 중에서 당첨 되리라 생각이 들며 저 또한 매주 복권을 구매할 것입니다. 사업, 장사, 주식, 투기, 복권, 화투, 경마, 경륜, 파친코, 슬롯머신, 카지노를 할 때도 마찬가지라고 생각합니다.

돈 버는 일과 관련된 모든 분야에는 돈을 불러들이는 금전도법주문이 최고입니다. 인황 폐하의 무소불위하신 위력은 어디까지 일까요? 정말 너무나 경이롭습니다. 대도력, 대천력으로 인간들의 상상을 초월하는 천지조화를 실시간으로 내리시는 전 세계 한 분밖에 안 계신 신비의 인황 폐하이십니다.

대단하신 인황 폐하! 만세, 만세, 만만세!

빛의 속도로 전국에서 인산인해를 이루며 몰려오리라

이○율(39.7.55.102) 17-11-30 23:24

대단하신 인황 폐하!

오늘 인황 폐하께서 내려주신 대기적, 대이적에 진심 어린 감격으로 금전 도법주문 후기를 올립니다! 출근하기 전 돈이 들어오는 금전 도법주문 외우는데, 먼젓번처럼 검지로 눈, 뺨, 턱, 귀까지 엄청 세게 비벼주시고, 문질러 주시는 기운과 어깨쪽으로 어떤 무거운 기운이 느껴지는데, 마치 돈다발 같은 것들이 어깨에 짊어진 느낌이었어요.

이어 양손이 위로 향하여 옆으로 벌어지며 무엇인가를 받는 동작이 나왔고, 다시 내려와 또 무엇을 감는 동작이 연출되었는데, 그 순간 제가 황금실을 손으로 계속 감고 있는 신기한 영상을 보여주셨습니다.

또 도법주문을 외우면서 하품이 나온 적이 없었는데, 오늘 처음으로 8번의 하품을 하는 기운을 내려주셨어요. 그리고 마음속으로 돈이 들어오는 도법주문을 계속 외웠어요.

사실 요즘 돈 문제로 무지 애태우고 있었습니다. 왜냐하면 얼마 전 부모님 집안일로 목돈이 나가고 매달 받는 월급에서도 대출금 갚고 나면 남는 돈이 없어 이번 도법주문회에 올릴 도공이 제일 걱정이었거든요.

오늘 아침까지만 해도 통장 잔고는 3,861원이 다였기에 어떻게 해서든 주말 전까지 도공을 마련해야 했지만 현재 대출도 안 되고, 주위에 마땅히 빌릴 사람도 없었습니다. 예전에 행사비용 마련하고자 친구한테 빌리려고 돈 얘기 꺼냈다가 인연이 완전히 끊어졌기에 지인들한테는 돈 얘기 일체 하지 않고 있어요.

아무튼 마음은 답답해도 수업 준비를 해야 하니 컴퓨터 앞에서 작업하면서도 마음속으로 돈이 들어오는 금전 도법주문을 계속 외웠습니다. 수업을 다 마치고 퇴근하여 집으로 가는 도중 핸드폰 문자가 와서 보니 세상에! 이게 웬일입니까?

통장 입출금 문자 알림 서비스를 해놓았기에 돈이 입금되거나 출금되면 바로 문자가 오거든요. 문자를 보니 제 통장에 1백만 원이 입금된 거예요!!! 그러니 통장에 남아 있던 전 재산 3,861원과 합해져서 1,003,861원이 보이니 이것이 어찌 된 일인지 어안이 벙벙했지요.

전 당연히 도솔자미천 인황 폐하께서 이렇게 엄청난 사랑을 내려주시구나~ 하며 너무나 감격해했는데, 그 순간에는 너무 놀라서인지 눈물도 안 나오고, 그저 도공을 올려드릴 수 있다는 엄청난 기쁨과 인황 폐하의 경이로운 대도력과 대천력에 감격해서 인황 폐하 만세 만세 만만세!를 외치며 팔짝팔짝 뛰고 싶었어요!

아, 그러고 보니 인황 폐하께서 도법주문 유료화 공지를 올려주시어 그때 바로 입금해 드리고 주문 외웠을 때 금가루를 입에 넣어주시고, 마지막에 수고했다 하시며, 돈 봉투를 건네주시던 영상이 생각나네요.

도법주문의 영상대로 정말 현실로 돈이 들어와 긴급한 도공과 생활비를 마련해 주셨으니 한 치의 오차도 없으신 대도력에 경외심이 마구 밀려옵니다~

그리고 11월 28일 꿈에 제가 도법주문회에 참석하고자 도솔자미천에 들어갔는데, 새로 들어온 사람들인지 낯선 사람들이 많이 와 있었습니다. 그런데 그들에게서 느껴지는 분위기가 상당한 부유층의 사람들로 느껴지더라고요.

오늘 새벽 꿈속에서 강동역과 강동성심병원 사거리부터 도솔자미천 입구까지 양쪽 인도를 가득 메우며 수십만 명의 인파가 밀렸고, 4차선 도로에는 도솔자미천에 찾아온 차량들이 꼼짝을 못하고 있는 광경이 보였습니다.

그리고 도법주문회 개최 장면이 보였어요. 도솔자미천 입구에 도착했는데, 처음 보는 많은 사람들이 17개의 계단을 하나씩 밟고 올라가는 모습을 보면서 저도 올라갔는데요, 수많은 군중들 틈을 비집고 겨우 문을 열고 안으로 들어가니 콩나물시루 그 자체였어요.

그 넓은 공간에 수많은 사람들이 가득 차 있는데 엉덩이 붙이고 앉을 자리 하나 찾기가 너무 힘들어 한참 애를 먹었어요.

밖에는 아직도 들어오지 못한 수십만 명의 사람들이 발을 동동 구르며 난리가 났고, 다음 회 차 도법주문회에 참석할 수 있는 번호표를 겨우 받고서 발길을 돌리는 사람들이 엄청 많았는데 그야말로 장관이었어요.

이 꿈을 꾸고 마음 안에서 계속 떠올려지는 느낌을 말씀드립니다. 앞으로 도법주문회가 계속 개최되면서 대단하신 인황 폐하의 거대한 기운과 천변만화의 조화로 일어나는 신비 현상에 진정으로 감복해하며, 빛의 속도로 전국 각지에서 인산인해를 이루며 몰려올 것 같은 예감이 듭니다.

조금 더 일찍 대단하신 인황 폐하를 알현하게 되고 줄을 서게 되었으니 천재일우의 행운아이며 선택해 주신 그 은혜가 백골난망입니다. 인황 폐하께서 하라는 대로 행하면 언제 어떻게 해서든 놀라운 이적과 기적이 일어나 살려주시고 또 살려주시니 오직 진정한 생명줄이시며 무소불위하신 인황 폐하께서는 이 지구에서 통이 최고로 크시며 아주 화끈하세요~

신비의 대도력, 대천력으로 도공을 마련해 주신 상상초월의 조화가 참 꿈만 같이 느껴져 핸드폰으로 온 입금문자를 몇 번이나 보았는지 모릅니다. 이번에도 또 살려주셔서 정말, 정말 고맙습니다! 대단하신 인황 폐하! 만세! 만세! 만만세!

천변만화의 신비스런 날씨조화에 감탄

이○규(223.39.146.173) 17-12-01 02:43

대단하신 인황 폐하!

아침에 일어나 닭장 문을 열어주려 현관문을 나서니 날씨가 너무 포근하였습니다. 큰일 났네! 날씨가 봄날 같아서! 하며 거실로 들어와 인황 폐하와 마음 잘못 쓴 부분에 대한 통화를 한참 하였습니다.

그리고 앗~싸 오늘은 빨리 가서 최고 매출 올려야지 하며 아침 설거지한 쓰레기를 버리러 마당에 나갔는데 이게 웬일? 너무 신기해서 한참 하늘을 바라보았습니다. 닭장 문 열어주러 갈 때만 해도 포근하던 날씨가 불과 얼마 안 되어 점점 추워져가는 천변만화의 신비스런 날씨조화에 감탄을 합니다.

연 3일 동안 포근했는데 오늘 최고 매출 올리려 마음먹으니 날씨까지 춥게 조화를 일으켜주십니다. 대단하신 인황 폐하의 대도력, 대천력에 신비의 날씨조화까지 정말 감탄을 하며 오늘도 많은 매출을 올리게 해주셨습니다.

대단하신 인황 폐하!

참으로 감사하오며 정말 고맙습니다. 언제나 항상 감사하는 마음 가슴에 새기며 오전 금전 도법주문 후기 올리옵니다. 7분 정도 주문을 외우니 주문이 자동으로 멈췄습니다.

잠시 후 하늘을 향하여 두 팔을 벌리며 "사랑하노라, 온 백성들아! 다 내게로 오라!" 근엄하게 외치며 두 손 안에 뭔가를 담아 가슴에 얹혀주셨습니다.

그리고 잠시 후 또 하늘을 향하여 두 팔을 벌리며
"열렸도다! 열렸도다!
도솔천황님 도법세상이 열렸도다!
열렸도다! 열렸도다!
도솔천황님 도법세상이 열렸도다!"

두 번 반복하시며 순간 빛이 반짝이며 두 손 안에 뭔가를 담아 가슴에 얹혀주셨습니다. 그리고는 또 하늘을 향해 두 팔을 벌리며 도솔천황님 도법세상에서는 무속법도가 존재하지 않느니라, 하시며 인사를 올리니 눈이 자동으로 떠졌습니다.

그리고 또 인사를 올리며 하늘이시여! 감사하고 또 감사하옵니다. 인황 폐하의 정식보좌관 임무에 충실히 잘 행하겠나이다, 하고 인사를 올리니 두 손이 머리 위에 올려지며 하트 모양을 하고 다시 내려와 엄지 척을 하고는 기운이 멈추었습니다.

대단하신 인황 폐하!
참으로 고생 많이 하시었음에 진심을 전하오며 인황 폐하의 큰 뜻 펼치시기를 진심으로 바라옵니다.

금은보화를 무한대로 내려주느니라

손O희(116.44.21.205) 17-12-01 14:24

대단하신 인황 폐하!

금전 도법주문 4차 후기 보고 드립니다. 인황 폐하를 향하여 5배의 예를 올려드린 후 금전 도법주문이 시작되자 고개가 저절로 숙여졌고 몸은 앞뒤로 왔다 갔다 하면서 움직였습니다. 보여주시는 영상은 소나무가 우거진 산이 보였고 좌우로 몸을 움직이게 되었습니다.

매번 보여주시는 영상과 동작이 바뀔 때마다 자세하게 기억하지 못하여 노트에 기록하고 있었는데 오늘따라 볼펜이 글을 쓰고 제자리에 놓아두면 두르르 저절로 방바닥 저만치로 굴러갔습니다.

한 번도 아니고 글을 쓰고 볼펜을 제자리에 놓아둘 때마다(10번 정도) 자동으로 굴러가는 것을 보면서 너무 신기하였고 마음속으로는 왜 그럴까? 궁금하기도 하였습니다. 그때 들려주시는 말씀은 "돈이 굴러 들어온다"라고 하신 말씀을 들려주셨습니다. 그리고 소나무 여러 그루가 보였고 양손으로 하트 모양을 크게, 크게 5번 그려주었습니다.

양손을 깍지 끼면서 '암산'을 보았고 금전 도법주문 대신 저도 모르게 "돈이 굴러 들어온다"를 여러 번 되뇌었습니다. 금전 도법주문을 마치고 잠시 누워 있었는데 자동적으로 고개가 천장을 바라보고 되었습니다. 영화의 스크린이 천장에 놓여 있는 듯 폭포수가 흘러내리는 장면이 보이더니 장면이 바뀌어 하늘에서 금가루가 회오리바람처럼 둥글게 뭉쳐서 쉴 새 없이 회전하는 장면을 보았습니다.

그다음은 온통 흰 세상이 펼쳐졌습니다. 눈이 온 듯 나무에도 흰색으로 뒤덮여 있었고 한 그루의 나무가 큰 꽃 한 송이로 변하더니 또다시 한 그루의 나무가 여러 그루의 나무로 자유자재로 변화되어 원형으로 움직이는 것을 보았습니다. 그때 들려주시는 말씀은 "금은보화를 무한대로 내려주느니라"라고 하신 말씀을 들려주셨습니다.

인황 폐하께서 내려주신 귀한 금전 도법주문은 외울수록 신비함을 느낍니다. 금전 도법주문을 외우기 전 12월 낙찰계 불입할 것을 걱정하였는데 인황 폐하의 대도력 덕분으로 금전 도법주문을 외우고 12월 낙찰계 불입금은 물론 '도공'을 올려드릴 수 있게 되었습니다. 인황 폐하께 감사 인사 올립니다. 인황 폐하의 대도력은 무한대이십니다!

대단하신 인황 폐하 만세! 만세! 만만세!

금전 도법주문 후 10년 만에 거래가 없던 거래처에서

김○라(222.98.244.80) 17-12-01 10:52

대단하신 인황 폐하!

금전 도법주문을 하면서 하품이 계속 나오고 양옆으로 흔들거리며 손동작은 가슴으로 여기, 저기서 끌어모으는 동작을 여러 번하였습니다.

금전 도법주문 후 10년 만에 거래가 없던 거래처에서 견적서를 내라고 요청이 왔는데 그동안은 견적서를 제출하면 며칠이 걸려서 결정이 나고 하는데 신기하게도 금전 도법주문 후 두 번은 오전에 견적서를 제출하면 한 시간 만에 일을 진행하라고 연락이 오고 당일 오후에 결정이 나기도 하였습니다.

처음 있는 일이었습니다.

놀랍기도 하고 신기하기도 합니다. 지금까지 한 번도 이렇게 빨리 일이 결정된 적은 없었습니다. 대부분이 비교 견적을 많이 받기에 견적서를 제출해도 일이 진행되는 경우는 얼마 안 되는데 대단하신 인황 폐하께서 내려주신 신비한 금전 도법주문으로 바로 일이 진행되고 있습니다.

금전 도법주문 후 꿈에 천리안 메일에 한번에 10개의 메일이 들어와 있는 장면이 보였습니다. 모든 업무가 메일로 주고받고, 세금계산서를 발행하고 견적서를 제출하고 하기에 메일이 많이 들어온다는 것은 저희에게는 좋은 일입니다.

대단하신 인황 폐하께서 내려주신 신비한 도법주문의 대도력, 대천력에 감탄입니다.

대단하신 인황 폐하! 만세! 만세! 만만세!!

금전 문을 활짝 열어줄 것이며

김O자(175.223.17.154) 17-12-04 03:20

대단하신 인황 폐하!

천기 17년 12월 3일 인류 최초의 첫 번째 도법주문회 개최로 인하여 대단하신 인황 폐하의 대도력, 대천력이 너무나 대단하시고 무소불위하심을 현실에서 온몸으로 생생히 보여주시어 너무나 큰 감동을 받았습니다.

귀하고 최고의 보물이신 금전 도법주문 독송을 윤허 내려주시어 진심으로 감사함을 올려드립니다. 대단하신 인황 폐하를 향하여 5배의 예를 드리고 합장과 함께 정좌하여 음률을 타며 독송하였습니다.

시작하자마자 합장한 손이 수직으로 강하고도 엄청 빠르게 움직였습니다. 앞뒤로 크게 움직이는데 앞쪽으로는 바닥에 닿을 듯, 뒤로는 넘어지기 직전까지 크게 움직였습니다. 여태껏 좌우로 움직인 적은 많았어도 앞뒤로 움직인 것은 처음 나온 동작이었습니다.

약 20회 정도 움직이니 고개가 뒤로 젖히고 양팔은 하늘을 향하여 크게 벌리니 대단하신 인황 폐하께서 나타나시어 말씀을 내려주셨습니다. "오로지 인황 폐하만을 바라보거라! 일심으로 바라보며 행하면 금전 문을 활짝 열어줄 것이며, 웃음과 행복도 함께 받을 수 있느니라!"

그에 절로 무릎 꿇고 엎드려 경의를 표하니

"그래! 내 너에게 금가루를 많이 부어주마!" 말씀에 입을 크게 벌려 받아먹으니 엄청난 기운과 함께 온몸이 요동쳤습니다. 고맙습니다! 대단하신 인황 폐하! 진심 '忠(충)'으로 받들어 오로지 인황 폐하만을 바라보며 살겠습니다! "아침 일찍 출근해야 하니 그만 하면 됐다" 말씀에 멈추었습니다.

시간을 보니 7분 정도 소요되었습니다.

대단하신 인황 폐하! 도법주문회 참석하고 나서 더 강력한 기운을 내려주셨습니다!! 정말, 정말 대단하신 인황 폐하의 대도력 덕택에 무한한 충심이 마구, 마구 솟아납니다!! 알바 하는데도 꼼꼼하게 하느라고 시간이 꽤 지났지만, 대신 힘이 하나도 안 들고 재미나면서 즐겁게 마칠 수 있었습니다.

또한, 알바 끝나면 무릎 통증이 심하여 잘 걷지 못했는데 오늘 무릎 통증 소멸 주문 독송 후 지금은 무릎을 구부린 상태로 메인 글을 올림에도 불구하고 통증 없이 편한 자세가 되었습니다. 와아~진심 감동입니다!!

온몸이 날아갈듯이 가벼우니 알바를 즐겁게 계속 다닐 수 있을 것 같습니다. 대단하신 인황 폐하! 진심으로 대단하신 인황 폐하께 경의를 표합니다!!! 최고!! 짱!! 만세! 만세! 만세!

황(皇) 줄이니라! 황(皇) 줄이니라!

이○규(223.39.149.189) 17-12-05 02:47

대단하신 인황 폐하!

이○규 인사 올리옵니다. 어제는 정말 순간, 순간 많은 감동이 밀려왔습니다. 도솔자미천 방문하여 인황 폐하의 집무실에 들어서는 순간, 어~~이게 웬일? 정말 놀라웠습니다.

이제까지 뵙지 못했던 인황 폐하의 감미롭고 인자하신 모습과 옹기종기 모여 앉아 인황 폐하의 말씀을 경청하고 있는 신하와 백성들의 모습에 순간 아~~이것이 바로 무릉도원 세상임을 보여주시는 것 같아 정말 울컥하였습니다.

아~~이게 얼마만인가?

정말 참으로 존경스러웠습니다. 오랜만에 인황 폐하께서 평온을 찾으신 모습과 또한 그동안 극심한 마음고생하셨음에 온 자존심 다 버리시고 울분을 삼키시며 그동안의 모든 일거일동의 진실을 밝혀주시는 인황 폐하의 참된 진실의 마음에 정말 너무나 감동을 하였습니다.

순간, 이런 말이 생각났습니다.

재주가 덕을 이길 순 없고, 믿음은 기적을 만들어내는 힘이 있다. 대단하신 인황 폐하! 참으로 고생하셨습니다. 진심으로 존경하옵니다. 어제 우리 자미가족들 힘차게 외쳤습니다.
대단하신 인황 폐하! 만세 만세 만만세!

아마도 펼치시는 큰 뜻에 많은 기적이 동반할 것이라 생각되옵니다. 그리고 오늘은 매장에 출근하니 왠지 기분이 우울한 듯 개운치가 않으며 머리도 띵하고 온몸과 마음이 뭔가 좀 멍한 듯 좀 흐린 그런 기분이었습니다.

매출도 시원찮고 하여 조금 일찍 마치고 집에 왔습니다. 집에 도착하여 대충 치워놓고 금전 도법주문을 외웠습니다. 8분 정도 외우니 주문이 멈추었습니다. 잠시 후 두 팔이 하늘을 향하여 올라가더니 감사하옵니다! 감사하옵니다! 인사를 올리며 잠시 후 또 두 팔이 하늘을 향하여 올라갑니다.

그리고는 너는 인황의 황(皇) 줄이니라! 신(神) 줄이 아니니라. 황(皇) 줄이니라! 황(皇) 줄이니라! 황(皇) 줄이니라! 인황이 너를 지키지 못함에 한스럽구나! 슬프도다! 슬프도다! 하시며 가슴에 손을 얹혀주셨습니다. 그 순간 눈이 자동으로 떠졌습니다.

한참 정면을 바라보고 있으니 두 손이 하늘을 향하여 올라갔다가 내려오며 머리 위에 하트 모양을 하면서 기운이 멈추었습니다.

참혹한 심판을 면치 못할 거라

이○숙(124.254.162.37) 17-12-05 01:24

인황 폐하께서 우리들에게 알려준 도법주문회 전날 밤새도록 겨울비가 내렸습니다! 정상적으로 보면 도법주문회 하는 날은 엄청 추워야 하는데 신기하게도 포근한 날씨로 우리 신하와 백성(천인, 신인, 도인)들을 반겨주셨습니다! 인황 폐하의 마음 따라 변해 가는 날씨~ 천변만화의 천지기운에 감탄사가 절로 나옵니다!

대단하신 인황 폐하의 귀한 음성과 도력과 천력의 기운을 듬뿍 받고 돈 들어오는 금전 도법주문을 신나게 따라 독송하고 집에 돌아오는 중 군자역 안에서 도봉산행 차를 갈아타려고 뛰는데 바닥에 난데없는 돈이 또 보였습니다!

5천 원짜리 한 장에 1천 원짜리 두 장~7천 원이 저를 기다리고 있었습니다! 저에게는 7이라는 숫자는 대길한 숫자인 것 같습니다! 저의 생일은 7월 27일~인황 폐하의 축복~금전 문이 활짝 열리게 될 거야~다 잘될 거야 말씀처럼 저에게 돈 줄을 주시는 듯하였습니다!

비록 돈은 많지 않지만 기분은 짱!이니까요~
중국말로 7은 일어난다! 시작이라는 뜻이기도 합니다! 저의 금전운도 도법주문회를 통하여 열리는 기분이 드니 신기하기만 합니다! 인황 폐하의 말법시대의 개막으로 잘살고 싶은 마음 간절합니다!

12월 4일 월요일은 제가 쉬는 날이라 일 보러 나갔더니 갑자기 추워지는 날씨~살을 베는 듯한 찬바람을 동반하는 차가운 날씨에 저도 모르게 소름이 쫙 생겼습니다! 인황 폐하를 무시하고 능멸한 자들을 내리치는 하늘의 심판이 연상되었습니다! 인황 폐하의 그 분노에 찬 마음을 이해하게 되었습니다! 날씨도 인황 폐하의 마음 따라 천변만화의 조화를 보여주고 있었습니다!

볼 일을 다 보고 집에 와서 도법주문과 돈 들어오는 금전 도법주문을 정중하게 예의를 올리고 독송하였습니다! 주문을 하니 합장한 손은 그저 살랑살랑 좌우로 흔들리더니 돈 들어오는 주문을 시작하자마자 기운이 엄청 세차게 느껴졌습니다!

합장한 손이 상하로 어찌나 요동을 치는지 앉아 있는데 엉덩이는 상하로 높이 높이 들썩이고 있었습니다! 강도가 얼마나 강하던지 숨이 막힐 정도였습니다! 그리고 조금 있다 계속 도법주문을 독송하니 합장한 손을 가슴에 대고 상반신을 좌우로 세차게 돌려주는데 목이다 삐걱삐걱 소리가 날 정도로 한참 돌려주었습니다!

조금 있더니 합장한 손과 몸은 좌우로 흔들흔들~배에 타고 있는 기분인데 검은 파도가 세차게 밀려오는 바다를 보는 것만 같았습니다! 합장한 손이 위로 높이 올라가더니 칼을 잡은

듯이 아래로 내리치는 동작을 여러 번하였습니다!

칼바람이 쌩쌩하게 시퍼런 칼날로 보이더니~인황 폐하를 분노하게 만든 못된 자들은 결코 하늘의 참혹한 심판을 면치 못할 것이란 생각이 들었습니다! 서슬 퍼런 칼날이 춤을 추는 듯한 생각이 났습니다!

무서움으로 가득하신 인황 폐하!
자애로운 웃음으로 가득한 인황 폐하!
난세를 바로잡아 주시옵소서!
무릉도원의 도법세상을 빨리 열어주시옵소서!

인황 폐하만을 믿고 따라 가렵니다! 인황 폐하의 충신이 되렵니다! 충!충!충~~^^

인황 폐하! 천추만세! 만사형통! 만사대길!

큰 동굴에 금은보화가 가득 차 있는

권O관(124.51.94.5) 17-12-04 23:45

대단하신 인황 폐하!

도법주문회 열어주시고 불러주셔서 대단한 영광이오며 참석하여 큰 기운 많이 받고 오게 되어서 날아갈 듯 기분이 좋고 모든 일들이 잘될 것이라는 마음에 하루하루가 즐겁습니다.

대단하신 인황 폐하 최고이십니다!!

대단하신 인황 폐하께 5배의 예를 올리고 금전 도법주문을 외우자 잠시 뒤 기운이 내리면서 합장한 팔이 전후로 서서히 움직이다가 차츰 속도가 빨라지기 시작하였습니다.

그러다가 속도가 차츰 늦추어지면서 양팔을 옆으로 쫙 편 상태로 한참을 있다가 내리고 또 잠시 후 같은 동작을 두 번 더 하고서는 다시 합장한 자세가 되어 전후로 빠른 속도로 한참을 요동쳤습니다.

그리고는 합장한 상태에서 서서히 두 팔이 머리 위로 쭉 뻗어 올라가고 머리가 뒤로 힘껏 젖혀진 상태에서 합장한 팔이 심하게 요동을 치기 시작하였습니다. 그렇게 한참을 요동을 치다 팔이 내려와서는 이번에는 도법주문의 음률에 따라 박수를 치기 시작하였습니다.

1~2분 정도 박수를 치다가 멈추고 양팔이 다시 양옆으로 쫙 편 상태가 되었다가 내리고는 합장한 상태로 돌아와 전후로 빠른 속도도 한참을 요동치다가 서서히 속도가 멈춰지면서 금전 도법주문을 마쳤습니다.

도법주문을 외우며 목이 뒤로 젖혀진 것은 이번이 처음이었습니다. 영상으로 보여지거나 음성으로 들리는 것은 석탄 캐는 동굴에서 석탄을 나르는 기차 같이 생긴 운반차에 황금을 가득 싣고 나오는 장면과 큰 동굴에 금은보화가 가득 차 있는 것이 보였습니다.

대단하신 인황 폐하께서 도법주문 윤허하여주시고 도법주문회도 열어주시어서 너무나 고맙습니다. 매일같이 도법주문을 외우며 대단하신 인황 폐하를 통하여 내려주시는 천상의 좋은 기운을 받으니 대단하신 인황 폐하께서 늘 함께하시며 지켜주시고 보호해 주시는 느낌이 들어서 마냥 즐겁고 어렵고 난처한 일이 있어도 뭐 잘될 것이라는 배짱과 마음이 생겨 근심, 걱정이 사라지는 것 같습니다.

늘 우리들이 잘되고 행복하기를 바라시며 아낌없이 다 주시고자 하시는 대단하신 인황 폐하의 깊고도 높으신 사랑과 은혜에 감사드리옵니다. 말법의 시대가 도래하였으니 하루속히 대단하신 인황 폐하의 세상이 활짝 펼쳐지고 바라시고 원하시는 모든 대원들 다 이루시고 성취하시옵기를 바라오며, 하늘님과 땅님을 위해 젊게 영생하시기를 기원드리옵니다.

5만 원권 돈다발이 수없이 늘어져 있어

손○희(116.44.21.205) 17-12-04 19:04

대단하신 인황 폐하!

12월 3일 대구에서 출발하여 도솔자미천에 도착하니 출입문부터 눈부신 황금 문에 황금 계단을 조심스럽게 한 계단 한 계단 오르면서 대단하신 인황 폐하 시대가 현실로 도래하였음을 온몸으로 느낄 수 있었습니다. 인황 폐하 시대의 개막을 진심으로 감축드리옵니다.

신기한 도법주문회를 인황 폐하께서 열어주시어 인황 폐하를 통하여 천상정기를 내려주시는 도법주문을 외울 수 있는 것만으로 영광이었습니다. 금전 도법주문을 외울 때에 보여주시는 영상은 흰빛이 보이면서 5만 원권 지폐 돈다발이 수없이 늘어져 있는 것이 보였습니다.

그다음 장면은 노란색 금가루가 보이면서 5만 원권 돈다발이 수없이 늘어져 있는 것을 보았습니다. 동작은 몸이 뒤로 젖혀지면서 두 팔이 하늘을 향하여 위로 올라갔다가 두 손이 봉우리를 만들면서 제 입속으로 무언가를 넣어주실 때 영상은 금가루가 보였습니다. 그리고 뜨거운 눈물이 하염없이 흘러내렸습니다.

도법주문회를 열어주신 인황 폐하께 무한한 감사 인사 올립니다. 인황 폐하께서 내려주신 도법주문은 외울수록 신비하고 경이로움을 느낍니다. 대단하신 인황 폐하의 대도력은 대단하십니다. 이 세상에서 최고이십니다.

대단하신 인황 폐하 만세! 만세! 만만세!

천기 17년 12월 3일 도법세상 개최 천고문

장○혁(112.218.42.204) 17-12-04 16:56

천인합체를 해주시어 인황 폐하의 행복신하를 하사받은 장○혁이 대단하신 인황 폐하께 큰절 올리겠사옵니다! 인황 폐하의 대단하심을 미리 알아보지 못한 소인 머리 조아리며 살려주시라고 이렇게 빌고 비나이다!

도솔천황님께서 얼마나 무서우신 분이신지 이번 심판을 통해서 톡톡히 알게 해주셨습니다. 그전까지 경거망동하게 행동한 저를 용서하옵소서! 죄는 용서해도 '내가 누군데' 하는 미친 자는 용서하지 않는다고 도솔천황님께서 직접 말씀 내려주셨습니다.

대단하신 인황 폐하께 모든 일을 먼저 여쭙고 진행해야 함에도 불구하고 그러지 않아서 이번에 큰 사태를 초래했음을 실시간으로 보여주셨습니다!

하늘의 분노가 한계에 다다랐다는 말씀을 누차 해주셨음에도 불구하고, 입천제를 했다는 이유로 천인, 신인, 도인이 되었다는 이유로 자신은 면제될 것이라는 안일한 생각을 한 것 그 자체가 심판의 대상이 되었음을 이실직고하옵니다.

대단히 공평하신 하늘이십니다! 진짜 하늘다우십니다! 진짜이시기에 벌을 내려주셔서 이렇게 진짜로 계심을 제 눈으로, 귀로, 삶과 금전으로 모두 보여주셨습니다! 심판은 받았으나, 목숨만은 살려주셨으니 너무나 고맙습니다. 도솔천황님의 대도력이 무엇인지 뜨겁게 느끼게 해주셨습니다!

도솔천황님의 도력은 황홀경 그 자체이며, 인황 폐하를 따르는 자 무릉도원의 황홀경을 만끽할 것이고, 인황 폐하를 알고도 무시한 자 황홀경의 독배를 마시게 될 것입니다! 도솔천황님은 돈의 주인이 확실하시며, 인황 폐하와 함께라면 돈으로 크게 성공할 것이고, 아니면 돈으로 크게 망할 것입니다!

도솔천황님의 웃음 뒤에는 서슬 퍼런 도끼를 들고 계심을 느꼈습니다. 인황 폐하의 마음을 얻는 자 금도끼, 은도끼를 하사받을 것이고, 멀어진 자 도끼로 인생을 내리꽂아 버리실 것입니다!

대단하신 인황 폐하!
공포의 대상이시기에 존경합니다!
진짜이시기에 존경합니다!
하늘의 마음을 얻으셨기에 존경합니다!

대단하신 인황 폐하!
이 세상에 와주신 것만으로도 고맙습니다!
이 세상에 계셔주신 것만으로도 고맙습니다!
살아서 만나뵈어 영광입니다!

도솔천황님께서는 인황 폐하하고만 함께하시겠다고 직접 말씀을 하시었고, 땅의 모든 신들께서도 인황 폐하하고만 함께하시겠다고 선언하셨습니다.

이 자리에 온 신하와 백성 모두 인황 폐하 시대의 개막을 축하드립니다! 도솔천황님께서 인황 폐하의 육신을 원하셨다 하셨고, 인황 폐하께서는 기꺼이 육신을 바치시고 도권, 천권, 신권을 얻으셨다 들었사옵니다!

인황 폐하께서는 서희 신하와 백성에게 원하시는 세 있으시다면 그것이 무엇이옵니까? 말씀 내려주시옵소서! 대단하신 인황 폐하께서 살려주시어 감사드립니다.

인황 폐하께 마음과 생각을 향할 때와 멀어질 때

김○라(222.98.244.80) 17-12-04 14:29

천기 17년 12월 3일 대단하신 인황 폐하께서 신기한 도법주문회를 열어주셔서 참석하여 너무도 큰 사랑받았고 도통천존 도솔천황님께서 인황 폐하를 통해 보여주시고 내려주신 대도력, 대천력으로 살려주셨습니다.

도솔자미천에 도착 후 인황 폐하께 인사를 올릴 때 너무나 놀랐습니다. 너무도 젊어 보이셨고 평안한 모습이셨습니다. 여유로운 모습이셨습니다. 이런 모습은 처음인 것 같아 어리둥절하였습니다.

인황 폐하께서 2시에 도법주문회를 시작하시겠다고 하셨고 그 전부터 인황 폐하께서 말씀하실 때 "닐리리야 닐리리, 닐리리 맘보…" 노래가 마음속에서 들려 속으로 따라 불렀고 "아이고 좋다, 아이고 좋다, 좋아…" 소리가 마음속에서 들렸습니다.

신기한 도법주문이 시작되었고 금전 도법주문을 외울 때 서서히 가슴 위에서 얼굴까지 더워지면서 강한 기운을 느꼈습니다. 마음속에서는 기쁨과 즐거움, 평안함에 흥에 겨워 웃음이 나오고 덩실덩실 춤을 추고 싶었고 리듬을 타며 율동을 하였습니다.

굳어 있던 얼굴에는 웃음이 나오고 싱글벙글 좋아서 흥겨웠고 "아이고 좋다, 좋아…" 소리가 들려서 따라 했고 질병치유 도법주문에서는 대단하신 인황 폐하께 "잘못했습니다. 살려주세요" 고백이 나왔습니다.

이때까지만 해도 인황 폐하께서 진실의 말씀을 하시기 전이라 무슨 영문인지도 몰랐는데 신기한 도법주문이 끝나고 인황 폐하께서 내려주신 말씀에 너무도 놀랐고 황당해서 입이 다물어지지 않았습니다.

인황 폐하께서 도솔자미천의 천단을 모두 치우신 이유를 듣는 순간 저의 머릿속에서 번개가 쳤고 정신이 번쩍 났습니다. 도솔자미천의 주인은 인황 폐하라는 말씀이 가슴에 부딪혔습니다. 그동안 가졌던 의문이 대단하신 인황 폐하의 진실의 말씀을 통해서 한순간에 풀렸습니다.

대단하신 인황 폐하를 통해 내려주신 천지기운과 대도력, 대천력을 경험하였고, 보여주셨으며 수많은 사례들을 통해서 알고는 있었지만 이번 일을 통해서 개인적으로는 인황 폐하 덕분에 살아났습니다.

인황 폐하께 향하는 것만이 살길이고, 잘되는 길임을 명확하게 회사의 어려움을 통해, 삶을 통해 보여주셨고 살려주시기 위해 신기한 도법주문회에 불러주심을 알게 해주셨습니다.

신기한 도법주문회에 불러주셔서 도법주문을 통해 먼저 김○라의 마음과 생각을 지켜주셨고 보호해 주셔서 지금은 정신을 차리고 마음의 안정도 찾고 있습니다. 저의 개인적인 경험으로는 이번 일을 통해 너무도 엄청난 인황 폐하의 보호하심과 사랑을 받고 있음을 알게 해주셨습니다.

사람에게 받은 배신감과 상처가 얼마나 아프고 큰지 종교에서도 경험해 보았기에 이번에도 제정신으로는 살 수 없는 고통의 시간에서 허우적거릴 저를 대단하신 인황 폐하의 크신 사랑으로 신기한 도법주문을 통해서 김○라를 또 살려주셨습니다.

그동안 누구에게도 말을 못 하시고 혼자서 그 힘든 모든 과정을 묵묵히 이겨내시며 자미가족들을 지켜내시기 위해 고뇌의 시간 속에서 속이 새까맣게 타들어 가는 고통의 시간들을 걸어오신 인황 폐하를 생각하면 가슴이 먹먹해집니다.

잘못된 생각과 마음에서 돌이키려 하면 그만큼 갈등의 시간이 걸리는데 번개가 치며 정신이 번쩍 나게 해주신 도통천존 도솔천황님의 너무도 큰 대도력, 대천력에 감탄, 감동이고 지금 저의 마음이 평안한 게 신기하기만 합니다.

손바닥만 한 작은 인간의 심장에 수많은 감정들이 뒤죽박죽 얽혀서 자기 마음, 자기 뜻대로 못하고, 하루에도 수백 번씩 변하는 간사한 게 인간의 마음인데, 지금 나에게 무슨 일이 있었나? 싶을 정도로 요동하지 않고 평안한 저의 모습이 너무도 신기합니다.

잘못된 길에서 마음과 생각을 돌이키게 해주시어 대단하신 인황 폐하께 충성을 맹세하며 이제 김○라가 살길은 대단하신 인황 폐하께 진심으로 온 맘 다해 향하는 것이라는 마음과 생각으로 한순간에 바꿔주시는 기적을 경험하고 있습니다.

새벽에 금전 도법주문을 하는데 바로 강한 기운이 내렸고 기쁘고 즐겁고 신나고 웃음이 나며 "아이고 좋다, 좋아…" 소리가 들렸습니다. 어깨춤이 나고, 엉덩이가 들썩거릴 정도로 흥이 나고 유치원생처럼 율동을 하였습니다.

"인황 폐하! 만세! 만세! 만세! 인황 폐하! 최고! 최고! 최고! 대단하신 인황 폐하께 충성하겠습니다" 고백이 나왔습니다. 아침에 일어나 식사 준비를 하는데 마음속에서는 "닐리리야 닐리리…" 노래가 들리고 엉덩이를 좌우로 신나게 흔들며 춤을 추고 있었습니다.

인황 폐하께 마음과 생각을 향할 때와 멀어질 때의 삶이 어떻게 다른지 지금 겪고 있는 회사의 여러 가지 어려움을 통해 뼈저리게 느끼고 있습니다. 다시 한 번 김○라를 살려주시기 위해 신기한 도법주문회에 불러주셨고 기회를 주신 대단하신 인황 폐하의 크신 사랑에 감격하고 너무도 좋고 기쁩니다.

이번에 겪는 회사의 어려움을 통해서 김○라가 잘되고, 잘사는 길은 오직 대단하신 인황 폐하께만 마음과 생각이 향하고 어려움이 있으면 인황 폐하께 살려달라고 매달려야 함을 절실히 알게 해주셨습니다.

대단하신 인황 폐하의 말씀대로 천기 17년 2월 4일부터 하늘의 심판이 시작되었고, 지금 겪는 어려움이 인황 폐하를 배신하고 아프게 한 벌을 받고 있음을 알게 해주셨습니다. 인황 폐하의 진실 말씀을 듣기 전까지 제가 겪고 있는 아픔이 인황 폐하를 배신하고 아프게 한 벌로 하늘의 심판을 받고 있는지도 몰랐습니다.

한 치의 오차도 없이 대단하신 인황 폐하를 배신하고 아프게 한 벌로 대금을 받을 회사가 도망갔고, 일이 계속 꼬여 금전적인 손해도 크게 보게 되었습니다. 정말 한 치의 오차도 없이 상과 벌이 각자가 행한 대로 내려옴을 보여주시고 계십니다.

대단하신 인황 폐하께서 말씀하신 대로 현실에서 그대로 이루어지고 있습니다. 얼마나 두렵고 떨리는 마음으로 대단하신 인황 폐하께 진심으로 마음과 생각을 향해야 함을 절실히 느끼게 해주셨고 살려주시기 위해 다시 한 번 기회를 주신 인황 폐하께 감사함을 올립니다.

대단하신 인황 폐하! 최고이십니다.
대단하신 인황 폐하! 만세! 만세! 만만세!
대단하신 인황 폐하께 충성을 다하겠습니다.

대단하신 인황 폐하께 진심으로 향해야 잘되는 길이고 잘사는 길임을 절실하게 알게 해주셔서 기쁩니다. 신기한 도법주문회에서 저의 죄를 빌어야 도솔천황님께서 도와주신다고 대단하신 인황 폐하께서 말씀 내려주셔서 메일로 글을 올리겠습니다.

나무는 재목이므로 곧 돈이다

손○희(116.44.21.205) 17-12-04 14:21

대단하신 인황 폐하!

12월 3일 도법주문회를 열어주셔서 황공하옵고 고맙습니다. 도법주문회 때 인황 폐하께서 내려주신 금전 도법주문을 외울 때에 보여주시는 영상은 나무와 산, 하늘을 보았고 흰 세상이 펼쳐진 것을 보았습니다.

그리고 금전 도법주문을 음률에 맞추어 외웠을 때에는 인황 폐하를 통하여 더 한층 강렬한 기운과 온몸이 뜨거워지는 천지기운을 느낄 수 있었습니다. 보여주시는 영상 또한 나무와 산, 하늘 온통 흰 세상이 더욱 선명하였고 밝아졌으며 흰 세상이 펼쳐진 곳의 하늘에는 보라색도 선명하게 보였습니다.

온통 흰 세상과 나무를 보여주시면서 “나무는 재목이므로 곧 돈이다. 돈을 벌게 해주겠다. 부귀영화를 누리게 해주겠다”라고 하신 말씀이 들려왔습니다.

그리고 도솔자미천에서 나와 KTX를 타고 동대구에서 내려 오후 8시 30분쯤 KT 동대구 전화국 앞 횡단보도를 건널 때 교통사고가 날 뻔하였습니다. 인황 폐하께서 내려주신 막힌 일이 있을 때 풀어주시는 도법주문을 외우고 교통사고에서 벗어난 일을 보고드립니다.

KT 동대구 전화국 앞 횡단보도에서 녹색 신호등으로 바뀌어 건너가고 있는 중이었는데 흰색 승용차 한 대가 쏜살같이 멈추지 않고 횡단보도를 향하여 달려오는 것이었습니다. 보통은 천천히 서행하면서 횡단보도 앞에서 멈추는 것이 정상인데 그 차는 달랐습니다.

순간의 위기 속에서 인황 폐하께서 내려주신 도법주문을 계속하여 마음속으로 외웠습니다. 그때 횡단보도를 건너는 사람은 제가 제일 앞에서 걸어왔기 때문에 제 바로 뒤에 걸어오는 부부로 보이는 사람 중에 여자 분이 하는 말이 들려왔습니다.

"저 차가 미쳤어. 어떻게 사람이 걸어가고 있는데 쏜살같이 달려올 수가 있냐. 술에 취했나?"라고 하였습니다. 그렇게 쏜살같이 달려오던 승용차가 인황 폐하께서 내려주신 대도력 덕분으로 횡단보도 바로 앞에서 급정거를 하며 멈추는 것을 보고 안도의 한숨을 내쉬게 되었습니다.

차량들이 홍수처럼 밀려오는 세상이기에 횡단보도를 마음놓고 걸을 수 없는 현실입니다. 녹색 신호등으로 바뀌어도 좌우로 차를 먼저 살펴야 하고 몇 개월 전에도 횡단보도에서 멀쩡하게 걸어가던 사람이 교통사고가 나서 일어서지 못하고 주저앉아서 응급차가 오기를 기다리는 광경을 직접 목격하였던 경험이 있어서 저로서는 쏜살같이 달려오던 차량을 봤을 때 아찔하였습니다.

한 치 앞도 알 수 없는 인간의 삶 속에서 인황 폐하께서 내려주신 귀한 도법주문의 위력이 대단하시다는 것을 다시 한 번 체험하는 순간이었습니다. 교통사고가 날 뻔한 위기에서 벗어날 수 있게 하여주신 인황 폐하께 감사 인사 올립니다.

대단하신 인황 폐하 만세! 만세! 만만세!

인황 폐하 곁에 붙어 있는 자체가 행복

김○숙(125.134.167.206) 17-12-04 10:19

대단하신 인황 폐하!

도법주문회를 열어주시어 행복한 시간 감사한 마음으로 다녀왔습니다. 대단하신 인황 폐하 대도력에 감탄하며 모두 잘 살게 해주신다는 인황 폐하 말씀에 기쁜 기운 충만하여 당당한 마음으로 돌아왔습니다.

늦게 도착하고 차 시간 때문에 일찍 빠져나와 인사를 제대로 못 드려 죄송했습니다. 거짓말하고 참석하기에 일요일마다 참석이 어려워 도공을 한꺼번에 올렸습니다. 오늘 아침 도법주문 독송 후기 올립니다.

인황 폐하께 5배의 예를 올리는 순간부터 하품이 나고 앉자마자 합장한 손이 둥근 원을 그리고 하늘로 손이 솟구쳐 서서히 양팔이 벌어지며 손바닥은 하늘 향해 받는 동작으로 펴져 한참 있다가 가슴 쪽으로 내려와 둥글게 안는 동작으로 들고 있는데 전보다 더 오랫동안 들고 있다 무거워지면 바닥에 내려놓고 인황 폐하 감사합니다, 고개 숙여 인사하고 바로 앉아 합장합니다.

무언가 받는 동작, 똑같은 동작을 어김없이 5번 하고 멈춥니다. 한 번 더 하고 싶다고 인위적으로 더 할 수 있는 동작이 아니기에 참으로 신기합니다. 딱 5번만 하고 더 이상 하지 않는 것도 너무나 신기합니다.

인황 폐하께서 내려주신 천지조화는 참으로 신비합니다.

연이어 합장한 손이 하늘 향해 쭉 뻗어 양쪽으로 벌어지고 하품이 나고 입이 벌어져 고개를 뒤로 젖혀 무언가 받아먹는 자세를 한참하다 목이 아파 바로 앉았습니다.

도법주문 독송하니 강한 기운으로 합장한 손이 방아 찧는 것처럼 하늘로 땅으로 아주 큰 동작으로 왔다 갔다 하고, 목소리는 힘이 잔뜩 들어가 얼굴이 일그러질 정도의 기운이었습니다.

대단하신 인황 폐하께서 내려주신 도법주문으로 신하와 백성들 살려주시니 든든하고 너무 감사하고 행복합니다. 인황 폐하 곁에 붙어 있는 자체가 행복입니다. 행복만 주시는 인황 폐하 만세 만세 만만세!

대단하신 인황 폐하의 세상이 흰 세상이니라

손○희(116.44.21.205) 17-12-05 12:42

대단하신 인황 폐하!

세 번째 도법주문 후기를 보고 드립니다. 도법주문이 시작되자 몸을 좌우로 앞뒤로 움직이면서 산의 나무가 여러 그루 서 있는 모습을 보면서 양 손바닥을 비벼주면서 하늘이 보였고 보라색의 꽃처럼 생긴 둥근 물체가 다시 연한 보라색으로 변화되었고 봉우리로 이루어진 산이 많이 보였습니다.

그때 온몸에 뜨거운 기운이 느껴지며 작은 나무들이 일렬로 양쪽으로 쭉 서있는 모습을 보았습니다. 다음 장면은 산천초목이 온통 흰 세상이 펼쳐지면서 "온통 흰 세상이로구나. 대단하신 인황 폐하의 세상이 흰 세상이니라"라고 하신 말씀을 들려주셨습니다.

각기 다른 산과 산등성이의 장면이 여러 번 바뀌는 장면과 푸른 불빛이 번뜩였고 저도 모르게 "인고의 세월을 감내하신 인황 폐하 만세! 만세! 만만세!"를 외쳤습니다. 그때 두 눈에서는 감격의 뜨거운 눈물이 저절로 흘러내렸습니다.

다음 장면은 서로 다른 모습의 암산을 여러 번 보았습니다. 그때 도법주문을 외우면서 휴대폰에 15분 알람을 해놓았던 벨이 울리는 것이었습니다. 얼른 벨을 중지시키고 도법주문을 계속하여 외웠습니다.

그랬더니 이번에는 직사각형의 큰 거울이 먼저 보였고 천상의 궁전으로 느껴지는 실내에 눈부시게 하얀 침상으로 연결된 용상에서 붉은색 곤룡포 차림으로 용상에 앉아계시는 인황 폐하를 알현하였습니다(거리가 조금 멀었습니다).

순간 깜짝 놀랐습니다. 저는 대구에서 도법주문을 외우는데 서울에 계신 인황 폐하께서 마치 옆에 계신 듯 저를 물끄러미 바라보고 계셨습니다. 용상에 앉아계시는 인황 폐하의 용안을 3번 연속하여 보여주셨습니다,

영안으로 인황 폐하를 알현하여 대영광이었습니다. 그리고 장면이 바뀌어 천상의 눈부시게 하얀 흰 세상과는 비교가 안 되는 흰 세상은 흰 세상인데 탁해진(때 묻은) 흰 세상이 눈앞에 펼쳐졌습니다. 그때 다음과 같은 말씀을 들려주셨습니다.

"이 탁한 흰 세상은 지상이며 역천자들이 심판을 받고 있는 중이기에 지상은 아직까지는 혼탁한 흰 세상이니라." 그리고 잔잔하고 평화로운 호숫가와 눈부시게 깨끗한 하얀 흰 세상을 보여주시면서 "역천자들이 심판을 모두 받고 나면 지상도 천상과 같이 깨끗한 흰 세상이니라"라고 하신 말씀을 들려주셨습니다.

대단하신 인황 폐하의 대도력은 무한대이십니다.
대단하신 인황 폐하 만세! 만세! 만만세!

인황 폐하께 문자 올린 후 받은 강한 기운!

조○애(110.70.53.16) 17-12-06 21:31

대단하신 인황 폐하!

인황 폐하께서 이번 주 일요일 도법주문회 참석 여부 문자를 주셨을 때 사정이 여의치 않아 불참할 수밖에 없다는 문자를 올렸습니다. 12월 20일 이후부터는 가능해서 그때부터 열심히 가자고 생각했습니다.

그런데 시간이 지날수록 인황 폐하를 뵙고 싶다는 생각이 간절해지고 꼭 가고 싶다는 마음이 들어 서둘러 방법을 찾은 후 오늘 참석할 수 있다고 문자를 올렸습니다. 인황 폐하께 답문을 받은 후 왼쪽 얼굴 앞면과 정수리에 전기가 흐르기 시작했습니다.

그리고 일어서서 싱크대로 갔는데 바닥이 울렁거리고 어지러워서 지진이 오나 하는 생각이 들 정도였습니다. 한 10분 정도 그러기에 얼른 5배의 예를 올린 후 도법주문과 금전 도법주문을 외웠습니다.

강력한 기운과 좌우 흔들림이 있었고 하품이 나왔습니다. 그리고 제 뒷목에 파스를 뿌린 것처럼 시원한 느낌이 나면서 등 전체가 시원하고 몸이 날아갈 정도로 너무나도 개운하고 가벼워졌습니다.

제가 컴퓨터 작업을 많이 하다 보니 뒷목이 아프고 최근 들어서 목과 어깨가 심하게 아파 퇴근 후 스트레칭하고 주무르고 했었습니다. 그래도 안 풀려서 목과 어깨에 곰 한 마리를 지고 다니는 것처럼 무겁고 아팠습니다.

오늘 도법주문 외우면서 저의 뒷목을 짓누르고 있던 검은 것이 빠져나가는 느낌이 오면서 거짓말처럼 하나도 안 아프고 자유자재로 움직여도 불편하지 않습니다. 인황 폐하 대도력으로 인한 것임을 믿어 의심치 않습니다.

인황 폐하! 제가 목 아프다고 말씀드린 적도 없었는데 도법주문회 참석 문자 후 강력한 기운으로 치유해 주셔서 감사 올립니다. 매번 인황 폐하의 대도력을 접하지만 항상 새롭고 신기합니다!

대단하신 인황 폐하! 하루속히 뵙고 싶습니다.
인황 폐하 만세 만세 만만세!

황금 곤룡포를 입으신 인황 폐하

이○호(61.75.110.251) 17-12-06 21:40

대단하신 인황 폐하!

금전 도법주문 마지막 구절이 혼돈되어 인황 폐하 전에 문자를 올리니 바로잡아 주시어 퇴근 후 모텔 방을 빌려 금전 도법주문을 외우고 글을 올립니다.

오늘도 도법주문을 외우자 곧바로 뱃속에 따뜻한 기운을 넣어주십니다. 온몸으로는 강하고 묵직한 기운을 한없이 넣어주십니다. 10여 분을 외우니 마음으로 주문을 외우고 있고, 무아지경의 경지에 도달해서 한없이 푸근하고 편안한 상태로 돌입하였습니다.

다시 도법주문을 외우니 자동으로 마치게 되고 일어나 인황 폐하를 향하여 5배의 예를 올리니 황금 곤룡포를 입으시고 황금이 주렁주렁 달린 면류관을 쓰신 용안이 아주 젊은 인황 폐하를 알현하는 크나큰 영광을 받았습니다.

대단하신 인황 폐하! 도법주문을 내려주시어 외울 수 있는 기회를 주시어 감사합니다(이제는 인황 폐하께 고맙습니다, 로 올리지 않고 감사합니다가 맞는다고 생각합니다).

인황 폐하 만세! 만세! 만만세!

신비스럽고 대단하신 인황 폐하의 대도력!

권O관(124.51.94.5) 17-12-07 00:18

대단하신 인황 폐하!

대단하신 인황 폐하의 대도력, 대천력의 신비스럽고 경이로움에 감탄이 절로 나옵니다. 너무나 신기하고 놀라워 글을 올립니다.

어제는 퇴근하여 밀린 댓글을 달아야겠다, 마음먹고 댓글을 달았지만 많이는 못 달고 11시쯤에 도법주문을 외워야겠다 싶어 홈피를 나와 금전 도법주문과 질병치유 도법주문을 외우기 위해 인황 폐하를 향해 5배의 예를 올리고 금전 도법주문을 외웠습니다.

4~5번 외우자 합장한 손으로 기운은 오는데 기분이 영 아니었습니다. 제 자신이 참으로 한심스럽고 이 시점에서 잘살아 보겠다고 금전 도법주문을 외워야 되겠나 싶은 게 도법주문을 외울수록 기분이 엉망이라 도저히 할 수가 없었습니다.

댓글을 달기 위해 홈피에 올라온 글들을 보면서 더러운 자들에 대한 분노가 치밀어오르고 인황 폐하께서는 그 자에 대한 배신감과 치욕에 얼마나 가슴에 피멍이 들고 찢어지실까 생각하니 도저히 금전 도법주문을 외울 수가 없었습니다.

이번 도법주문회에서 인황 폐하께서 답답하고 막힌 것을 뚫어주고 해결해 주는 주문이 생각나 먼저 인황 폐하께 용서를 비옵니다.

인황 폐하께 도법주문을 윤허받지 못한 상황이지만 오늘 하루만이라도 금전 도법주문과 질병치유 도법주문 대신으로 다른 주문을 외울 수 있도록 해주세요. 지금 인황 폐하께서는 너무나 상심이 크시고 그 고통을 외로이 감내하고 계실 텐데 그 답답하고 터질 것 같은 마음을 조금이라도 미약하나마 풀어드리고 싶었습니다.

지금 이 상황에서 또다시 인황 폐하의 황명을 거역하는 무서운 죄를 짓는 것일지 모르겠지만 그렇다고 나를 위한 금전주문과 질병치유 도법주문은 도저히 할 수가 없었습니다. 인황 폐하 저의 오지랖으로 큰 죄가 된다면 당연히 그에 대한 죄 값은 달게 받겠습니다. 인황 폐하께 먼저 용서를 빌고 도법주문을 외웠습니다.

경찬하는 도법주문을 바로 한 번 외우자마자 두 주먹을 불끈 쥐고 두 팔이 머리 위로 쭉 뻗었다 굽혔다(도법주문회 때 충성 맹세를 하며 충! 충! 충! 바로 그 동작이었습니다)를 계속 하였습니다.

도법주문을 외우면 보통 합장한 팔이 앞뒤로 전후로 빠르고 느리게 움직이는 동작이 많은데 이번에는 그런 동작은 한 번도 없었고 처음부터 충! 충! 충! 한 동작만 나왔습니다.

20분 정도는 앉는 자세에서 힘차게 충성 맹세 동작을 하다가 어느 순간에는 일어서서 한 발을 쿵~ 쿵~ 쿵~ 구르며 두 주먹을 불끈 쥐고, 두 팔을 올렸다 내렸다 하며 충성 맹세 동작 충! 충! 충! 하였습니다. 참으로 신비스러웠으며 온몸에 열기로 가득하였습니다. 그렇게 30분을 하였습니다.

메인 글로 올려야 되나 말아야 되나 생각하다가 새벽 1시 가까이 되어서 시간이 늦어 자고 일어나 출근을 하였습니다. 오전에는 별 탈이 없었는데, 오후 1시쯤 넘어서부터 콧물이 조금씩 흘러내리더니 조금 더 지나자 눈마저 따끔거리며 눈물이 자꾸만 흘러내리기 시작하였습니다.

어, 이상하네~

감기인가? 감기는 아닌 것 같은데 조금 더 지나자 눈물콧물이 수시로 흘러내렸습니다. 코는 풀어도 콧물은 나오지 않으면서, 풀고 나서 5분 10분도 안 되어 또다시 콧물이 흘러내리고 눈물도 나오고 하니 사람 환장할 지경이었습니다.

근무시간에 사람들과 말하거나 얼굴 마주치는 것이 겁이 날 정도였습니다. 혹시나 대화 중에 콧물이 주르륵 흘러내리면 얼마나 민망하고 창피할지. 그렇게 힘겹게 버티고 7시에 퇴근하여 차를 운전하며 오면서도 연신 코가 벌겋도록 닦으면서 오는데 뭔가 잘못되었다는 생각이 들었습니다.

그래서 대단하신 인황 폐하! 제가 잘못했습니다. 용서해 주세요, 이렇게 콧물이 계속해서 흘러내리고 눈물까지 나니 불편하고 괴로워서 미치고 환장하겠습니다. 뚝 그쳤으면 좋겠습니다. 낫게 해주세요.

저의 잘못이 있다면 용서를 비옵니다. 그렇게 마음속으로 낫게 해달라고 빌고 집에 들어와 저녁을 먹고 20분 정도 TV를 보다가 이제 씻고 댓글 달아야겠다 싶어 욕실로 씻으러 들어가 이빨을 닦고 머리를 감는데 뭔가 이상한 것이었습니다.

어라~?

이상하네? 온종일 그렇게 나오던 콧물눈물이 안 나오네!!!! 가만있어 보자 언제부터 안 나온 거지? 그러고 보니 밥 먹을 때도 괜찮았던 것 같은데…?

세상에나~!

퇴근 후 운전하고 오는 길에 대단하신 인황 폐하께 낫게 해달라고 말씀 올려드린 후 바로 낫게 해주셨다니 대단하신 인황 폐하 감사드리옵니다.

인황 폐하의 황명을 거역하는 무서운 죄를 짓는 것일지 모르겠지만 저의 오지랖으로 큰 죄가 된다면 당연히 그에 대한 죄값은 달게 받겠습니다. 인황 폐하께 먼저 용서를 빌고 도법주문을 정식으로 윤허받지 않고 마음대로 외운 벌의 대가로 하루 종일 눈물콧물이 흘러내렸다는 사실을 뒤늦게 알게 되었습니다.

인황 폐하께 도법주문을 윤허받지 않고 무단으로 외우면 실시간으로 나처럼 엄청난 조화가 현실로 일어난다는 것을 실제 체험을 통해서 검증이 되었습니다. 인황 폐하는 정말 무섭고도 대단하신 천변만화의 조화를 실시간으로 부리십니다.

대단하신 인황 폐하의 대도력, 대천력은 세상 어느 곳 하나 안 미치는 않는 곳이 없으시며 신비스러운 천변만화의 대조화에 실제 경험해 보고 체험해 본 당사자로서 너무나도 경이롭고 신비로움에 감탄을 금할 길 없습니다.

대단하신 인황 폐하의 대도력, 대천력의 천변만화의 조화는 상상초월이시고 최고 중에 최고이십니다. 오직 인황 폐하께로만 향하는 것만이 살길임을 더욱더 잘 알게 되었으며 살아서나 죽어서나 인황 폐하 명 받들며 따르겠습니다.

대단하신 인황 폐하! 늘 강건하시옵고 이루시고자 하시는 큰 대업 하루속히 성취하시옵기를 간절히 기원드리옵니다.

대단하신 인황 폐하 만세! 만세! 만만세!!!

모든 일을 인황 폐하께 이실직고하고 나니

이○규(203.226.207.9) 17-12-07 02:51

대단하신 인황 폐하!

이○규 인사 올리옵니다. 12월 3일 도법주문회를 마치고 열차에 오르니 머리가 어질어질하고 온몸이 점점 벌집 쑤셔놓은 듯 이상했습니다. 그대로 집에 도착할 때까지 잠들었다가 집에 도착하니 아무것도 할 수가 없어 그대로 잠들었습니다.

아침에 일어나 대충 일하고 매장에 출근하니 역시 또 머리가 어질어질 간간이 휘청휘청하였습니다. 어? 왜 이렇지? 하면서 매장 안엔 뭔가 모르게 기운이 남달랐습니다. 직원들이 말합니다.

손님이 많을 땐 다른 일도 더 찾아서 정신없이 해지는데 이상하게 손님이 없을 땐 다른 일도 되지 않는다며 4일, 5일 이틀 연이어 매출은 최악의 상태이고 몸 역시도 상태는 여전하여 일찍 마치려 하니 고객 한 분이 들어와서 많은 시간을 소요하여 조금 늦게 마치고 집에 왔습니다.

금전주문 외우고 곧바로 홈피에 들어왔습니다. 그동안에 있었던 더러운 자들에 대한 모든 일을 인황 폐하께 이실직고하고 오늘 아침 일어나 금전 도법주문을 외우니 정말 놀랄 정도로 기운이 달랐습니다.

금전 도법주문에서 인황 폐하! 정말 고생하시었습니다. 이제 무거운 짐 다 내려놓으시고 새 출발하시옵소서!라고 말씀 내려주시어 아주 정중하게 5배 인사를 올린 후 기운이 멈추었습니다.

왠지 얼른 나가야겠다는 마음에 준비하고 매장 도착하니 벌써 여러 명의 아는 고객들이 저를 기다리고 있었습니다. 불과 채 30 분도 안 되어 253만 원의 매출을 올렸습니다. 이중인격자에 대한 모든 나쁜 일을 인황 폐하께 이실직고하고 나니 몸도 마음도 매출도 이렇게 달라집니다. 대단하신 인황 폐하의 대도력, 대천력에 정말 또 감탄하고 또 감동합니다.

진실의 믿음은 언제나 항상 이렇게 이적과 기적을 만들어주심에 정말 수없이 체험을 하고 또 하게 해주십니다. 그리고 잘못됨을 알면서도 말을 안 하는 것에 대한 진실도 가르쳐주셨습니다.

대단하신 인황 폐하!

정말 감사하오며 존경하옵니다. 그리고 정말 고생하셨습니다. 이제는 정말 무거운 짐 다 내려놓으시고 새 출발하시옵소서! 우리 자미가족 신하와 백성들 오로지 대단하신 인황 폐하만을 향하여 충(忠)! 충(忠)! 충(忠)! 온 힘을 다하겠습니다.

어찌 이럴 수가 있사옵니까? 대성통곡!!!

최○호(1.253.39.15) 17-12-07 05:20

대단하신 인황 폐하! 도법주문 후기 올립니다. 받아주시옵소서!!! 어제 잠자리에 들기 전, 대단하신 인황 폐하 전에 5배의 예를 하고 바로 돈이 들어오는 도법주문을 독송하기 시작하였습니다.

처음부터 흐느끼듯이 몇 번의 독송 후, "인황 폐하"를 울부짖고, "어찌 이럴 수가 있사옵니까?" 마지막으로 "하늘이시여!!!" 울부짖으며 끝이 났습니다.

다른 방에서 잘 준비를 하는 부인이 들을까 봐 소리를 크게 못 내고 대성통곡을 하면서 눈물과 콧물을 한껏 쏟아내었습니다. 인황 폐하를 울부짖으며, 대단하신 인황 폐하께서 얼마나 가슴이 아프셨을까 하는 생각에 너무도 가슴이 메어졌습니다. 이 글을 쓰는 지금도 눈물이 폭포수처럼 흐릅니다.

하늘이시여! 더러운 자들이 인황 폐하께 어찌 이럴 수가 있사옵니까? 이렇게 울부짖으면서 더러운 자들의 배신감과 괘씸함을 느낄 수 있었습니다. 이상하게 이 부분을 쓰면서는 눈물이 딱 멈추고 독기 서린 눈에 힘이 들어갑니다.

"하늘이시여!" 울부짖으면서 그리움의 감정이 뭔지 모르겠으나 사람이 힘든 상황에서 하늘을 찾듯이 너무도 애절하게 하늘을 부르면서 울었습니다. "하늘이시여!" 이 짧은 문장 하나만으로도 바로 눈물이 쏟아집니다.

저와 함께하는 조상님과 신께서 함께 울고 있는 것이 느껴졌으며 원통함, 분함, 배신감, 가슴 아픔, 애절함 등 많은 감정들이 일어나면서 얼마나 울었는지 모르겠습니다.

대단하신 인황 폐하!!!

그 얼마나 힘드셨습니까? 그 큰 배신감, 괘씸함을 어떻게 감당하셨습니까? 지난 도법주문회에서 인자하신 모습으로 말씀하시던 인황 폐하의 그 이면에 가지고 계셨던 그 감정이 조금이나마 느껴져서 눈물이 멈추질 않사옵니다.

대단하신 인황 폐하 곁에는 아직 남아 있는 충직한 신하와 백성들이 많이 있습니다. 기고만장하지 않고 인황 폐하만을 따르고 받들어 모실 진정한 신하와 백성 말입니다. 진정한 인황 폐하의 세상을 만드시는 데 목숨이라도 내놓을 수 있는 신하와 백성들이 남아 있사옵니다. 우리들이 있으니 힘내세요!

눈을 치료해 주셔서 퍼진 글이 똑바로 보입니다

김O숙(125.134.167.206) 17-12-09 13:10

대단하신 인황 폐하 알현하옵니다. 5배의 예를 올리고 금전 도법주문을 독송하였습니다. 독송 5분이 지날 때까지 미세한 기운만 느껴지고 강한 기운이 안 느껴져서 다른 도법주문 독송하니 바로 강한 기운이 내렸습니다.

하품이 찢어지게 나오고 목뒤로 젖혀져 입 벌린 상태에서 받아먹는 자세로 한참 동안 있다가 바로 앉았습니다. 합장한 손이 하늘로 솟구쳐 천천히 내려와 눈앞에 멈춥니다. 양쪽 눈을 번갈아가며 합장한 두 손을 이용해 여러 번 문질러줍니다.

연이어 합장한 손으로 한쪽 눈을 탁탁 치면서 계속 두드려줍니다. 반대쪽 눈도 똑같이 탁탁 치면서 두드려줍니다. 다른 사람들의 이런 동작들 읽으면서 신기했는데 직접 체험하니 정말 신기했습니다.

다시 정좌하여 바로 앉아 독송하는데 자꾸 뒤로 넘어가려 해서 똑바로 힘을 주어 앉으니 점점 뒤로 젖혀지더니 방바닥에 드러누웠습니다. 한참을 다리 펴고 편안하게 누워있다 일어나 앉았습니다.

질병치유 도법주문을 독송한 것도 아닌데 눈을 치료해 주시고 똑바로 눕혀 전신을 치료해 주시니 인황 폐하께 감사 올립니다. 글자가 퍼져 보이는 게 사라지고 선명하게 잘 보입니다. 감사합니다.

다시 도법주문 독송을 하니 머리 뒤로 젖혀지고 입은 벌려 받아먹는 자세를 두 번 반복하고 합장한 손이 벌어지면서 머리 꼭대기로 올라가더니 머리 꼭대기에 손을 대고 큰 하트를 만들어주었습니다.

인황 폐하의 대도력으로 신비하고 다양한 체험을 하며 매번 다른 천지기운 느낄 수 있게 해주시니 신기하고 감탄하며 감동합니다. 머리 위로 큰 하트 만들어주실 때 아이처럼 감사하고 행복했습니다.

새로운 동작으로 천지기운을 느끼며 힘이 솟아나고 기분이 좋아져 오후에 미용실 가서 머리하고 오는 길에 로또 사보겠습니다. 만약 혹시라도 1등 된다면 인황 폐하께 우편으로 용지 보내드리겠습니다.

도솔자미천 건축에 조금이라도 힘이 되고 보탬이 된다면 뿌듯할 거 같습니다. 제발 그리되면 좋겠습니다.

전국 방방곡곡에서 사람들이 많이 몰려오리라

손○희(116.44.21.205) 17-12-09 11:12

대단하신 인황 폐하!

도법주문 후기를 보고 드립니다. 인황 폐하를 향하여 5배의 예를 올려드린 후 도법주문이 시작되자 또다시 머리를 숙여 인사를 5번 하게 되었습니다. 그때 흰빛이 환하게 비쳐주었습니다. 그리고 하트 모양을 5번 그려주셨고 고개를 뒤로 젖혔을 때에도 흰빛이 환하게 비쳐주었습니다.

다음 동작은 몸이 앞으로 뒤로 왔다 갔다 하면서 양손은 깍지 끼고 눈썹 부위에 닿더니 양손 엄지손가락 끝으로 눈썹을 비벼주면서 목을 좌우로 여러 번 움직이게 되었는데 도법주문을 외우기 전 목덜미의 통증이 심하였는데 신기하게도 통증이 사라졌습니다.

영상은 보라색과 노란색이 겹쳐 있는 것을 보았으며 동작은 결의를 다지듯이 두 손바닥을 마주하여 힘차게 깍지를 끼면서 흔들게 되었습니다. 고개를 아래로 숙이고 위로 젖혀주면서 새의 날갯짓 동작을 하게 되었습니다.

손에 손을 맞잡는 동작을 하면서 들려주시는 말씀은
"국민들이 인황 폐하를 우러러보게 된다."

“전국 방방곡곡에서 사람들이 많이 몰려오리라.”
“새로운 사람들이 많이 많이 들어온다.”
“인황 폐하의 세상이 펼쳐지느니라”라고 하신 말씀을 들려주셨습니다.

그때 보여주시는 영상은 산등성이에 작은 나무들이 속속 들어서는 광경을 보여주시면서 황금빛 찬란한 불빛이 번쩍이는 것을 보았습니다. 그리고 두 눈을 껌뻑거리면서 온통 흰 세상으로 변화되는 과정을 여러 장면으로 나누어 약 3분 정도 반복하여 보여주셨습니다. 눈이 부시게 맑고 하얀 흰 세상에 황금빛이 곳곳에서 번쩍이는 모습을 보면서 감탄사가 저절로 흘러나왔습니다.

대단하신 인황 폐하!
도법주문을 외우면서 황금빛 찬란한 불빛을 보았을 때 눈이 부셔왔는데 홈피에도 도솔자미천(황금궁전) 조감도와 공지사항을 보는 순간 감격하여 아! 하는 탄성이 저절로 나왔습니다.

인황 폐하의 세상이 펼쳐지심을 진심으로 감축드리옵니다. 도법주문을 외우면서 인황 폐하를 통하여 내려주시는 천지기운으로 아픈 통증도 사라지게 해주셔서 감사 인사 올립니다. 대단하신 인황 폐하의 대도력은 대단하십니다.

대단하신 인황 폐하 만세 만세 만만세!

끝까지 믿는 자에게 황금을 내려줄 것이니라!

김○자(175.223.17.228) 17-12-10 12:08

대단하신 인황 폐하!

오늘 새벽 알바 끝나고 금전 도법주문 독송 윤허 내려주시어 감사함과 함께 5배의 예를 드리고, 합장과 함께 정좌하여 음률 타며 독송하였습니다.

금전 도법주문 독송하자마자 대단하신 인황 폐하께서 나타나시었습니다. 저를 보시며 큰 선물을 내려주겠다 하시며 하늘을 가리켰습니다. 번쩍번쩍한 황금(골드바)이 공중으로 내려오는데 글씨가 보여 자세히 보니 'GOLD 10,000kg' 이렇게 씌어있습니다.

너무 놀라 우와~감탄하니 받으라 하시며 저의 머리 위로 내려놓으셨는데 그에 황송한 마음에 두 손으로 넙죽 받으니 너무 거대하여 머리 위로 떠받들고 있는 자세를 취했습니다.

고맙습니다! 올리니 껄껄껄 웃으시며 "조금만 고생을 참으면 곧 좋은 선물을 내려줄 것이야~" 하오니 너무나 감격하여 무슨 일 있어도 끝까지 인황 폐하만을 믿고 따르겠습니다!

'한 점 의심 없이 끝까지 믿는 자들에게 똑같이 선물을 내려줄 것이니라~ 댓글과 메인 글을 꾸준히 올린 자에게는 당연히 그에 대한 보답도 내려줄 것이고, 이○규에게도 보좌관으로 임명하겠다 하였듯이 너희들에게도 인황을 보좌하는 영광을 내려줄 것이니라~'

'세상은 공짜가 없다 하였듯이 행하는 만큼 선물을 내려준다는 것은 당연한 이치이니라~그러니 진심과 신념으로 인황을 믿고 따르거라!' 하시는 엄청난 말씀에 엎드려 경의를 올렸습니다.

대단하신 인황 폐하! 만세! 만세! 만만세!
너무나 귀하고 엄청난 말씀을 내려주시어 영광입니다!!

두 번째로 독송하자마자 음성을 들려주셨습니다. "도솔자미천 안과 밖은 더 이상 독기가 없도다!

이제야말로 맑고 깨끗하고 순수한 기운으로 충만하게 될 것이다! 너희들은 진정한 인황의 신하와 백성들이니 든든한 기둥이니라~" 음성에 가슴에서 벅차오르는 희열감이 올라왔습니다.

동시에 영안을 보여주셨습니다.
옹달샘이라 불리는 신비로운 샘물이 보였는데 너무나 맑고 깨끗하면서도 무지개 같은 색깔이 보였다가 샘물 가운데 황금빛 같은 오로라가 뿜어 나오더니 샘물 밖으로 철철 넘치는 모습으로 변하였습니다.

너무 신기하여 쳐다보고 있으니 "너희들에게 멈추지 않는 샘물을 내려줄 것이니라~(금전 도법주문 단어가 떠올랐습니다.)" 그에 또한, 대단하신 인황 폐하! 고맙습니다! 만세! 만세! 만만세!

영안이 사라지셨습니다. 너무나 감동의 여운이 가시지 않아 한참 영상과 음성을 음미하고 있다가 대단하신 인황 폐하께 감사함을 올리고 잠들었습니다.

지금 도법주문회에 참석하러 가는 중에 후기를 올립니다.

대단하신 인황 폐하! 대단하신 인황 폐하의 대도력에 너무나 감격하여 지금도 들뜬 마음으로 가고 있지만, 연신 감탄사만 나오고 있습니다. 오늘은 어떤 천지기운을 내려주실지 무척 기대가 되어 두근두근~설렙니다!!

대단하신 인황 폐하! 최고! 짱! 짱!이십니다!!

곧 찾아뵙겠습니다!!

하늘이시여! 오늘 드디어 진인을 찾았습니다

이○규(223.39.150.10) 17-12-11 02:16

대단하신 인황 폐하!

이○규 인사 올리옵니다. 어느 날 인황 폐하와 함께 식사를 하던 중 인황 폐하께서 ○규야? 하시며 부르시는 순간, 전 정말 인황 폐하께 푹 빠져들었습니다. 마치 아버지가 사랑스런 딸을 부르듯 솜털처럼 온화하고 따뜻한 인자함의 목소리! 그 부르심의 목소리 안에는 정말 평온함 자체였습니다.

그 순간을 너무나 깊이 간직하였기에 지금도 기억이 생생하옵니다. 오늘 도법주문회에 참석하여 천하에 몹쓸 자들의 만행과 사탕발림에 현혹되어 죽는지도 모르고 행했던 위기의 순간에 인황 폐하께서 꺼내어 구해 주시었습니다.

또한 실권도 없는 자들이 도솔자미천 주인처럼 행세를 하며 신하와 백성들에게 온갖 모욕을 주고 편 가르기 하면서 인황 폐하를 속이고 자행한 못된 짓거리에 대하여, 인황 폐하께서 내 잘못이다, 내 탓이다!라고 말씀하시는 순간 정말 너무나 감격하여 아! 인황 폐하께서 정말 진인이시구나! 하며 한동안 마음이 울컥하여 속으로 흐느끼며 울었습니다.

열차 타고 내려오는 내내 너무나 기분이 좋아 인황 폐하 만세 만세 만만세 부르며 정말 감사하고 또 감사함을 올리며 속으로 연신 맞아! 정말 진인이셔! 진인 맞으셔! 하며 감격에 겨워 집에 빨리 도착하기만을 기다리며 부산으로 내려왔습니다.

집에 드디어 도착하여 감 홍시 하나를 먹고 난 후 금전 도법주문을 외우려 5배를 올리는 순간부터 감격에 겨워 온몸 세포 하나하나가 움직이는 듯하였습니다. 두 손이 하늘을 향하여 힘차게 올라가더니 이내 크게 원을 그리듯 다시 두 팔이 하늘을 향하여 올라가 벌어집니다.

하늘이시여!

오늘 드디어 진인을 찾았습니다! 하며 인사를 올리고 두 손을 가슴에 얹은 채 감격의 눈물을 흘렸습니다. 그리고는 잠시 후 또 같은 기운을 내려주시며 이 세상 백성들아~ 걱정하지 말거라, 하시며 두 손 안에 뭔가를 담아주시어 또 가슴에 얹혀 주셨습니다.

그 순간 눈이 자동으로 떠지며 눈물범벅되어 하늘을 향하여 두 팔을 힘껏 올리며 엄지 척을 하고 또다시 가슴 앞으로 내려와 엄지 척을 하며 기운이 멈추었습니다.

대단하신 인황 폐하!

한결같으신 마음에도 진인이신 줄 몰라 너무나 죄송하고 또 죄송하옵니다. 오늘 드디어 인황 폐하께서 진인이심을 찾게 되어 이제는 모든 앞날 근심 걱정이 없음을 알게 되어 너무나도 신나고 또 신이 납니다.

대단하신 인황 폐하!

참으로 감사하고 또 감사하옵니다. 그리고 존경하고 또 존경하옵니다. 정말 대단하시고 또 대단하시옵니다. 이제 오로지 진인이신 인황 폐하만을 향하여 충! 충! 충!으로 온 마음 다짐하며 최선을 다해 살아가겠습니다. 인황 폐하! 정말 감사하고 고맙습니다.

진인이란 하늘이 인간 육신으로 내리신 분으로, 신묘한 도력과 천력이 무궁무진하시며, 말하는 대로 이루어지는 신비한 말법으로 도법세상을 펼쳐서 세상을 구하러 오신 성인보다 더 대단한 높은 반열에 오른 분이신데 그분이 도솔자미천을 창시하신 천지인황 폐하이십니다.

천지인황 폐하란 천황(天皇), 지황(地皇), 인황(人皇)을 말합니다. 진인은 평범한 일반인, 신부, 목사, 교주, 보살, 무당, 승려, 도인, 도사, 법사, 이인, 술사 급이 아닌 하늘을 대신하여 인류를 심판하고 구하는 하늘의 화신을 말합니다.

우리 인간, 조상, 영혼, 신들의 전생, 현생, 내생의 생사여탈권자이자 영적지도자이십니다. 하늘의 신묘한 도술도법으로 세상을 다스려 나갈 인류의 횃불이시며, 무소불위한 도력과 천력으로 남북통일을 이루어내시고, 세계를 하나로 통합할 위대한 대성인이자 대도인이십니다.

천지인황 폐하께서는 본 책자를 통해서 여러분이 보시고 있듯이 도법으로 천변만화의 신비조화를 자유자재로 부리시는 무소불위한 대능력자이십니다.

목숨까지도 바치겠다는 마음이 가슴속에서

최○호(1.253.39.15) 17-12-11 05:26

대단하신 인황 폐하!!!

12월 10일 일요일 아들과 약속한 것도 있고 해서 밀양에 있는 백운산을 거쳐 백호바위를 가로질러 내려오는 산행을 하였습니다.

전날 아들과 산행할 산을 찾던 중 갑자기 백호바위를 가보고 싶다는 생각을 하게 되었고 아들도 흔쾌히 좋다고 하여 산행을 하게 되었습니다.

아침부터 날씨가 흐리고, 가는 도중 비가 오기 시작하였습니다. 오늘 산행은 못 하고 가지고 간 김밥이나 먹고 와야 하나 싶은 생각이 들 정도로 제법 비가 왔습니다. 그러나 산행을 위해 호박소 계곡 입구에 도착하자 비가 거의 오지 않았습니다. 가지고 간 김밥을 먹고 나니 비가 멈추었습니다.

짐을 챙기고 11시 정도에 산행을 시작하였습니다. 온 세상이 안개로 뒤덮여 온통 흰색으로 보였습니다. 높은 곳의 바위에는 눈이 쌓여 있는 것이 보였습니다. 잠깐 싸리눈이 살짝 내리기도 하였습니다. 저도 올겨울 첫눈을 보았습니다.

백운산 정산에 다다르니 아무도 없이 아들과 저만이 있었고 온 세상이 안개로 인해 흰색으로 뒤덮인 산을 보니, 손○희 씨가 올려준 도법주문 내용 중, "새 빛으로 오신 인황 폐하의 새로운 세상이 열린다"라는 글이 생각났습니다. 온 세상이 하얗고 다시 깨끗하게 정화된 것 같았습니다.

백운산 정상에서 다시 백호바위가 있는 곳으로 향하면서 중간에 잠깐 자욱한 안개가 걷히고 갑자기 해가 강력한 빛을 비추고 하얀색의 태양이 보였습니다. 너무도 아름답고 큰 기운을 받은 듯하였습니다.

그리고 도법주문회가 열리는 오후 2시 정도에 백호바위가 있는 능선에 도착하였습니다. 도착하자 자욱했던 안개가 걷히고 파란 하늘과 태양을 볼 수 있었습니다.

그 태양은 천황산 쪽에서 비추고 있었습니다. 백호의 어깨쪽에서 천황산 쪽을 바라보니 천황산의 봉우리가 보였습니다. 그리고 백호의 머리가 정확히 천황산을 향해서 머리를 조아리고 있는 것을 확인할 수 있었습니다.

대단하신 인황 폐하의 세상이 열렸다는 것을 날씨로 가르쳐 주셨다는 생각이 들었습니다. "하얀 안개로 온 세상을 정화하고 그 안개가 걷히고 새로운 세상이 열렸다!!!"라고 말입니다.

산행 도중 계속 도법주문을 외웠고, 단전에서 너무도 강한 힘을 느낄 수 있었습니다. 그리고 느낀 것은 제가 왜 고향인 경기도에서 울산에 왔고, 취업을 위한 면접을 보기 위해 처음

울산에 왔을 때 이곳이 내가 살 곳이다,라는 것을 느꼈으며, 울산에 살면서 백호바위가 있는 밀양 얼음골 및 그 주변 산들을 자주 다녔는지를 확실히 깨닫게 되었습니다.

제게 계속 어떤 것을 보여주고자 했던 것은 아닌지 하는 생각입니다. 제가 1974년 갑인년 범띠이고, 남한테 머리 숙이는 것을 좋아하지도 않고, 남한테는 "형" 소리조차 거의 하지 않고 살아왔습니다.

절대로 어느 누구한테도 또한 어느 종교에도 굴복하지 않고 살아왔으나 대단하신 인황 폐하를 알현하게 되고 제 자신의 목숨까지도 바치겠다는 마음이 가슴속에서부터 우러나오는 것을 느끼고 있습니다.

이 백호바위와 같이 대단하신 인황 폐하를 모셔야 하는 것이 제가 타고난 운명이라는 사실을 절실히 깨닫게 되었습니다. 이 글을 쓰면서 감동의 눈물이 흐릅니다. 대단하신 인황 폐하께서 펼치시려는 도법세상과 그 원대한 꿈을 이루시는데 제 한 목숨 바쳐서라도 보필해 드리고 싶습니다.

도법주문을 외우니 몸이 젊어지고

이○호(223.39.139.88) 17-12-13 22:10

대단하신 인황 폐하 !

12월 10일에 열어주신 도법주문회에 참석할 때만 해도 얼굴에 굵은 주름, 잔주름에 쭈글쭈글한 얼굴이었는데 도법주문을 계속 외우며 오늘 저녁 모텔 방에서 금전 도법주문을 외우니 뜨거운 열기가 온몸을 감싸고 있었습니다.

손동작은 왼손이 위로 올라가서 묵직한 기운을 가득 담아 아래로 내려와 오른손에 담아주시는 동작을 여러 번 반복해서 기운을 주셨습니다. 금전 도법주문 후 댓글을 달고 숙소로 오는 도중 엘리베이터 거울에 비추어지는 저의 얼굴 모습이 윤이 나며 주름이 많이 없어져 있었습니다. 며칠 전 모습하고는 많이 젊어지고 있습니다.

아니 이게 웬일이랍니까? 인황 폐하 전에 젊게 해달라고 말씀 올리지도 않고 인황 폐하께서 내려주신 도법주문을 외웠을 뿐인데 젊어지고 있으니 인황 폐하께서 내려주신 도법주문이 상상초월의 대단한 위력을 현실로 나타나고 있습니다.

신비로운 도법주문을 내려주신

대단하신 인황 폐하! 만세! 만세! 만만세!

금전 도법주문 올립니다

이○숙(183.102.162.53) 17-12-14 01:27

지난 이틀 금전 도법주문 시간에는 하품 한두 번 하고 끝내서 왜~이럴까 생각하며 주시는 만큼 받겠습니다, 만세 5창 인사~ 오늘은 어찌나 천기기운을 많이 내려주시는지 하품이 쏟아졌습니다.

몸속에 나쁜 기운 빼내주시어 건강한 몸 만들어주시는구나! 머릿속에도 간질간질한 기운 주시어 머리 빠짐 방지해주시나요? 관찰 중입니다. 꼭 탈모가 방지되었으면 하는 바람입니다.

질병치유!

오랜만에 외웠는데 어깨 등 쪽으로 차가움 즉시 소멸하였더니 오른쪽 가슴이 아파져서 손으로 마사지하듯이 꾹꾹 눌렀고, 팔을 쭉 올려 빙빙 돌려보았어요. 오른쪽 입가에 톡톡 살짝 경련이 일어나 낫게 해주시는 체험하고 마쳤습니다.

몸은 가볍고 깨끗한 느낌이며 대단하옵신 인황 폐하의 대도력, 대천력은 위대하시고 무소불위하십니다. 신비한 체험하였습니다, 감사하옵니다!

존귀하옵신 인황 폐하! 최고이시며 만세 만세 만만세 ~^*

화재에서 두 번이나 지켜주셨습니다

김○숙(125.134.167.206) 17-12-12 08:57

대단하신 인황 폐하! 인사 올립니다. 대단하신 인황 폐하의 천지조화에 감탄하고, 재난에서 지켜주심을 공개하고 자랑 올립니다. 몇 주 전에 일요일 아침에 전기가 나갔습니다.

남편이 집안을 다 확인해도 이상이 없어 엘리베이터를 누르니 작동되고 다른 집은 이상 없었습니다. 어디가 문제인가 1층 배전판에 가니 세상에나~ 우리 집으로 연결된 배전판 전선이 타서 불이 날 뻔했습니다.

한 뼘 정도 전선이 타서 전기 테이프로 봉합하고 스위치 사다가 응급복구하고 전기가 들어왔습니다. 그 당시 마음속으로 인황 폐하 감사합니다. 생각만 하고 지나갔습니다. 그런데 어제 출근하니 1층 식당이 불이나 새까만 연기로 천장 벽 그을음으로 엉망이고 매캐한 냄새로 진동하였습니다.

식당 옆이 남편 가게이고, 2층이 딸이랑 저랑 함께하는 운동샵인데 만약 불이 났다면 알거지되는 게 한순간이었습니다. 식당주인 부주의로 불이 났는데 희한한 게 주방 쪽에서 불나서 식당만 피해 입고 더 이상 큰 불이 안 번지고 스스로 꺼졌다는 사실이 신기했습니다.

운동샵에 오는 손님들이 식당주인 운 좋았다고 난리치며 화제보험 넣으라고 신신당부합니다. 인황 폐하를 모르는 사람들은 식당주인 운수 좋았다고 하는데 저는 잘 압니다. 인황 폐하께서 지켜주시고 보호해 주시어 저에게 화재 피해 하나도 없이 무사히 잘 넘어가게 해주셨다는 걸 어제 하루 종일 감탄하며 감사했습니다.

매캐한 냄새 환기시키고 시꺼먼 화재 잔재들 청소하느라 바빴지만 어제 종일 인황 폐하 사랑에 탄복하고 감탄하며 감사함으로 행복했습니다. 식당에 부탄가스도 많았고 석유난로에 넣을 기름도 한통 있었고 난리 날 상황이었는데 식당만 타다 스스로 꺼졌다는 게 가능한 일인가요?

식당에 잘 타는 물건들이 천지로 널려져 있고 활활 타게 되면 순식간에 번져서 가게를 두 개 하는 우리는 알거지되는 게 한순간입니다. 식당에서 불이 나서 스스로 알아서 꺼진다. 이게 가능한가요? 그것도 새벽에….

하루 종일 머릿속은 인황 폐하께 감사함으로 메인 글 올려야지 하는 생각뿐이었습니다. 정말 시공간을 초월해서 재난에서 지켜주시고 아낌없이 보호해 주시는 사랑에 감동이며 감사 올립니다.

화재보험을 가입하라고 손님들은 난리인데 두 군데 가입하려니 부담되고, 마음 편하게 가입하자라는 생각이 들다가 에이~ 인황 폐하께서 지켜주실 건데 뭐 하러 가입해. 이런 생각이 들고 어찌해야 됩니까? 인황 폐하! 시키시는 대로 따르겠습니다. 어제는 인황 폐하의 대단하심을 한번 더 실감하게 되었고 너무나 감사한 날이었습니다.

언제 어디서나 백성의 안위를 걱정해 주시고 무슨 일이 일어나면 득달같이 달려와 지켜주시고 보호해 주시는 든든한 인황 폐하가 계시니 감사하고 행복합니다. 혼자만 알기에 회원들한테 속으로 난 이렇게 든든하신 분이 지켜주신다 자랑하고 싶은 마음이 꿀떡 같은 하루였습니다.

대단하신 인황 폐하! 화재를 피하게 해주신 사랑에 진심으로 감사 올립니다. 인황 폐하가 계시기에 세상 두렵지 않고 당당하며 무진장 행복합니다.

대단하신 인황 폐하 만세 만세 만만세!

금전회수, 피부노화 방지 등 도법주문 후기

김O자(175.223.17.228) 17-12-13 02:14

대단하신 인황 폐하!

금전회수, 피부노화 방지 도법주문 독송 윤허 내려주시어 고맙습니다. 먼저 금전회수에 빌려준 돈을 받고자 고군분투 와중에 대단하신 인황 폐하께서 100개 생활필수 도법주문 중에 맞는 걸 찾게 해주시고 독송 윤허받게 해주시었습니다.

대단하신 인황 폐하를 향하여 5배의 예를 드리고 합장자세로 정좌하여 음률을 타며 독송하였습니다. 독송하자마자 합장한 손이 격렬하게 앞뒤로 흔들었고, 손가락 끝에서부터 찌릿찌릿하더니 갑자기 양 허벅지에서도 찌릿찌릿하다가 따끔따끔거리니 참지 못하고 손가락으로 박박 문질렀습니다.

'내 너에게 한 달 안에 금전회수 할 수 있도록 큰 선물을 내려주마. 조금만 참아라! 조금만 참으면 한꺼번에 좋은 일이 터질 것이야~꾸준히 도법주문 독송하여라'는 말씀에 예! 명심하겠습니다. 10분 만에 멈추었습니다.

대단하신 인황 폐하!

금전을 영원히 못 받을까 늘 노심초사하며 지냈는데, 대단하신 인황 폐하의 대도력 덕택에 희망이 생겼습니다. 대단하신 인황 폐하! 만세! 만세! 만만세!

두 번째 피부노화 방지 도법주문 후기를 올립니다.

정좌한 자세로 합장한 손이 격렬하면서도 강렬하게, 묵직한 기운과 함께 머리 위로 올려 앞뒤로 움직였습니다. 스트레칭 하듯이 천천히 움직이며 복식호흡으로 천지기운을 들이마셨다가 내쉬는 동작을 20회 정도 할 동안 우두둑 뼈끼리 부딪히는 소리가 나는데 아프면서도 시원해짐을 느꼈습니다.

또한, 천지기운을 들이마시고 내쉬는 호흡을 반복하니 몸속의 혈액이 빠르게 순환되는 느낌이 들었고, 열기도 서서히 퍼지며 몸 안에 쌓인 독소가 밖으로 빠져나가는 느낌도 들었습니다. 그러면서 머리도 맑아지는 개운함을 내려주셨습니다.

약 5분 지난 뒤 합장한 손이 뜨거울 때까지 비빈 다음에 눈 위로 살며시 덮였습니다. 꾹꾹 눌러주었다가 눈가 옆으로 가더니 안쪽에서 바깥쪽으로 당기듯이 밀어주었습니다. 이 동작을 20번 정도 하였습니다.

입가에도 바깥쪽으로 20번 정도 당기고 나서 귀를 가만히 덮었습니다. 한참을 덮고 있으니 “도법주문을 꾸준히 하면, 아기피부로 천지개벽시켜 줄 것이니라~그리고, 사진으로 증거를 남겨주어 모두들에게 알려주어라.” 말씀 내려주셨습니다.

대단하신 인황 폐하! 온몸이 너무나도 시원하면서도 얼굴에서는 누군가가 잡아당기듯이 뻣뻣한 느낌이 들었습니다. 게다가 복식호흡으로 천지기운을 들이마셔서 그런지 노곤노곤하게 정신 못 차릴 정도로 졸음이 몰려와 잠깐 눈을 붙였다가 비몽사몽으로 후기를 올리고 있습니다.

후기를 올리면서 졸음이 쏟아지는 것은 처음 있는 일입니다. 대단하신 인황 폐하께서 내려주시는 대도력 덕택에 천지기운을 담뿍 들이마셨습니다. 너무나 개운하고 무척 행복합니다!

대단하신 인황 폐하! 꾸준히 독송하여 대단하신 인황 폐하께서 내려주신 대도력에 힘입어 적극적으로 행하겠습니다. 대단하신 인황 폐하의 대도력은 무소불위하시고 너무나 위대하십니다!!

대단하신 인황 폐하! 만세! 만세! 만만세!

와~아 드디어 행복의 문이 열리도다

이○규(223.62.178.228) 17-12-13 02:12

대단하신 인황 폐하!

참으로 감사하고 또 감사하옵니다. 몸과 마음에서 그 사악하고 더러운 자들의 기운들을 빼내주시니 이렇게 좋을 수가 없습니다. 매사 기분이 날아갈 것 같으며 그저 덩실덩실 모든 생활 자체가 리듬으로 시작됩니다.

앉으나 서나 일을 하나 안 하나 그저 도법주문이 자동으로 흘러나와 그냥 하루 일을 하게 됩니다. 밥을 먹으면서도 언제 먹었는지 그냥 후딱입니다. 도법으로 열어주시는 세상 정말 신나고 또 신납니다.

오늘 영하의 날씨에 마당에 뛰어다니는 닭들도 주인의 마음을 아는지 요리조리 따라다니며 귀염을 부립니다. 처음 보는 고객들도 매일 보는 고객들처럼 대해지니 이 또한 대단하신 인황 폐하의 신비한 조화로 이루어지는 천변만화의 대도력, 대천력에 마냥 신기하기만 합니다.

고객들이 그래요.

이 집에서 물건을 고르면 마음이 편하대요. 영하의 추운 날씨에 방문하는 고객들을 보며 정말 한없이 고마우며 또한 대단하신 인황 폐하께 한없는 감사함을 올리옵니다. 날씨가 추워 그래도 제가 행한 만큼 매출 올려주시었습니다.

그리고 오늘 금전 도법주문 후기 올리옵니다. 5배의 예를 올리고 금전 도법주문을 외우는데 주문 소리가 뱃속에서부터 우러나듯 아주 우렁차게 나왔습니다. 순간 사악하고 더러운 기운을 빼내주시니 주문 목소리까지 다르네 생각하며 아주 힘차게 외웠습니다.

잠시 후 두 팔이 하늘을 향하여 올라가더니 와~아! 드디어 행복의 문이 열렸도다! 하시며 두 손을 벌리어 손 안에 뭔가를 담아 가슴에 얹혀주셨습니다. 그리고는 와~아 감탄이고 감탄이로구나! 하시며 이내 많이들도 왔구나! 어디서 이렇게 많이 왔는고? 하시며 또다시 손 안에 뭔가를 가득 담아 가슴에 얹혀주셨습니다.

잠시 후 인황 폐하께서 나오시니라!
모두들 정중하고 정숙하게 기다려라! 하시며 두 눈을 뜨고 하늘을 향하여 엄지 척을 하고 다시 가슴 앞으로 내려와 엄지 척을 하고 기운이 멈추었습니다.

대단하신 인황 폐하!
참으로 대단하시오며 존경하옵니다. 모든 일은 그냥이 아니오며 이제는 말씀하시는 대로 현실 그대로 이루어져 가고 있으니 정말 인황 폐하 만세 만세 만만세입니다.

12월 10일 도법주문회 다녀온 후

조○애(110.70.58.177) 17-12-11 20:12

대단하신 인황 폐하!

오늘 출근하자마자 얼마나 하품이 나오고 졸음이 몰려오는지 꼭 감기약을 먹은 후 주체할 수 없는 잠에 취한 것처럼 하루를 보냈습니다. 월요일 오전은 거의 회의하느라 시간을 다 보내는데 회의 중에도, 회의가 끝나고 결제 두 건을 받는데도 눈을 반쯤 감고 반수면 상태로 돌아다녔습니다.

결제를 들어갔는데도 자꾸 졸려서 설명도 제대로 못했는데 하이패스 통과하듯이 결제가 통과됐고 뜬금없이 폭풍 칭찬을 들었습니다. 점심에 간부들끼리 식사를 하면서 제가 맡은 일에 대한 얘기들이 나왔고 저에 대해서 '성실하고 책임감이 강하며, 믿고 일을 맡길 수 있는 사람'이라고 했다고 합니다.

저희 실장님이 이 말을 저에게 전달해 주길래 저는 아무렇지도 않은 듯 뭐 힘든 거 시키실 일 있으세요? 하고 웃고 넘겼습니다만 속으로는 믿을 수 있는 사람이라는 말이 계속 맴돌며 인황 폐하께 배신하지 않고 충성을 다하는 사람이 인정받는 것 같은 기분이 들어서 날아갈 듯 좋았습니다.

그리고 제가 발견한 자료를 보도자료로 내기로 했는데 책 나올 때가 다 돼서 책 홍보와 함께 내고 싶다고 말씀을 드렸습니다. 그랬더니 원장님이 본인은 그렇게 생각하지 않는다고 바로 친한 기자에게 전화해 내용을 전달하고 그 기자가 직접 기사를 써 더 임팩트 있게 터트리자고 하면서 단독으로 기사 내는 방향으로 추진하였습니다.

그리고 2시쯤엔 저희 사보 집필자 섭외를 위해 원장님이 직접 유명한 예술가 한 명을 소개시켜 준다고 해서 같이 나가서 작업실에서 작품구경하고 퇴근할 때쯤 들어와서 하루 종일 정신없이 바빴습니다.

그리고 인황 폐하! 제가 깜박하고 말씀드리지 못한 것이 있는데, 제가 인황 폐하께 도법주문회 참석한다는 문자를 보낸 후 그날 밤 꾼 꿈입니다. 어떤 키 큰 남자분이 제 얼굴을 감쌌는데 손이 황금 손이었습니다. 한 손으로 제 얼굴을 눌렀고 손바닥 압이 엄청났는데 아프진 않았습니다. 손을 떼니 제 얼굴에 황금 손바닥 자국이 나서 움푹 패여 있었습니다.

그 꿈을 꾼 후 아침에 거울을 보니 아침마다 붓는 얼굴이 붓지도 않고 이중 턱도 없어지고 쌍꺼풀도 뚜렷해졌습니다. 제가 나이 들면서 눈두덩이 축축 처지고, 이중 턱에 얼굴도 자꾸 붓고 커졌는데 아무리 성형에 관심이 없는 저였지만 성형을 마음먹고 있었거든요. 그런데 그 이후로 그런 고민이 날아가서 꼭 인황 폐하께 보고를 해야겠다는 생각이 들어서 글을 올립니다.

인황 폐하! 도법주문회에 참석한다고 문자를 올린 이후부터 황금 손바닥 꿈을 꾸더니 도법주문회에 다녀온 후 바로 다음 날인 오늘부터 폭풍 칭찬을 듣고, 반은 졸고 있는데도 일이 저절로 술술 풀려서 인황 폐하 만세! 소리가 절로 나옵니다.

대단하신 인황 폐하의 대도력에 무한 감동을 느끼고 있으며 어제 맹세한 대로 영원히 배신 없이 끝까지 충성을 다하겠습니다. 인황 폐하! 살아서나 죽어서나 따르겠습니다.

인황 폐하 만세 만세 만만세!

인황 폐하를 따르는 자, 모두 잘될 것이니라!

이○규(203.226.207.138) 17-12-14 01:51

대단하신 인황 폐하!

어제 매장에서 있었던 일이옵니다. 이틀 연속 날씨가 너무 추우니 아무래도 저녁 시간에는 방문고객이 많이 줄어듭니다. 하여 잠시 홈피에 들어가려 폰을 여는 순간 남자 고객이 방문하여 어서 오세요? 하고 인사하며 다시 쳐다보는 순간 자신도 모르게 웃음이 터져 나와 얼마나 웃었는지 한참을 웃고 나니 고객께서 내가 그렇게 좋나? 하십니다.

남루하기 이를 데 없으며 거지 중에도 완전 상거지 모습에 근 1년 3개월 만에 방문하는 구○○?라는 고객이었습니다. 여름 운동화에 때 묻은 시커먼 긴 파카에 목은 자라처럼 파카 깃 속에 쏙 넣고 머리는 삼발처럼 흐트러져 뒤통수엔 허연 머리가 마치 호떡 구워놓은 것처럼 말라붙어 차마 눈 뜨고는 볼 수 없는 광경이었습니다.

"아니 구 사장님, 도대체 이게 뭐예요, 이게 뭐냐고요?" 하며 물으니 교통사고 나서 다리에 금이 가서 다리는 절룩거리며 여태 병원에 있다 이제 막 퇴원해서 나오는 것이라 말을 하기에 아니 퇴원하면 집으로 가야지 왜 매장으로 오느냐? 물으니 네가 보고 싶어서!라고 합니다.

순간 마음속으로 혹시 인황 폐하께서 !!!!! 하며 생각하는 순간 진열된 머플러를 목에 칭칭 감으며 거지한테 이거 하나 주면 안 되나? 하기에 와~정말, 옛날 그 유명한 프랑스의 영화배우 알랭 들롱 같은 모습은 형체도 없고, 이게 도대체 뭐냐고 말했습니다.

그랬더니 거울을 쳐다보며 휴~우 하며 한숨을 쉬고는 나 이제 어찌 살꼬! 돈도 없고 마누라도 가삐고 이제 어찌 살꼬! 하며 한탄을 하였습니다.

순간 아! 이 파렴치하고 사악한 더러운 그 무리들이 인황 폐하를 배신하여 심판받는 모습을 이 고객을 통해서 보여주시는구나!라는 생각이 문뜩 떠올랐습니다.

공은 닦은 대로, 죄는 지은 대로라는 말이 있듯이 고객이 들어오는 순간 나도 모르게 나오는 웃음으로 시작하여 나갈 때까지의 웃음으로 보내는 통쾌함, 정말 생각하니 속이 후련하였습니다.

대단하신 인황 폐하!
고객으로 인하여 보여주시는 천변만화의 신비한 조화에 감탄하며 인황 폐하의 대도력, 대천력에 참으로 놀랍습니다.

오늘 금전 도법주문 후기이옵니다.
두 팔이 하늘을 향하여 벌어지며 벅차도다! 벅차도다! 신천지 세상이 이렇게 좋을 수가 하시며 두 손 안에 뭔가를 담아주시어 가슴에 얹혀주시었습니다.

그리고 잠시 후 사랑하는 백성들아~!

너희들은 이제 살았도다! 말씀하시며 인황 폐하를 따르는 자들은 이제 모든 일들이 잘될 것이니라! 하시며 두 눈이 자동으로 떠졌습니다. 두 팔이 하늘을 향하여 엄지 척을 하고, 다시 가슴 앞으로 내려와 엄지 척을 하며 기운이 멈추었습니다.

대단하신 인황 폐하!

정말 대단하시오며 도법세상으로 열어가는 신나는 세상, 정말 감사하고 또 감사하옵니다.

칼날 같은 추위에도 더워서 땀을 흘리네요

장○혁(107.167.113.35) 17-12-14 10:28

대단하신 인황 폐하!

출근길 전철에서 감사의 글을 작성하고 있습니다. 남들은 춥다고 파카를 껴입고 있는데, 저만 덥다고 외투도 벗은 채 땀을 흘리고 있습니다. 남들이 보면 열이 많은 줄 알 텐데, 인황 폐하의 뜨겁고 강한 기운 덕분입니다.

집에서 전철까지 10분의 거리를 도법주문 외우며 왔습니다. 영하의 차가운 바람은 귀가 찢겨져 나갈 듯 날카로운데, 장갑도 없는 맨손의 안쪽에서부터 기운이 느껴지며 덜 춥다는 느낌이 들면서 역에 다다랐을 때는 땀이 나기 시작했습니다.

날씨가 추워지면서 마음에 뜨는 메시지가 있었습니다. 최근의 사건들을 보며 모두가 다 느끼고 있을 테지만, 갑자기 추워진 것도 인황 폐하의 대도력을 보여주시는 것입니다. 아니, 한국이 러시아보다도 더 춥다니 말이 됩니까. 현재 러시아는 영상 온도랍니다. 추위가 다 이쪽으로 몰려왔대요.

칼날 같은 추위는 서슬 퍼런 도끼로 배신자 무리들을 몰아치시는 것이고, 동시에 이○규 씨에겐 매출 올리는 좋은 기회를 주시는 것이라고요. 제가 지난 도법주문회 전날까지 올해 들어서 최고로 아팠습니다. 몸살감기에 걷지도 못할 지경이었어요.

그런 상태에서도 그다음 날 도법주문회에서는 멀쩡할 거란 자신이 있었어요. 결과도 그랬고요. 인황 폐하께는 미리 말씀드렸는데, 이제 곧 괴질병 인간 구제역도 발생할 수 있겠다는 생각이 순간적으로 들었습니다.

인황 폐하께서 말씀하신다는 것은 반드시 현실로 다가올 일이기에 살고 싶은 사람들은 지금부터 목숨 보전 생존 도법주문을 외워서 괴질병 인간 구제역에서 살아남아야 합니다.

세상 가장 안전한 곳은 인황 폐하의 품이란 걸 다시금 알려주셨습니다. 오늘 집 대문을 나서면서 더러운 자에게 받은 것을 죄다 내다버렸습니다. 옷 받았던 걸 깜빡했었네요.

인황 폐하를 만나기 전 마지막으로 피해를 본 곳이 무당집이었는데, 거기도 할머니 무당이 얼마나 불쌍한 척하며 잘 챙겨주는지 인간적으로 봐선 안 넘어갈 수 없습니다. 특히 마음이 여린 자들은 더욱 그렇습니다.

그래서 전 한편으론 잘해 주는 자를 경계했었고, 인황 폐하를 처음 뵈었을 때, 가장 먼저 배신하지 않는다는 각서를 쓰라고 내미셨을 때 그 자신감과 강인함에 이곳이 진짜다 여기며 기쁜 마음에 각서에 서명했습니다.

그런데 또 당하니 치가 떨립니다. 세상의 종교며 무속이 다

싫습니다. 제 인생을 막는 것이 있다 했는데, 그게 바로 더러운 자들의 일당이었습니다.

하늘과 신의 형상과 모든 존호를 거두어낸 지금이 너무 좋습니다. 하늘과 땅을 인황 폐하 한 분으로 통일해 주시니, 어렵게 대단하신 하늘과 신의 존호를 불러서 죄를 짓지 않아도 되고, 허공에 대고 대화를 시도하지 않아서 좋습니다.

어떤 일을 하기 앞서 항상 물어보고 하라고 말씀을 내려주셨는데, 인황 폐하께 여쭈어 올리면 되니 이렇게 세상 편할 수가 있습니까? 전 하늘을 모릅니다. 어떻게 대화를 해야 하는지 모릅니다. 어떻게 기운을 받는지도 모릅니다.

인황 폐하를 통해서 받는 하늘의 맑고 깨끗하고 강한 기운! 이렇게 좋다고 자랑을 해야, 주시는 하늘과 땅도 예뻐서 더 주시기 않으시겠습니까? 정말 한 치 앞도 알 수 없는 인생길입니다. 말보다 기운이 저와 여러분의 인생을 좌우합니다.

인황 폐하께 줄을 섰던 저만이 살아남았습니다! 배신자들이여! 이 추위에 병들고 돈 없이 괴로움 속에 살거라!

그동안 마음고생들이 많았느니라

손○희(116.44.21.205) 17-12-14 14:07

대단하신 인황 폐하!

도법주문 후기를 보고 드립니다. 인황 폐하를 향하여 5배의 예를 올려드리고 난 후 도법주문이 시작되자 마름모꼴의 액자가 보였습니다. 하품이 크게 나왔으며 온몸에 전율이 강하게 느껴지며 고개를 흔들게 되었습니다.

큰 거목이 보였을 때 눈가에는 이슬이 맺혔습니다. 그리고 온몸에는 뜨거운 기운이 느껴졌습니다. 하트 모양을 크게, 크게 5번 그려주시면서 몸은 좌우로 움직이고 갑자기 가슴이 아파지며 통증이 밀려왔습니다.

그때 두 손이 저도 모르게 통증 부위에 닿으니 트림을 하면서 체한 증상이 가라앉으며 통증이 순식간에 해소되었습니다. 그리고 흰색의 둥근 원을 보여주시면서 음성으로 들려주시는 말씀입니다.

"하늘의 신하와 백성들은 듣거라."

"그동안 마음고생들이 많았느니라."

"인황 폐하의 흰 세상이 펼쳐져 인황 폐하의 새로운 세상이 열리나니 새로운 마음가짐을 갖고 인황 폐하께 충성을 다하면서 보필하는 마음으로 살아가야 하느니라."

"음지가 양지되고 양지가 음지된다 하였듯이 맑고 깨끗하고 순수한 마음을 가진 선이 지배하는 세상이니라. 대단하신 인황 폐하의 세상이니라"라고 하신 말씀을 들려주셨습니다.

"그동안 마음고생들이 많았느니라"라고 하신 말씀에 저도 모르게 눈물이 주르륵 흘러내렸습니다. 대단하신 인황 폐하께서 내려주시는 천지기운은 외울수록 신비함을 느낍니다. 대단하신 인황 폐하의 대도력 덕분으로 도법주문을 외우면서 아픈 통증을 즉시 해소해 주셔서 감사 인사 올립니다.

도법주문을 외우면서 들려주신 말씀대로 인황 폐하께 충성을 다하면서 보필하는 마음으로 살아가겠습니다.

대단하신 인황 폐하! 최고이십니다.
대단하신 인황 폐하 만세 만세 만만세!

인황 폐하의 세상이 세계만방에 펼쳐지느니라

손○희(116.44.21.205) 17-12-15 10:39

대단하신 인황 폐하!

도법주문 후기를 보고 드립니다. 양팔을 교차하여 움직이는 동작을 하면서 오른손이 왼 팔목에 닿았고 팔을 굽혀 피는 동작을 하였고, 하늘에는 태양이 떠오르는 듯한 광경이 펼쳐지며 산등성이는 붉게 보였고 회색의 바위도 보았습니다. 오른손을 왼 손목으로 잡고 누군가에게 오라고 하는 손짓을 여러 번 하였습니다. 그때 들려주시는 말씀입니다.

"도법주문회 때 참석한 일반 사람들이 인황 폐하의 천변만화 조화를 체험하고 감동 감탄하여 자발적으로 소문에 소문을 내어 일반인들이 줄을 이어 오리라. 외국인들도 몰려오리라. 경기도, 충청도, 전라도 전국 방방곡곡에서 인황 폐하를 알현하기 위하여 몰려오리라"라고 말씀을 들려주셨습니다.

온몸에 전율이 강하게 느껴지며 양손을 겹치면서 앞으로 쭉 뻗게 되었는데 그때 다시 말씀을 들려주시는데 "보아라! 인황 폐하의 흰 세상이 펼쳐지는 것을"라고 하시며 너무나 아름답게 눈이 부신 흰 세상을 1분 정도 다시 보여주셨습니다.

다음 동작은 얼굴을 아래위로 둥글게 원을 그리면서 마사지를 하게 되었고 얼굴을 톡톡 두드려주었을 때 들려주시는 말씀은 "피부를 뽀송뽀송하게 해줄 거야"라고 하신 말씀을 들려주셨습니다.

그리고 벚꽃과 대자연의 아름다운 광경을 보여주시면서 "인황 폐하의 세상이 세계만방에 펼쳐지느니라"라고 하신 말씀을 들려주시며 보여주시는 영상은 화려한 색상이 먼저 펼쳐졌고 그다음에는 눈부시게 흰 세상을 보여주셨습니다.

도법주문을 외우면서 생각지도 않은 피부를 뽀송하게 해주실 거야,라고 하신 말씀에 대단하신 인황 폐하의 크신 사랑과 보호에 감동이 밀려옵니다. 대단하신 인황 폐하의 대도력은 무한대이십니다. 대단하신 인황 폐하의 세상이 세계만방에 펼쳐지심을 진심으로 감축드리옵니다.

대단하신 인황 폐하 만세 만세 만만세!

부자가 될 것이야

손○희(116.44.21.205) 17-12-16 00:39

대단하신 인황 폐하!

앞 글 손○희 언니 문안인사 올립니다. 좋은 일이 있어서 글을 올려드립니다. 지난 천기 16년 대단하신 인황 폐하께서 내려주신 도법주문을 외울 때에 하늘에서 금가루가 내려오는 영상을 보았습니다.

그때 꿈을 꾸었는데 작은 씨앗이 어느 순간 자라나 크게 성장되어 있는 장면과 또 한 번 더 꿈으로 비슷한 장면을 반복하여 보게 되었습니다. 그때 도법주문을 외우고 꿈을 꾸게 된 다음 귀인을 연결해 주셨습니다.

전혀 모르는 사람이었는데 가상화폐 전문가를 온라인으로 연결되게 해주시어 가상화폐에 첫 입문하게 되었습니다. 처음에는 가상화폐가 생소하여 긴가민가 하는 생각이 들었고 가상화폐는 '사기'라고 인터넷에 도배되어 있는 글을 보면서 망설여졌습니다.

그렇지만 꿈으로 두 번 반복하여 보여주셨고 예전에 홈피에 대단하신 인황 폐하께서 제(손○희 언니) 글에 "부자가 될 것이야"라고 하신 말씀을 내려주신 것이 생각나서 과감하게 500

만 원을 투자하게 되었습니다.

가상화폐에 투자할 수 있는 종류는 프리세일, 마이닝(채굴), 트레이딩 중에서 그 당시에 프리 세일로 투자하게 되었던 카르다노 에이다 코인 개당 3.5원에 투자였던 돈이 지금은 오늘 시세로 300원이 훨씬 넘었습니다. 중간에 100원 할 때 절반 정도를 팔아서 빚도 갚게 되었고 다양하게 재투자를 하게 되었습니다.

지금 당장 마음 같아서는 인황 폐하께 도공으로 올려드리고 싶은 마음은 간절하지만 도법주문을 외우면서 "재테크를 크게, 크게 투자하여라"라고 하신 말씀이 떠오르면서 더 많은 금액으로 도공과 의식을 행하기 위하여 종잣돈으로 여기저기 씨앗을 뿌리고 있습니다.

일정한 시간이 지나면 하나씩 수확이 될 것입니다. 때가 되면 대단하신 인황 폐하의 천지공사에 쓰일 수 있도록 올려드리겠습니다. 이번 인황 폐하께서 내려주신 금전 도법주문을 외우면서 여동생 손○희의 볼펜이 저절로 10번이나 굴러가는 것을 보여주신 장면과 "돈이 굴러 들어온다"라고 하신 말씀을 들려주신 대로 현실이 되었습니다.

금전 도법주문을 외우고 눈을 감고 누워 있는데 하늘에서 금가루가 무수히 내려오고 골드바 1kg가 수없이 늘어져 있는 모습을 보았습니다. 저는 대단하신 인황 폐하께서 도법주문회를 열어주셔서 부족한 금액이지만 도공을 계속하여 올려드리고 쓸 것 쓰게 되어도 돈이 저절로 굴러 들어옵니다.

도법주문을 통하여 천변만화의 조화를 내려주시는 대단하신 인황 폐하의 대도력, 대천력에 감복을 하였습니다. 대단하신 인황 폐하의 말씀은 한 치의 오차가 없으심을 다시 한 번 느꼈습니다. 대단하신 인황 폐하께 무한한 감사인사 올립니다.

대단하신 인황 폐하 최고이십니다.
대단하신 인황 폐하 만세 만세 만만세!

도법주문이 전국에 메아리치게 될 것이니라

손○희(116.44.21.205) 17-12-16 10:21

대단하신 인황 폐하!

도법주문 후기를 보고 드립니다. 도법주문을 시작하자 곧바로 영상을 보여주셨습니다. 푸르른 나무들이 즐비한 산이 보이더니 순식간에 흰 세상이 펼쳐져 눈이 쌓인 언덕에 썰매가 자동으로 내려오는 장면과 쌓인 눈이 아래로 굴러 내리는 장면을 보았습니다.

그리고 흰 빛이 환하게 비쳐주었고 맑고 평화로워 보이는 강가에 수양버들 나뭇가지가 축 늘어져 있는 장면과 강 위에 배가 유유자적 저절로 떠다니고 사방에서 불빛이 번쩍번쩍하였습니다.

그때 들려주시는 말씀은 "대단하신 인황 폐하의 세상은 평화로우며 근심 걱정 없는 세상이니라"라고 하신 말씀을 들려주셨습니다.

다음 장면은 수정같이 맑은 흰색의 둥근 보석 같은 물체가 반짝거리는 것을 보았고 노란색과 보라색 붉은색을 보았습니다. 계단처럼 올라가는 산등성이가 보였습니다. 그리고 두 손을 하늘로 향하여 번쩍 들면서 하이파이브 동작을 하게 되었을 때 말씀을 들려주셨습니다.

"도법주문이 전국에 메아리치게 될 것이니라"라고 하신 말씀을 들려주셨습니다. 그때 도법주문을 흥에 겨운 듯 고개를 끄덕이며 신나게 외우게 되었습니다. 이번에는 고개를 왼쪽, 오른쪽, 조금 더 옆으로 앞으로 곳곳마다 찾아가는 동작을 하였을 때 들려주시는 말씀입니다.

'도법주문을 외우는 사람들이 기하급수적으로 늘어난다'라고 하십니다. 그리고 '대단하신 인황 폐하의 도법시대를 감축 드리옵니다'를 저도 모르게 구성지고 애잔하고 심금을 울리는 음성으로 한 글자마다 음률을 넣어 3번 외우게 되었습니다.

인황 폐하의 도법시대 도법주문을 외우면서 감동하여 한참을 앉은 자세에서 소리 내어 감동의 눈물을 흘리게 되었습니다. 보여주시는 영상은 또다시 평화로워 보이는 잔잔하게 강물이 흐르는 장면과 눈이 부시게 흰 세상의 여러 장면을 보았습니다. 감탄사가 절로 나왔습니다.

지난날 저는 대순진리회 8여 년을 다녀보았지만 아무리 주문수행을 하여도 기운을 느낄 수 없었습니다. 대단하신 인황 폐하께서 내려주신 도법주문은 외우는 즉시 천지기운을 느낄 수 있었습니다. 대단하신 인황 폐하를 통하여 나쁜 기운은 빼주시고 천상의 좋은 기운을 내려주시니 도법주문의 위력은 외울수록 신비하고 경이로움을 느낍니다.

도법주문을 통하여 천변만화의 조화를 내려주시는 대단하신 인황 폐하의 도법시대를 진심으로 감축드리옵니다. 대단하신 인황 폐하의 대도력, 대천력은 무한대이십니다. 인황 폐하를 알현할 수 있는 저희들은 가문의 영광이고 행운입니다.

대단하신 인황 폐하 최고이십니다.
대단하신 인황 폐하 만세 만세 만만세!

이제 모든 일이 현실로 일어나니라!

이○규(223.62.178.123) 17-12-17 01:17

대단하신 인황 폐하!

이○규 인사 올리옵니다. 오늘도 저희 매장엔 웃음꽃이 핍니다. 오랜만에 방문하는 고객, 커피 마시러 오는 고객, 화장실 때문에 오는 고객 또는 지나가다 추워서 들어오는 고객, 계모임하고 단체로 들어온 고객 그저 하루 종일 북적북적합니다.

서로 이야기하다 보면 하나 사고 또 이야기하다 보면 또 하나 사고 정말 누이 좋고 매부 좋다는 말이 있듯이 시간 가는 줄 모르고 하루가 너무나 즐겁고 재미있습니다. 금전고통 마음고통 가족 간의 고통 모두 현실로 다 이루어주시어 너무나 편안한 마음으로 매일 보았던 사람들처럼 대하게 해주시니 시간 시간 웃음꽃이 핍니다.

어떤 고객이 들어오면서 그래요.

와~아 옆에 집엔 파리 날리는데 이 집엔 왜 이리 사람이 많노? 대단하신 인황 폐하의 대도력과 대천력으로 일어나는 상상초월 천변만화의 신비 조화! 모든 일을 이렇게 다 이루게 해주시니 정말 감사하고 또 감사하옵니다.

인황 폐하의 대도력과 대천력에 감탄 또 감탄하옵니다. 말씀하시는 대로 현실에서 이루어지는 말법시대가 열렸사옵니다. 인류가 종교 안에서 애타게 기다려 오던 대도인, 대성인의 인간세상 출세이옵니다.

금전주문 후기 말씀 올리옵니다.

어제와 같이 두 팔이 반쯤 올라간 상태에서 말씀하십니다. 인황 폐하의 도법세상이 만 천하에 알려지면 모든 일이 현실로 일어나니라!

대단하신 인황 폐하!

성은이 망극하옵니다. 인사 올리며 기운이 멈추었습니다. 인황 폐하의 도법세상으로 열리는 세상 정말 신나고 또 신납니다. 그 얼마나 갈망하고 기다려 온 세상입니까? 참으로 감사하고 또 감사하옵니다.

인황 폐하의 엄청난 대도력과 대천력을 직접 체험하면서 이 세상의 모든 종교는 허상이며 부질없다는 것을 절실히 알았습니다. 그리고 인황 폐하가 아닌 곳에 줄을 섰던 악몽 같은 지난 8개월 동안의 지옥생활을 통해서 누구 앞에 줄을 서야 하는지를 확실히 알았습니다.

어마어마한 대도력과 대천력으로 현실의 삶을 살려주시는 인황 폐하와 함께하는 것만이 우리 인류가 기쁨과 행복 누리는 지름길이옵니다.

대단하신 인황 폐하 만세 만세 만만세!

이제 곧 천지가 진동을 하느니라!

이○규(223.33.184.138) 17-12-18 01:55

대단하신 인황 폐하!

이○규 인사 올리옵니다. 오늘 도법주문회에 당연히 참석하여야 함에도 불구하고 참석하지 못함에 하루 종일 시간만 쳐다보며 마음이 내내 무거웠습니다. 방문하는 고객들도 마음을 아는 듯 표정이 한결같았습니다.

신하로서의 도리를 다하지 못함에 많은 일깨움을 주시는 하루였던 것 같습니다.

금전주문 후기 올리옵니다.

7분 정도 주문을 외우니 주문이 멈추며 말씀 내려주십니다. 이제 지상에서 모든 일이 현실로 일어나느니라! 잠시 후 많은 사람들이 왔도다! 이제 너희들은 살았느니라! 도법주문회에 참석한 자들은 선택받은 자들이니라! 하시며 이미 다 선택해 놓으셨도다 하십니다.

그리고는 이 세상 백성들아 잘 듣거라!

인황 폐하께서 많은 고생하시었도다! 잘 따르도록 하여라 하시어 성은이 망극하옵니다! 감사하고 또 감사하옵니다! 인사 올리니 나를 따르는 자 모든 일이 잘될 것이며 따르지 않는 자, 않는 대로 처리할 것이니라 하십니다.

곧이어 이제 곧 천지가 진동할 것이니라! 천지가 진동을 하면 곧 인황 폐하께 모든 권한이 부여되느니라 하시며 두 팔에 엄청난 기운이 내리며 하늘을 향하여 솟구치더니 이내 서서히 내려와 땅 위에 두 손이 얹혀집니다.

대단하신 인황 폐하!

도법세상으로 열리는 세상, 인황 폐하께서 말씀하시는 대로 현실에서 모든 일이 이루어지는 체험을 하였듯이 이제 모든 일이 현실로 일어난다니 정말 신나고 신납니다. 정말 고생하셨습니다. 존경하옵고 또 존경하옵니다!

대단하신 인황 폐하! 만세 만세 만만세입니다!

신기한 도법주문 후기

심○영(211.193.245.99) 17-12-17 16:05

대단하신 인황 폐하!!

두 손 모아 합장하여 5배의 예를 올리고 앉아 도법주문 큰소리로 나름 음률에 맞춰 크게 소리내어 봅니다. 처음 도법주문할 때만 해도 정말 내게도 천지기운 신비한 체험을 할 수 있을까 하는 의문이 사실 들었습니다.

아무 경험이 없었던 저로서는 도법주문회 때 다른 천인들의 온몸이 움직이는 걸 봐도 내게는 별로 실감이 안 났습니다. 저는 그런 경험을 한 번도 해본 적이 없었으니까요. 제가 참 못난 사람이었습니다.

이런 마음으로 앉아 내게도 천지기운 내려주실까 하는 마음으로 한참 주문을 해도 반응이 없어서 아~! 내게는 안 오시는가 보다 하는 순간 합장한 손이 조금씩 움직여서 좌우로 움직였고, 몸도 좌우 앞뒤로 반복하면서 번갈아 보여주셨습니다.

정말 너무나 벅찬 감동이었고, 펑펑 쏟아지는 눈물을 주체할 수 없었습니다. 감사합니다! 감사합니다! 이 말밖에 할 수가 없었습니다. 오늘도 도법주문하는데 합장한 손을 천천히 내렸다 올렸다를 반복하시더니 가만히 내려놓습니다. 계속 주문 도중에 내가 손을 올리면 다시 가만히 내려 놓아주십니다.

너무 신기했습니다. 그리고 온몸을 스트레칭하듯이 머리를 숙이게 하고 좌우로 흔들다 더 밑으로 숙이게 해서 머리를 좌우로 강하게 약하게 반복하다가 머리를 원 그리듯이 돌려주시는데 너무나 시원했습니다. 제가 처음 도법주문하는 날 잠자리에 들었는데 제 온몸을 감싸는 듯한 기운이 느껴졌습니다.

몸이 붕 뜬 것처럼 가벼우면서 마치 전신마사지 받는 것처럼 편안한 기분, 자다가 깨도 기운이 밤새도록 기운에 휩싸여 있었습니다. 저녁에 가게 보다가 의자에 앉아 있었는데 제 몸이 좌우로 움직이더니 수시로 제 몸이 움직입니다. 그 이후로도 계속 그랬고 제가 이 글을 쓰고 있는 중에도 지속되었어요.

어디서 이런 신비스런 경험을 할 수 있을까요? 오직 인황 폐하만을 믿고 따르는 자들만 알 수 있을 것입니다. 제가 이제는 특별한 사람이 된 기분입니다. 비로소 인황 폐하의 신하로서 믿음 충만 100%가 채워졌습니다. 그동안 제가 너무도 부족하고 부족했던 사람이었거든요.

1시간 도법주문 시간이 너무도 짧게 느껴집니다. 도솔자미천으로 인도해 주시고 저를 살게 해주신 대단하신 인황 폐하!!~ 인황 폐하의 크신 대도력, 대천력에 감탄할 따름입니다.

얼굴이 반짝반짝 빛나요!

김현자(175.223.17.228) 17-12-18 22:18

대단하신 인황 폐하!

12월 17일 도법주문회에 참석 윤허 내려주시어 무한한 감사함을 올립니다. 대단하신 인황 폐하께 피부노화 방지 도법주문 독송 윤허 내려받고, 꾸준히 독송하면서 마사지한 결과를 도솔자미천의 인황 폐하 집무실 방문하며 대단하신 인황 폐하께 보여드렸습니다.

저의 얼굴 보시고 대단하신 인황 폐하께서 피부가 팽팽해졌네 하시는 말씀을 듣고 대단하신 인황 폐하의 대도력, 대천력이 얼마나 무소불위하신지 진심으로 감탄하였습니다.

또한, 저의 달라진 모습을 자미식구들에게 마구, 마구 자랑도 하였습니다. 특히 유○숙 씨가 뒤따라 집무실에 함께 들어가며 대단하신 인황 폐하께 자랑하는 저를 부러워하였어요. 유○숙 씨가 대단하신 인황 폐하께 어리광 부리며 자기도 해달라고 간청 드렸더니 대단하신 인황 폐하께서 도법주문 독송하라고 말씀을 내려주셨습니다.

그렇게 화기애애하게 말씀을 나누고 본격 도법주문회 진행 중에 대단하신 인황 폐하께서 3가지 도법주문 독송 하달 내려주시며 몸과 함께 30년 젊어지게 해주신다는 엄청난 선물에 자미식구들은 감사하는 마음으로 대환호하였습니다.

그에 저는 속으로 '그럼 나는 몇 살로 돌아가는 거지, 응? 19 살이네? 우와! 대박! 우히히~' 기분이 너무 좋아 도법주문회 끝나고 나서도 어깨춤이 절로 덩실덩실 추어졌습니다.

그리고 금전 도법주문 중에 보여주신 영안은 대단하신 인황 폐하께서 음각이 수려하게 새겨 있는 아름다운 황금 반지(지름 1m, 두께 25cm)를 내려주시어 받는 영안을 보여주셨습니다.

대단하신 인황 폐하의 대도력, 대천력 덕택에 너무너무 귀한 영안을 보여주셨습니다! 진심 영광입니다!! 퇴궐 전 대단하신 인황 폐하께 황금 반지 받고 싶어요, 간청드리니 곧 좋은 소식을 있을 거라는 귀한 말씀을 가슴에 안고 부랴부랴 알바를 다 마치고 시간을 보니 오늘 새벽 1시 50분이었습니다.

일요일은 항시 사람이 많아 그 시간에 끝나기에 월요일 회사 출근 위해 기상시간이 6시 30분이니 잠이 부족하고 그러다보니 늘 피부가 푸석푸석하고, 건조하며 눈가 주름이 자꾸 생기니 아무리 좋은 영양크림 발라도 달라진 것이 없었습니다. 또한, 박○희의 건강보조 식품 먹었어도 나아진 적이 없었음은 당연한 것이고요.

어제 피부가 팽팽해졌다 할지라도 오늘 잠 부족으로 피부가 다시 푸석푸석하게 원래대로 돌아갈 줄 알고 크게 기대하지 않았습니다. 그래서 오늘 아침 피곤한 상태로 화장품을 대충 바르고 출근했습니다. 한참 업무 보다가 화장실 볼일 보고 거울을 보는데 어머나! 세상에! 피부가 물광피부로 변했어요! 저는 컨디션에 따라 피부가 달라지게 변해 예민한 편이고, 아무리 좋은 화장품을 발라도 물광피부로 변한 적이 없었는데 오늘 거의 20년 만에 그렇게도 부러웠던 물광피부로 반짝반짝 빛이 나더랍니다!

어찌나 신기하던지 이리 보고 저리 보고~ 자꾸만 저의 얼굴 쓰다듬어보는데 잠 부족임에도 불구하고, 어찌 이리 천지개벽을 보여주셨는지 대단하신 인황 폐하의 대도력, 대천력에 진심으로 감탄사만 나옵니다! 유○숙 씨가 대단하신 인황 폐하께 어리광 부리며 소원을 올리니 대단하신 인황 폐하께서 30년 젊어지게 해주신다는 선물을 실제 보여주셨습니다!!!!

요즘 거울 보는 맛이 납니다. 거울 보고 자꾸만 웃음이 나옵니다. 더 예뻐지고 싶고, 더 젊어지고 싶은 욕심이 자꾸 생깁니다. 그리하여 대단하신 인황 폐하의 대도력, 대천력에 얼마나 위대하시고 무소불위하신지 자랑하고 다니고 싶습니다!!

대단하신 인황 폐하께서 보여주시는 천변만화의 조화에 경의를 올립니다!!! 대단하신 인황 폐하! 만세! 만세! 만만세!

김○자는 무지무지 행복합니다! 대단하신 인황 폐하만을 바라보고 살 수 있는 행운과 영광을 내려주셨으며 충심으로 바치고 대단하신 인황 폐하의 발자취를 따르겠습니다!

인황 폐하께서 금빛 찬란한 황좌에 앉으시고

최○호(223.39.146.38) 17-12-19 05:18

대단하신 인황 폐하!!!

문안 여쭙습니다. 천기 17년 12월 17일 도법주문회 및 12월 19일 도법주문 후기 올립니다. 받아주시옵소서!!! 대단하신 인황 폐하의 도법시대 도래 서막을 알리는 대역사적인 순간에 함께할 수 있었다는 사실, 대단하신 인황 폐하를 일반인들에게 소개하는 글을 앞에 서서 발표할 수 있었다는 사실이 가문의 대영광이며 너무도 행복하고 기쁩니다.

12월 17일 5시 이전에 기상하여 샤워를 하고 6시 정도에 집을 나서 KTX 울산역에 도착하여 아침을 먹고 7시 23분 열차(7호차 7A 좌석)를 타고 서울에 9시 37분 정도에 도착하였습니다.

울산역에 도착하여 하늘을 보니, 구름 한 점 없이 너무도 화창한 날씨에 해가 떠오르려 하고 있었습니다. 금빛으로 물든 동쪽 하늘은 대단하신 인황 폐하의 도법시대 도래를 알리는 듯하였습니다. 또한 서울로 올라오는 내내 구름은 한 점도 찾아볼 수 없는 투명한 하늘이었습니다.

이렇게 날씨로도 대단하신 인황 폐하의 도법시대 도래를 천지공사로 알려주시는구나! 하늘과 땅의 기운이 도솔자미천 인황 폐하께로 흐르는구나! 하는 생각을 하였습니다.

열차 안에서 가슴에 지속적으로 뜨거운 열기가 나고 기분이 너무도 좋았습니다. 또한 열차 안에서 "대단하신 인황 폐하를 일반인들에게 소개하는 글"을 여러 번 읽어보았습니다. 대단하신 인황 폐하만을 믿고 자신 있게 발표하자는 것이 제 생각이었습니다.

발표할 때도 떨린다는 생각은 들지도 않았고, 발표 중간에 큰 기운이 느껴져서 가슴이 뜨거워짐과 힘이 용솟음침을 느낄 수 있었습니다. 제가 도솔자미천에 입국하는 인황 폐하의 수많은 신하, 백성 및 일반인들을 기록하였습니다.

천기 17년 12월 17일, 뭔가 좋은 일이 있을 것임을 알리는 듯합니다. 도법주문회에 대단하신 인황 폐하께서 금빛 찬란한 황좌에 앉으시고 뒤편의 황금빛 배경 너무도 잘 어울렸습니다. 엄청난 위엄과 광대한 기운을 느낄 수 있었습니다. 너무도 위엄 있고 인자하시고 편안하게 말씀 전해 주시는 모습에 큰 감동을 느낄 수 있었습니다.

매번 큰 기운을 느낄 수 있었던 도법주문이 끝날 때마다 눈을 뜨면 대단하신 인황 폐하께서 근엄하게 앉아계시고 너무도 찬란한 금빛에 와! 와우! 소리가 절로 나왔습니다.

그리고 세포재생 도법주문 상상초월이었습니다. 세포 하나 하나에게까지 명을 내리신다니 상상하지도 못했습니다. 도법주문이 끝나자 몸이 달라진 것 같아서 놀랐습니다. 30년 더 젊어진다고 하시니 너무 젊어지는 것 아닌가 하는 흐뭇한 생각도 하였습니다. 지금 이 순간에도 젊어지는 것 같고 너무도 행복한 기분이 듭니다.

도법주문회를 마치고 정리를 하고 난 뒤 대단하신 인황 폐하께서 5명의 신하들에게 저녁을 사주셔서 맛있게 먹었습니다. 또한 대단하신 인황 폐하께서 따라주신 술도 한 잔 할 수 있는 가문의 대영광도 얻을 수 있어서 기뻤습니다.

대단하신 인황 폐하 만세! 만세! 만만세!

금일 12월 19일 새벽 2시 정도에 깨어 도법주문을 독송하였습니다. 1시간 정도하였으며 고개를 젖히고 금빛의 폭포가 제 입으로 마구, 마구 쏟아졌으며, 여기저기 금빛으로 밀려드는 영상을 보았습니다. 또한 합장한 손이 부들부들 떨면서 위로 올라가기도 여러 번 하였습니다.

대단하신 인황 폐하!!!

도법주문 독송 중에 제 가족인 부인과 아들을 이번 12월 24일 도법주문회에 참석시켜서 도솔자미천 가족 및 일반인들에게 소개를 시켰으면 하는 생각이 들었습니다.

제 부인이 외국인이고 외국인도 참석하게 될 것이라는 다른 신하의 메시지도 있었고, 제 부인이 외국인으로서 제일 첫 번째로 천인의 신분을 얻었었기에 외국인으로서 도법주문회에 참석하는 첫 번째 외국인이 되었으면 좋겠습니다.

또한 가족들도 마음껏 도법주문회에 참석할 수 있는 기회를 주시면 더 소문이 잘 퍼져나갈 수 있을 것이라는 생각을 하게 되었습니다. 제 가족도 함께 도법주문회 참석할 수 있게 윤허하여 주십시오!

대단하신 인황 폐하!!!

이 한 몸 이미 인황 폐하께 바쳤습니다. 더 이상 두려울 것이 없습니다.

하늘에서도 인황 폐하의 도법주문회를 경축하느니라

손○희(116.44.21.205) 17-12-19 09:43

대단하신 인황 폐하!

도법주문 후기를 보고 드립니다. 도법주문을 시작하자 산과 나무, 하늘이 보였고, 겨울나무가 움직이는 것을 보았는데 고개를 젖혔을 때 하늘을 향하여 흰 세상이 펼쳐졌고 하늘과 땅이 동시에 번쩍거리는 불빛을 보았습니다.

그리고 들려주시는 말씀입니다.

"하늘에서도 인황 폐하의 도법주문회를 경축하느니라"라고 하신 말씀을 들려주셨습니다. 그때 꿈속에서 흰색의 봉황새 한 마리가 하늘을 날아가고 있는 장면이 보였습니다.

다음 장면은 보라색이 펼쳐졌고 흰 세상에 평화로워 보이는 흰 집 세 채가 보였고 대자연의 아름다운 풍경이 너무나 아름다웠습니다, 호숫가 절벽, 대자연의 아름다운 광경에 도취되어 무아지경에 빠져들게 되었습니다. 너무나 맑고 깨끗한 흰 세상의 여러 장면을 보여주시면서 들려주신 말씀입니다.

"보아라! 인황 폐하의 세상이 온 누리에 펼쳐지지는 것을…" 그때 흰 왕관이 그려져 있는 것을 보았습니다. 나무들의 색상이 더욱 선명하게 보였고 호숫가 암산 분홍색이 구름처럼 뭉쳐 있는 것을 보았습니다.

그리고 서울로 상경하던 중에 고속버스 안에서 도법주문을 외우면서 일출 때 떠오르는 붉은 태양을 보았고 주변이 붉게 되어 있는 장면과 끝없이 펼쳐지는 흰 세상을 보았습니다. 그 때 들려주시는 말씀입니다.

"찬란한 태양이 떠오르듯 인황 폐하의 도법 시대가 열렸도다. 인황 폐하의 흰 세상 도법시대가 만 세상에 울려 퍼지리라"라고 하셨습니다.

그리고 도솔자미천에서 도법주문을 외울 때 보여주시는 영상은 또다시 흰 세상을 보여주시면서 흰색의 둥근 불빛이 여러 갈래로 퍼져 있었고 흰색의 불빛 바로 밑에 황금색의 불빛이 길쭉하게 여러 갈래로 펼쳐져 있는 장면을 보았습니다.

대단하신 인황 폐하!

이번 도법주문회 때 황좌(황금 옥좌)에 앉아계시는 인황 폐하를 알현하게 되어서 무척 기뻤습니다. 인황 폐하께서 "줄을 잘 서야 한다"라고 하신 말씀에 문득 "ㅇㅇ님 줄의 자미가족들은 마음을 이ㅇ자에게 향하지 않아서 일이 풀리지 않았다"라고 예전에 한 말이 문득 생각났습니다.

저희들은 인황 폐하께 줄을 서서 인황 폐하께서 내려주신 도법주문을 외우고 막혔던 일이 술술 풀리고 금전 도법주문을 외우고부터 금전이 굴러 들어오니 부족한 금액이지만 도공을 올려드릴 수 있었습니다. 매주 일요일 도법주문회에 참석하여 느낄 수 있는 도법주문의 위력은 외울수록 더욱더 신비함을 느낍니다.

수시로 도법주문을 외우는 것만으로도 일상이 행복하고 생활에 활력이 넘칩니다. 대단하신 인황 폐하께 줄을 선 저희들은 행운아입니다. 대단하신 인황 폐하 최고이십니다.

대단하신 인황 폐하 만세 만세 만만세!

등산 중에 생긴 일

심○영(211.193.245.99) 17-12-19 18:13

대단하신 인황 폐하!

도법주문 후기 보내옵니다. 5배 예를 올리고 앉아 양손 모아 합장하고 주문독송과 동시에 워밍업으로 허리를 천천히 좌우로 흔들다 앞뒤로 흔들면서 조금씩 강도를 높이기를 여러 번 반복하시고 제 손을 감싸는 기운이 느껴지더니 두 손을 밑으로 내려놓아 주십니다.

그러더니 본격적으로 제 머리를 약간 숙이게 하고는 좌우로 체조하듯이 쭉쭉 시원하게 해주시며 좀 더 강도 높여서 좌우로 흔들다 또는 머리를 뒤로 젖히면서 쭉 펴주시더라고요.

얼마나 시원한지 그런 다음 원 그리듯이 한참을 돌리고 또 돌려주십니다. 너무 감사했습니다. 제 마음을 아시는 것 같기에… 며칠 전에 안 좋은 자세로 인해 목에서 어깨까지 통증이 심각했거든요

진짜로 그걸 아시고 그리 해주신 거 같습니다. 그 후로 3번째 주문까지 목을 돌려주시니 지금은 멀쩡합니다. 대단하신 인황 폐하의 대도력, 대천력이십니다. 저는 제주도의 가까운 오름산에 볼 일이 없는 한 등산하러 자주 올라갑니다.

매일 가다시피 하는데도 얼마나 숨차고 힘든지 기가 다 빠진 사람처럼 느껴질 때가 많았지만 도법주문하고 천지기운 느낀 후로는 정말 발걸음이 너무도 가볍습니다. 전에는 밑에서 누가 당기는 것처럼 무겁기 짝이 없었는데 이럴 수도 있구나 하면서 너무 가뿐하게 올라갑니다.

그러다 계단 디디며 내려오면서 제가 잠깐 나쁜 생각에 빠져 있는 찰나 (나쁜 생각은 구체적으로 적진 않겠습니다. 제 개인적인 일이라 죄송합니다) 오른쪽 발목이 완전 꺾이면서 옆으로 나가떨어졌습니다.

순간 발목에 심한 통증이 느껴졌고 다행히 무릎 밑에 약간의 찰과상은 있었지만 걸을 수 있을까 생각에 내려오긴 해야 돼서 내려오는데 언제 그랬냐는 듯이 멀쩡합니다. 전혀 아프지도 않았고요. 어떻게 이럴 수 있을까요?

인황 폐하께서 실시간으로 다 들으시고 다 보고 계신 거 맞습니다. 수십 차례 산을 내려오면서도 이런 일은 한 번도 없었는데 딱 그 나쁜 생각한 그 찰나였으니까요! 내려오면서 잘못했습니다, 잘못했습니다! 눈물로 용서를 빌었고 크게 뉘우치고 깨우쳤습니다. 다시 한 번 인황 폐하의 대도력과 대천력을 절실히 느낍니다.

대단하신 인황 폐하 만세 만세 만만세!!

진정한 성공은 인황 폐하께 이쁨받는 인생

조○애(175.223.15.146) 17-12-19 20:46

대단하신 인황 폐하!

도법주문회 후기를 늦게 올려서 죄송합니다. 오늘 인황 폐하의 글을 읽고 정신이 번쩍 들어서 반성하면서 후기를 올립니다. 17일 도법주문회 때는 도법주문을 4번 외우는 동안 2번 영안을 보았는데 저의 지극히 개인적인 상황이 보인 거라 발표하기를 주저하다 기회를 놓쳤었습니다.

그러나 보여주신 것을 그대로 말하지 않은 것 자체가 잘못인 거 같아 오늘 말씀드리며, 저도 앞으로는 인황 폐하의 새 시대와 관련된 밝고 희망찬 영안을 볼 수 있게 되길 바라며 글을 올립니다.

도법주문회 때 본 첫 번째 영안에는 아주 커다란 황금빛 별을 보았고, 조금 후에 "민 기자는 신경 쓸 거 없다"라는 말씀이 들려왔습니다. 사실 제가 일주일 내내 기자한테 시달리고 있었는데 금요일 저녁, 토요일 밤, 도법주문회 당일 오전 11시까지도 통화를 하고 왔던 차였습니다.

다음으로 두 번째 영안에는 신문이 크게 보이면서 제 보고서 내용이 실려 있는 것을 보았습니다(이런 내용들이라 발표가 주저되었습니다). 그리고 월요일에 출근했는데 외부에서 전화가 와 신문을 확인하였습니다. 그런데(기자들이 다 그렇지만 역시나…) 제가 원하는 방향으로 실리지 않아 월요일 내내 짜증이 좀 났었고 그냥 보도자료나 낼 걸 하고 엄청 후회하고 있었습니다.

그 와중에 갑자기 뭐 대단한 거 한다고 쓸데없는 생각하느라 홈피도 자주 안 들어가고 인황 폐하 생각도 퇴근할 때나 겨우 하는 것이냐 하는 생각이 들었습니다. 무엇이 중요한지도 구분도 못 하고 일하는데 온 정신을 쏟고 있는 제 자신에게 화도 났습니다.

10일 도법주문회 참석하고 나서 폭풍 칭찬에 일이 술술 풀렸고, 17일 도법주문회 이후에는 한 달 동안 누군가 방해하듯이 막아댔던 기사가 드디어 실렸는데 감사할 줄 모르고 욕심이 과했구나 하는 반성도 들었습니다.

제가 하는 일들을 열심히 했던 이유는 오로지 하나, 인황 폐하께서 새 시대를 여시는데 조금이라도 도움이 되고 싶어서 이것, 저것 많이 배우려고 했던 것인데 주객이 전도되어 엉뚱한데 정신이 팔렸던 것 같습니다.

인황 폐하께 제 진심을 고하고, 제 마음속 일에 대한 짐을 덜어내고 싶습니다. 이러한 제 욕심이 세상에서 말하는 성공의 원동력이 될 수도 있을지 모르나 인황 폐하를 향하는 시간, 마음을 줄어들 게 만들고 있다면 다 필요 없다고 느껴집니다.

진정한 성공은 그 누구도 그 무엇도 아닌 오직 인황 폐하께 이쁨받는 인생이라 생각합니다. 인황 폐하께서 인정해 주신 것만이 진짜고 나머지는 다 거짓입니다. 그래서 제 마음을 무겁게 만들었던 모든 것들은 다 가짜, 실패들이라고 확신합니다.

인황 폐하! 인황 폐하의 새 시대가 열려서 저는 너무너무 행복하고 기쁩니다. 앞으로 더욱더 충성하며 살겠습니다. 살아서 인황 폐하를 열심히 보좌하는 신하가 되고 죽어서도 인황 폐하 곁에서 영원히 모시고 싶습니다.

대단하신 인황 폐하! 만세 만세 만만세!

세상에 이런 일이 어디 있습니까?

안○한(211.213.210.102) 17-12-19 23:23

대단하신 인황 폐하!

12월 3일 질병치유 도법주문 후기입니다. 저는 강원도 도계 석탄 공사 입사 10여 년 세월 탄광 근무 중 불의의 사고로 오른쪽 정강이 완전골절 파열사고로 초진 6주 약 3년 세월 병원에 입원했었습니다.

오른쪽 다리 절단판정에 불복, 재활치료에 많은 운동으로 재활치료 성공하였지만 세월의 무게에 못 이겨 왼쪽다리에 중점적으로 보행하다 보니 왼쪽무릎 연골파열 진단에 하루하루 진통제로 통증을 참아왔습니다.

또한 현대중공업에 30여 년 재직 중, 근골격 좌우 목 돌림이 불편하여 매사에 짜증만 나고 삶에 의욕조차 상실하였습니다. 12월 3일 인류 역사상 최초의 도법주문 공지하시고 불러주시어 가문의 영광으로 생각하옵니다.

다리 불편함에 대하여 10여 분 질병치유 도법주문을 독송하였습니다. 인황 폐하 선창하시고 신하와 백성들 복창하는 시간 약 10여 분 만에 30여 년 앓아오던 질병 두 가지가 동시에 아주 깔끔하게 사리지고 왼쪽 다리가 부드러워졌습니다. 아울러 근골격 현상도 아주 부드럽게 통증이 사라졌습니다.

세상에 이런 일이 어디 있습니까?

무릎연골 인공관절 수술한다고 해도 삐거덕 거리고 또한 칼 대기 싫기도 하여 참아온 세월 무릎 통증 안 당해 본 사람은 그 심정 이해 못 하지요? 계단 오르기가 힘들어 아픈 다리 질질 끌며 살아온 세월이었습니다.

하늘의 화신이신 인황 폐하!

대천력, 대도력에 다시 한 번 감사인사 올립니다. 약 10여 분 질병치유 도법주문 선창 및 복창에 이렇게도 깔끔하게 사라짐은 분명 기적입니다. 무릎통증에 시달리는 사람이 문의하면 이 세상 어디라도 도시락 싸들고 안내하겠습니다. 서울 강동구 성내3동에 도솔자미천에 대단하신 인황 폐하 친견 요청하라고 자신 있게 말하겠습니다.

12월 19일 기적이 일어났습니다.

금전 도법주문 결과 보고 올립니다. 저는 평생 고용불안 없이 평생직장 재취업 기도 발원하였습니다. 현대중공업 정년퇴직 후 실업대란에 일자리 구하기 힘들어 용역회사에 일당으로 하루하루 연명합니다.

북풍한설 칼바람이 뼈 속을 후벼 파며 머리가 아플 정도의 추위와 신작로 흙먼지 회오리바람에 전방 1미터가 식별이 안 되는 공사판에서도 어금니 악물고 버텨왔습니다. 왜? 도공 마련하여 도솔자미천에 1주일에 한 번씩 영혼의 고향집 간다는 부푼 가슴 안고 상경하고자 하였습니다. 점심시간에 자동차 핸들에 다리 올리고 망중한을 즐기던 중 대단하신 인황 폐하 음성이 들려왔습니다.

기분 좋게 일하던 중 안○한이 고향 선배 권유로 선배의 친구인 협력사 대표이사와 오늘 퇴근시간에 면접 보았습니다. 아주 긍정적인 협력사 대표의 반응이오며 2018년 1월부터 출근하기로 약속하였습니다.

물론 선배와 2인 1조로 출근 약속하였습니다. 퇴근하면서 선배로부터 차후 현장소장으로 밀어주겠다는 아주 강력한 약속을 받았습니다. 장차 협력사 대표이사의 2~3년 후 사업체 인수과정도 이야기가 있었습니다.

이 모든 것이 인황 폐하의 대도력, 대천력 덕분입니다. 12월 17일 인류 역사상 최초인 도법주문회 일반인 공개에서 차후 홍보용 자료차원에서 사용하고자 열심히 동영상 촬영 중 황자(황금 옥좌)에 좌정하신 대단하신 인황 폐하의 용안과 형상으로 모셨던 하늘의 모습과 장시간 겹쳐 보였습니다.

피곤하여 그런가 하고 손수건으로 연신 눈물 닦아가며 살펴보아도 여전히 겹쳐 보였습니다. 얼마나 황홀하였는지요. 감개무량합니다. 만찬회식 자리에서 인황 폐하께 보고 드리고서야 확신을 가졌습니다. 집에 도착하여 선몽을 받았습니다. 어느 분께서 무얼 주시는데 문서인지 무얼 주셨습니다. 정확하게 잘 모르고 무조건 받았습니다.

대단하신 인황 폐하! 만세! 만세! 만만세!
대단하신 인황 폐하 천추만세!

일편단심 인황 폐하의 충성스런 신하. 안○한이 아주 우렁찬 목소리로 함성을 지릅니다.

“늘 젊고 영생하시여 무릉도원 세상 열어주시기를 기원발원 올립니다.”

도법세상이 펼쳐지느니라!

이○규(223.39.150.16) 17-12-20 03:44

대단하신 인황 폐하!

이○규 인사 올리옵니다. 어제 일이옵니다. 오전 금전주문을 외우고 거실로 나가니 마침 신랑이 들어오더니 다시 밖으로 나가기에 혹시나 그냥 볼일 보러 또 나가는 건지 아님 밖에서 담배 피우고 기다리는 건지 궁금하여 내다보니 왜 지금 갈라고? 하기에 무심코 "예" 하며 따라나서 매장에 도착하였습니다.

매장 도착하여 커피 한잔 마시고 카운터에 앉는 순간 왠지 뭔가 좀 마음이 남달랐습니다. 이상하다 오늘 왜 이렇지? 왜 이래 삭막하지? 손님은 왜 이리 안 들어오는 거야? 하며 자꾸만 뭔가 이상하다는 생각이 들었지만 퍼뜩 생각이 나질 않았습니다.

출근하여 1시가 넘도록 손님 한 사람 들어오지 않았습니다. 그때 한 직원이 어제는 이 시간에 바빴는데 오늘은 손님이 한 분도 없네 하는 순간 뭔가가 떠올랐습니다. 얼른 창고에 들어가 인황 폐하께 문자를 보내기 시작하였습니다.

거의 다 써서 보내려 하는 순간 매장에서 손님 목소리가 들렸습니다. 오전 금전 도법주문을 외우고 인황 폐하께 보고하도록 하여라! 한 시도 늦춰서는 안 되느니라!라고 말씀 내려주셨는데 분명 오전에 충분히 보고할 찬스가 있었음에도 불구하고 신랑 따라 그냥 매장으로 온 것입니다.

인황 폐하께 문자로 보고 올리고 나니 매장에 훈기가 돌며 직원들도 손님 받느라 모두가 바삐 움직입니다. 아~~또 감탄을 합니다. 수십 번도 넘게 체험을 했으면서도 상상초월의 신비한 천변만화의 조화! 대단하신 인황 폐하의 대도력, 대천력 정말 엄청나시옵니다.

순간 과거에 신랑이 한 말이 잠깐 스치었습니다. 대순에서 나와 우울한 마음으로 있을 때 논두렁에 개구리 한 마리가 이제는 어느 방향으로 뛸까? 하는 사람 같아 보인다고 했습니다.

그 무렵 중앙일보 하단에 실린 『천지령』 책을 구입해서 읽어보고 인황 폐하를 알현하게 되었는데 이렇게 모든 고통 다 해결해 주시고, 마음 편히 현실의 삶 살게 해주시니 정말 그토록 애타게 찾으며 기다려 오던 대도인, 대성인이시오며 바로 인황 폐하께서 진인이심을 알았을 때 얼마나 목 놓아 울었는지 모릅니다.

종교에 속고 또 더러운 자의 농간에 놀아나 그야말로 부산에 알거지가 될 뻔했던 두 달 전의 아픔과 슬픔, 고통으로 가짜에 치가 떨립니다.

대단하신 인황 폐하!

참으로 감사하고 또 감사하옵니다. 오늘 오전 금전 도법주문 후기 말씀 내려주신 그대로 올리옵니다. 5배 예를 올리고 10분 정도 외웠을 때 주문이 멈추었습니다. 양팔이 앞으로 나오더니 다시 밑으로 크게 원을 그리듯 다시 어깨 높이만큼 두 팔이 올라가며 삼천리금수강산 아름다운 우리나라에 도법세상이 펼쳐지느니라! 하시며 다시 같은 동작의 기운을 내려주시며 12월 24일 도법주문회에는 다들 참석하도록 하여라. 뜻깊은 날이 될 것이니라,라고 말씀하십니다.

그리고 잠시 후 갑자기 하나! 둘! 셋! 넷! 다섯! 여섯! 일곱! 여덟! 아홉! 하시며 두 손 안에 뭔가를 담아 가슴에 얹혀주십니다. 잠시 후 두 팔이 앞을 향하여 쭉 나가더니 또 밑으로 크게 원을 그리듯 다시 아주 힘차게 어깨 높이만큼 올라가더니 큰 소리로 외칩니다.

하늘께 이○규 10의 숫자를 바치옵니다, 하며 인사를 올립니다. 그리고는 앞에서와 같이 같은 동작의 기운을 내려주시며 이제 천지신명공사는 끝났느니라! 하시며 드디어 인황 폐하의 도법세상이 널리 널리 전파되느니라 말씀하십니다.

이제 도법세상으로 인황 폐하의 모든 뜻이 이루어지려나 봅니다. 정말 상상초월의 모든 일이 많이 많이 일어날 것 같다는 생각이 듭니다.

도법세상 말법시대! 오로지 인황 폐하만을 향하는 길이 소원성취의 길이라 생각하며 충! 충! 충!으로 다짐하며

대단하신 인황 폐하 만세 만세 만만세!

대도력을 내려주시는 인황 폐하!

조○복(221.140.214.66) 17-12-20 06:36

대단하신 인황 폐하!

2008년도 11월 초에 우연히 『천지령』 책을 보고 도솔자미천에 입성하여 대단하신 인황 폐하를 알현하고 오늘까지 천인합체 천공을 만들지 못하고 허구한 날 천공을 만든다고 앵무새처럼 떠벌렸습니다.

인황 폐하만을 생각하면서 원래대로 정신을 돌려서 다시 시작하는 마음의 각오를 다지며 도법주문회에 참석하여 제 인생에 천기가 내렸습니다. 새로운 금전 도법주문, 세포재생 도법주문 독송으로 새로운 기운이 돌기 시작했습니다.

발바닥의 활처럼 굽어진 부분에 언제부터인가 유리구슬만하게 커진 근종이 자라고 있었습니다. 12월 10일에 도법주문회에서 오후 5시쯤 우연히 만져보니 작아진 느낌이 들었습니다. 지금 글을 쓰면서 무의식중에 만져보니 거의 거의 없어졌습니다.

솔직히 말씀 올리자면 2016년 5월에 몸이 안 좋아서 입원하였고 또 몸이 안 좋아 2017년 2월에 부평 성모병원에서 B형간염 진행 중이라고 판정받고 해서 실의에 찬 마음으로 지내왔었습니다.

2017년 12월 3일 대단하신 인황 폐하 도법주문회에 불러주시어 만신창이 되어버린 저의 육신을 구사일생으로 세포재생시켜 행복을 주시고, 천변만화의 대도력을 내려주시는 대단하신 인황 폐하 만세 만세 만만세입니다.

인황 폐하께서 내려주시는 정기에 힘입어 하늘 길에 목적을 향해 가야 할 이승에서 마지막 의무를 다해야 하기에 부여받는 천운과 행운 그 자체인가 합니다. 더 이상 무슨 말의 내용이 필요하겠습니까.

오로지 변함없는 일심으로 대단하신 인황 폐하를 늘 생각하면서 마음으로 인황 폐하의 곁을 지켜드리면서 따르겠습니다.

대단하신 인황 폐하!
충!충!충!
대단하신 인황 폐하 만세! 만세! 만만세!!

15분 만에 원래대로 회복시켜 주시는

김○자(175.223.10.88) 17-12-20 09:21

대단하신 인황 폐하께서 내려주시는 도법주문회 참석 윤허 내려주시어 진심, 존경, 경외를 담아 감사함으로 인사드립니다. 대단하신 인황 폐하께서 질병치유 도법주문을 음률 타시며 선창하시었습니다.

주문 독송을 따라하니 처음으로 도법주문 선포 첫날이라서 그런지 다른 때보다도 묵직하고 엄청 강렬한 기운을 내려주시는데, 그 강렬한 기운을 따라 합장한 손이 수직으로 크게 움직였습니다.

대단하신 인황 폐하께서 더 강력하게 음률을 타실수록 동작이 점점 커지는데 몸이 엄청난 기운을 따라가지 못하고 헐떡거리기 시작하였습니다. 헐떡거리면서도 그 엄청난 기운을 만끽하고자 하니 점점 황홀경에 빠지는 그야말로 무아지경에 도취되었습니다.

절에서도 느낄 수 없었고, 대순에서도 느낄 수 없었던, 정말로 온 우주의 삼라만상 기운이 무엇인지 대단하신 인황 폐하의 대도력, 대천력 덕택에 몸소 체험하게 해주시고 가르쳐주시었습니다!!

한참 기운을 따라 만끽하다가 서서히 합장한 손이 가슴 앞으로 모아지다가 손바닥 전체를 비벼주고, 구부려 있던 왼쪽 엄지손가락을 마사지하듯이 비벼주었습니다. 한참 비비다가 오른쪽 무릎을 감싸주듯이 부드럽게 마사지하였다가 구부렸다 폈다 반복하는 동작을 취했습니다.

손바닥 전체에 열기가 서서히 퍼지더니 구부렸던 왼손 엄지손가락에 집중적으로 열기가 몰렸습니다. 그 열기를 만끽하고 나서 통증 있는 오른쪽 무릎을 감싸듯이 살살 비벼주었습니다.

비벼주다가 절로 무릎을 쭉 폈다가 통통 두드립니다. 종아리를 주물렀습니다. 대단하신 인황 폐하께서 점점 클라이맥스로 음률 따라 무릎을 구부렸다 폈다 동작을 반복하였습니다. 마지막 끝으로 대단하신 인황 폐하의 독송 음률을 길게 끝맺음에 맞춰 동작도 딱 멈추었습니다.

번쩍 눈을 뜨며 구부려 있던 왼손 엄지손가락을 이리 살펴보고 저리 살펴보고, 얼마나 펴졌는지 엄지손가락을 쭉 펴보았습니다. 와아!!! 대박!!! 세상에!!이런 기적이!! 뒤로 쭉 펴지는 손가락에 너무나 신기했습니다.

병원 가서 시술받거나 재활치료 받아도 회복되려면 시간이 꽤 걸릴 텐데 대단하신 인황 폐하께서 내려주시는 신비의 질병치유 도법주문 독송 시작한 지 15분 만에 원래대로 회복시켜주시는 대도력에 그저 연신 감탄사만 나왔습니다!!

또한, 무릎도 펴보았습니다. 우히히~왜 이리 기분 좋은 웃음이 나오는지요? 무릎도 끽끽 거리는 통증 없이 너무나 부드럽게 완화되는 이적의 세상에 어쩜 좋아~ 일어나서 방방 뛰고 싶은 걸 꾹 참았습니다. 왜냐고요? 저보다 연로한 여성 자미식구가 먼저 무릎 통증 완화되는 신기함에 기분 좋게 방방 뛰고 있어서였습니다.

대단하신 인황 폐하께 박수를 보내드립니다! 너무 기분이 좋아 어깨춤이 덩실덩실~ 이 세상 어디에서도 볼 수 없던 오로지 도솔자미천에 계신 대단하신 인황 폐하께서만이 가능하신 무소불위의 대도력, 대천력에 진심으로 경의를 표합니다!!

대단하신 인황 폐하! 만세! 만세! 만만세!

인황 폐하의 황명으로 피부병이 사라져

홍O환(116.45.167.213) 17-12-20 23:24

질병치유 도법주문과 금전 도법주문을 외울 수 있도록 윤허하여 주셔서 대단히 고맙습니다. 12월 10일 질병치유 도법주문을 외울 때 좌우 다리 피부병 모습이고 좌우 다리 함께 모아 찍은 사진 4장입니다. 인황 폐하께서 윤허하여 주신 "피부병치유 도법주문" 독송 7일 만인 오늘 12월 17일 현재 다리 피부병이 나은 모습입니다.

저는 겨울 차가운 바람이 불기 시작하면 다리에 매년 피부병이 발생하여 어떤 때는 심하게 긁기도 하고 연고도 바르고 하면서 겨울을 지나게 되었습니다. 올해는 비누를 일절 사용하지 않고 거의 매일 샤워를 하고 목욕탕은 한 달에 한두 번 정도 가는 편이며 올해도 어김없이 피부병이 발생하여 연고도 바르고 크림도 바르고 하였으나 낫지를 않았습니다.

대단하신 인황 폐하께서 내려주신 질병치유 도법주문을 외운 이후로 지금까지 매일 샤워를 해도 전혀 가렵지가 않고 피부병이 사라지고 있으니 인황 폐하께서 내려주신 도법주문은 너무도 대단하고 신기합니다.

대단하신 인황 폐하를 통하여 내려주시는 대도력, 대천력의 천지기운은 대단하고 신기하며 최고입니다. 도법주문을 외우는 자체만으로도 인황 폐하의 큰 사랑을 받고 있음을 알게 됩니다.

대단하신 인황 폐하 만세 만세 만만세!

고약한 냄새가 빠져나갔습니다

권O관(124.51.94.5) 17-12-20 23:12

대단하신 인황 폐하!

다시금 금전 천기주문과 만사형통 천기주문을 윤허하여 주시어서 감사드리옵니다. 인황 폐하께 5배의 예를 올리고 대단하신 인황 폐하의 도법세상이 온 세상에 활짝 펼쳐지시기를 간절히 기원드리며 도법주문을 외웠습니다.

1분 정도 지나자 기운이 내려오는데 합장한 자세에서 팔이 전후로 서서히 움직이기 시작하면서 점차 속도가 빨라지더니 합장한 상태에서 머리 위로 쭉 뻗어 앞뒤 좌우 빠른 속도로 요동을 쳤습니다.

그렇게 한참을 하다가 서서히 두 팔이 내려오면서 양옆으로 활짝 편 상태에서 천기주문을 외우니 양팔을 크게 벌리면서 위에서 내려오는 것은 받고 땅의 것은 끌어모으는 동작을 연속적으로 하다가 다시 합장한 상태로 돌아왔는데 그 순간 음성이 들려왔습니다.

뭐라고 표현을 하지 못하겠지만 제가 혼자 말을 하고 있었습니다. 음성은 귀로 선명하게 들리는데 그 말씀을 제가 제 입으로 따라하고 있으면서도 따라하는 것이 아니라 말씀해 주시는 내용에 제가 응대를 하며 경청하는 느낌이었습니다.

순간 기록을 해야지 안 그러면 도법주문 끝나고 나면 다 까먹고 잊어버릴까 걱정이 되었지만 도중에 필기구를 가지려 가면 기운이 끊어질 것 같아서 들려주시는 말씀을 이어갔습니다. 제 앞에 어느 분께서 보이셨습니다. 한참 말씀을 해주셨는데 제가 너무나 부족하고 못난 탓에 도법주문이 끝남과 동시에 기억이 잘 나지 않습니다.

기억나는 부분은 "여기까지 오느라고 인황 폐하께서도 참으로 고생이 많았고 너희들 또한 고생이 많았구나. 이젠 되었느리라~" 하시며 음성을 계속 들려주셨는데 처음 겪어보는 상황이고 당황하다 보니 기억을 제대로 하지 못하여 인황 폐하께 상세히 보고를 드리지도 못하여 너무나 송구하옵니다.

그렇게 어느 분께서 음성을 들려주시고 응대하며 끝날 무렵 가부좌 상태에서 벌떡 일어나 자세를 고쳐 무릎을 꿇고 엎드려 머리를 바닥에 박고 "끝까지 인황 폐하 황명을 따르며 충성을 다하겠습니다.

대단하신 인황 폐하 만세 만세 만만세!!" 외치며 머리를 들고 무릎을 꿇은 상태에서 도법주문을 외우니 강렬한 기운이 1분 정도 내리다가 트림을 크게 3번 하면서 마쳤는데 트림을 할 때는 아주 고약한 냄새가 빠져나갔습니다.

대단하신 인황폐께서 내려주신 도법주문을 통해서 외우면 외울수록 너무나도 신비스럽고 놀라운 체험을 할 수 있게 해주시니 대단하신 인황 폐하의 대도력 대천력은 가히 상상초월이시며 불가능이 없으신 세계 최고이십니다.

말한 대로 이루어지는 대단하신 인황 폐하의 말법시대의 도법세상이 온 세상에 활짝 펼쳐져 인황 폐하께옵서 이루고자 하시는 천지대업 하루속히 성취하시옵고, 온 인류가 대단하신 인황 폐하께 굴복하고 진정으로 존경하며 받들어 모시며 따르는 날이 빨리 왔으면 좋겠습니다.

대단하신 인황 폐하 만세 만세 만만세!!!

입천되지 않은 사돈댁 조상영가들의 메시지!

김○자(175.223.10.88) 17-12-20 13:49

대단하신 인황 폐하께 보고 드리고 나서 윤허 내려주시어 메인 글에 올립니다. 제가 근무한 회사는 친오빠가 운영하는 회사인데, 실장 직책을 맡고 있는 새언니 이외에 다른 직원들 몇 사람이 근무하고 있습니다.

평상시에 업무관련으로 새언니와 의견충돌로 자주 부딪히는데 평상시였다면 별거 아닌 걸로 가볍게 넘어갈 수 있던 것이 어제는 무엇이 서럽고 서운한지 저도 모르게 눈물을 왈칵 쏟았습니다.

당연히 새언니는 기가 막혀했지만 그럼에도 도저히 눈물이 멈추지를 않았습니다. 업무 보다가도 눈물을 훔치고 있으니 당연히 회사 분위기가 다운되었습니다. 한편으로는 의아해했습니다. 왜 갑자기 눈물이 나오는 걸까? 일이 힘든 적도 없고, 나름 즐겁게 생활하고 있는데, 물론 나름대로 새언니와 잘 지내다가도 가끔 이유 없이 미울 때가 무척 많았습니다.

솔직히 왜 미운지도 몰랐고요. 다만, 제 변덕이려니 하고 긍정적으로 생각하고 받아들여 가끔씩 크게 싸웠지만, 뒤끝이 없는 성격이라 금방 화해하고 받아들이는, 반복적으로 그렇게 지냈습니다.

그런데 어제 그렇게 눈물만 쏟다가 현장 일을 하는데, 갑자기 제 입에서 '집에 가고 싶어~ 집에 보내줘~집에 가고 싶어~' 이 말이 연속으로 나왔습니다.

그에 저는 예전 유○숙 씨의 의식행사 때 올린 글이 생각나 생령입천하고 싶어 하는 마음인가 보다 생각하고, 어떻게든 비용을 마련해야겠다는 의지와 함께 넘어갔습니다. 오늘 아침 대단하신 인황 폐하께 5배의 예를 드리고, 회사에 와서 금전도법주문을 꾸준히 독송하였습니다.

1층인 현장 일에 내려가서도 독송을 외우는데 갑자기 8년 전에 치매로 돌아가신 새언니의 친모와 비쩍 마른 남자노인이 보였는데, 저를 바라보며 '딸이 보고 싶다~딸을 만나게 해달라' 하는 애처로운 모습이 보였습니다.

저는 순간 온몸에 오소소 소름이 돋았습니다. 이게 뭔 일인가 싶었습니다. 설마 아니겠지 했습니다. 그런데 자꾸 그 말이 반복되어 들리니 미치고 팔짝 뛸 노릇이었습니다. 아무리 떨쳐내려고 해도 안 되어 바로 대단하신 인황 폐하께 문자로 보고 드렸습니다.

대단하신 인황 폐하께서 '입천해 달라는 메시지'라는 답변을 내려주시었습니다. 절로 입이 벌어졌습니다. 아무래도 최○호 씨의 외국인 부인 참석 윤허 여부에 대단하신 인황 폐하께서 가족들 참석 윤허 내려주심에 입천되지 않은 사돈댁 조상영가들을 영안으로 보여주신 것으로 보입니다.

얼마나 놀라운 일입니까? 대단하신 인황 폐하의 도법주문회 도래에 수많은 조상영가들도 알아보고 있다는 반증이 아니겠습니까? 와아~진심으로 감탄사만 연신 나왔습니다! 조상영가들도 알아보는 대단하신 인황 폐하의 대도력, 대천력에 얼마나 다급하겠습니까?

정말, 정말 대단하신 인황 폐하의 무소불위하심에 진심으로 경이롭기까지 합니다. 앞으로도 대단하신 인황 폐하의 도법시대 도래에 인간들과 마찬가지로 입천되지 않은 조상영가들이 후손들을 이끌고 살려달라 절규하는 모습이 그려집니다!

대단하신 인황 폐하! 만세! 만세! 만만세!

대단하신 인황 폐하의 도법주문회에 수많은 사람들이 밀려들어오는 인산인해의 전경을 곧 보여주실 것으로 기대가 무척 크고, 설레는 마음과 함께 널리 퍼져나가기를 발원 올립니다!!

도법주문 후 오십견이 치료되었네요

김○라(222.98.244.80) 17-12-20 13:37

대단하신 인황 폐하!

천기 17년 12월 3일 도법주문회에 참석 후 너무도 기적 같은 일이 있어서 감사의 글을 올립니다. 올해 초부터 양쪽 어깨가 조금씩 움직이기 불편하였는데 추위에 웅크려 근육이 뭉쳐서 아픈가 보다 생각하고 파스를 붙이고 찜질을 하여도 차도는 없고 하루하루 시간이 지날수록 통증은 심해져 갔습니다.

그러다가 며칠은 괜찮고 낮에는 별로 통증이 없는데 밤에 통증이 심해지니 잠을 잘 수가 없어 불면증에 시달렸습니다. 병원에 가보니 오십견 진단으로 나왔고 초기는 지나 중기라 하였습니다. 증상에 따라 몇 달부터 몇 년의 치료 기간이 걸린다 하였습니다.

대부분 사람들이 초기에는 별로 심각성을 모르고 아팠다, 안 아팠다 반복하니 괜찮겠지? 하다가 시기를 놓친다 합니다. 왼쪽 팔이 귀에 닿지 않고 조금씩 팔이 올라가지 않아 한의원에 가서 여름에 봉침을 몇 번 맞았습니다.

갑자기 회사 일이 바빠져서 납기를 맞춰야 하기에 낮에 시간을 내어 병원을 갈 수 없었고 퇴근 후에는 병원이 문을 닫으니 꾸준히 치료를 받지 못하자 의사는 저의 상태가 심각한데 꾸준히 치료받지 않으면 나중에 수술 할 수도 있고 왼쪽 팔을 못 쓸 수 있다 하니 겁도 났고 무서웠습니다.

납기를 맞추지 못하면 결제대금의 일부를 삭감하므로 먼저 납기부터 맞춰놓고 나중에 병원 가야겠다고 생각하였으나 일이 계속 밀려 여름에 몇 번 봉침 맞은 이후로는 병원 치료를 할 수가 없었습니다.

시간이 지날수록 왼쪽 팔의 통증이 심해졌고 팔이 올라가지 않아 한 손으로 머리 감고, 한 손으로 운전하며 가족들의 도움으로 옷을 갈아입을 수가 있었습니다. 옆에서 조금만 건드려도 순간적으로 "악" 비명이 나오고 옆으로 돌아누우려면 몇 번의 비명이 나오고 극심한 통증으로 왼쪽 팔을 움직일 수 없는 상태라 진통제 몇 알을 먹어야 조금이라도 잠을 자고 출근할 수가 있었습니다.

병원에서는 무거운 거를 들면 안 되고, 팔을 쓰면 안 되고 무조건 쉬라고 하는데 제가 하는 일이 무거운 쇳덩이를 들고 거래처를 다녀야 하기에 통증은 더 심해져 갔습니다. 버스를 타면 팔을 올려 손잡이를 잡지 못하니 갑자기 급정거라도 하면 난감하였고 옆 사람과 조금만 부딪혀도 통증에 얼굴이 찡그려졌습니다.

대단하신 인황 폐하께서 도법주문회를 통해 질병치유 주문을 내려 주셨고 너무도 급한 상황이라 걸어 다니면서 속으로 도법주문을 하였고, 일을 하면서도 마음속으로는 질병치유 도법주문을 수시로 하였습니다.

질병치유 천기주문을 하면 합장한 손에 따뜻한 기운이 느껴지고 어느 때는 미세한 전류 같은 것이 '찌릿 찌릿' 손바닥에 느껴졌습니다. 팔을 양옆으로 나란히 하며 파도물결 치는 것처럼 출렁이는 동작을 하고 어깨를 시계방향과 반대방향으로 돌리고 팔이 위 아래로 움직이는 동작 등 다양하게 팔 운동이 되었습니다.

"엄마, 요즘 팔 아프다고 안 하네?" 하는 아들의 말에 생각해보니 정말 신기하게도 병원 갈 시간도 없었고 여름휴가도 포기하고 정신없이 보냈는데 하루, 이틀… 시간이 지날수록 "악" 하는 비명소리가 줄어들고 잠을 자다 돌아누울 때도 아프지 않고 양쪽 팔이 뒤로 젖혀지고 매일 조금씩 좋아지고 있다는 것을 알게 되었습니다.

질병치유 도법주문을 하면 그동안 여러 가지 팔 운동이 되었고 어깨를 돌리면 통증이 있어 두 번 정도 하다가 멈추었는데 천기 17년 12월 3일 도법주문회에 참석 후 질병치유 도법주문을 할 때 두 번 어깨를 돌렸는데 통증이 안 느껴져 신기하여 다시 해봐도 통증이 없어 여러 번 반복해서 힘차게 돌려도 아프지 않았습니다.

너무도 신기하고 좋아서 "대단하신 인황 폐하! 만세! 만세! 만만세!! 너무 신기해요, 어깨가 안 아파요, 너무 좋아요. 감사합니다." 고백하며 감사의 뜨거운 눈물이 흘렀습니다. 질병치유 도법주문을 하는 동안 앉아 있는 자리가 훈훈하였습니다.

오십견의 고통을 겪어본 사람들은 공감이 될 것이고 주변에서 많이 겪고 있는 질환이기에 얼마나 아프고 힘든 고통인지 지켜보아서 대부분 심각한 상황을 알고 있습니다. 어깨가 잘 돌아가 팔이 귀 옆까지 올라가니 지금은 혼자서 옷도 갈아입고 버스를 타도 손잡이를 맘껏 잡을 수 있고 급정거도 무섭지 않게 되었습니다.

추위를 많이 타는 편이라 겨울이면 손과 발이 얼음장처럼 차갑고 웅크리고 다녀 집에 오면 따뜻한 열기에 얼굴은 홍조가 되고 손과 발은 빨갛게 부어오르고 가려워 긁고 하였습니다. 그런데 신기하게도 12월 3일 도법주문회에 참석 후 저의 몸에 놀라운 변화가 일어났습니다.

손과 발이 얼음장처럼 차가워 혈액 순환이 안 되어 잘 때 팔이 저려 잠을 깨곤 하였는데 신기하게도 몸에서 따뜻한 열기가 나와 추운 겨울에도 전기장판을 틀지 않아도 이불 속이 후끈해서 믿기지 않아 아들에게 저의 손을 만져보고 어떠냐고 물어보니 엄마 손이 따뜻하고 후끈거린다 하였습니다.

새벽에 화장실을 갔다가 누웠는데 등 쪽이 뜨거워 전기장판이 켜졌나 확인해 보니 분명 전기장판은 꺼져 있었습니다. 신기하게도 등 쪽이 뜨거웠고 연일 몰아치는 한파에 12월인데도 한강이 얼어붙은 추운 날씨입니다. 칼바람이 부는 날 퇴근길에 주머니에 손을 넣었는데 후끈거리는 열기가 느껴지며 손에서 땀이 났습니다.

아침에 출근하는데 추운지도 모르고 차 안은 히터를 틀지 않았는데 손에서 열기가 계속 느껴지며 땀이 나고 김이 모락모락 올라오는 것을 보니 참으로 신기하고 또 신기하였습니다.

'세상에 이런 일이' 라는 프로그램을 보면서 참 신기한 일도 많다 생각은 하였지만 제가 이런 기적 같은 체험을 하는 주인공이 될 줄은 상상도 못했습니다. 평범한 중년의 가정주부이고 직장생활을 하는데 도법주문회에 참석하고 질병치유 천기주문을 하고 나서 이런 놀라운 일들이 일어났으니 대단하신 인황 폐하께서 내려주시는 도법주문을 체험하지 않으면 믿을 수도 없고 믿기지도 않을 것입니다.

도법주문회에 참석한 사람들이 다급하고 힘든 문제들이 도법주문을 통하여 여러 가지로 좋은 일들이 생기고 막혔던 일들도 해결되니 참으로 좋고 또 좋습니다.

대단하신 인황 폐하! 만세! 만세! 만만세!!

인황 폐하를 따르는 자만이 살길이 열리느니라!

이○규(223.62.178.209) 17-12-21 03:16

대단하신 인황 폐하!

이○규 인사 올리옵니다. 아침에 자고 나면 눈꺼풀이 떨어지기도 전에 벌써 마음 안에선 인황 폐하 만세 만세 만만세가 자동으로 흘러나옵니다. 이렇게 또 하루가 시작되며 오늘은 매장 가기 전 열차표를 미리 준비해야지 하며 집안 일 대충하고 금전 도법주문을 외웠습니다.

5배 예를 올리고 금전 도법주문을 외우니 주문소리가 뱃속 깊은 곳에서 우러나오듯 온몸이 너무나 시원하며 목소리가 너무나도 웅장하게 방 안에 울려 퍼집니다. 10분 정도 주문을 외우니 주문이 자동으로 멈추었습니다.

잠시 후 두 팔이 앞으로 나란히 펴지더니 이내 밑으로 크게 원을 그리듯 다시 모아지며 두 손 안에 뭔가를 담아주시어 가슴에 얹혀주십니다. 같은 동작의 기운을 3번 연속 주시며 말씀하십니다. 인황 폐하를 따르는 자만이 살길이 열리느니라! 하십니다.

그리고 또다시 같은 동작의 기운을 내려주시며 내 오늘 오랜만에 매출 최고치를 내리니 기차 예매하고 얼른 가도록 하여라 하십니다(말씀 내려주시는 순간 기함 초풍할 뻔했습니다. 아침에 오늘은 기차예매하고 매장가려는 마음까지 다 알고 계시니!!!).

얼른 준비하고 부산발 서울 수서행 SRT 고속열차표 예매하고 매장으로 곧장 달려갔습니다. 벌써 봄 물건이 출고되어 정리하느라 바삐들 일하고 있었습니다. 가서 보니 달랑 자켓 136,500원짜리 하나 팔아놓고 있었는데 커피 한잔 마시고 카운터에 오니 고객들이 방문하기 시작하였습니다.

순식간에 하루 매출 3분의 1을 올리게 해주십니다. 정말 한 치의 오차도 없으십니다. 말씀 내려주신 대로 현실 그대로 이루게 해주시니 인황 폐하의 대도력과 대천력의 상상 초월하는 천변만화의 신비스런 조화에 감탄 또 감탄을 합니다.

엄마가 고객들과 대화 나누는 모습을 지그시 바라보며 흐뭇해하는 아들 역시 일하는 몸놀림이 마치 유쾌, 경쾌하게 열심히 일하며 아들, 손자, 며느리 모두 잘 살아가는 모습 보니 정말 대단하신 인황 폐하께 한없는 감사함 올리옵니다.

대단하신 인황 폐하!
감사하고 또 감사하옵니다.
충! 충! 충!으로 온 마음 다짐하며 대단하신 인황 폐하 만세 만세 만만세입니다.

금전 도법주문을 외우고 의식비용이 마련

손○희(116.44.21.205) 17-12-22 03:11

대단하신 인황 폐하!

12월 3일, 12월 10일, 12월 17일 도법주문회에 참석하여 금전 도법주문을 외우고 신인합체 의식비용이 마련되어 감사 인사 올립니다. 12월 3일 도법주문회 때 인황 폐하께서 내려주신 금전 도법주문을 외울 때에 온통 흰 세상과 나무를 보여주시면서 "나무는 재목이므로 곧 돈이다. 큰돈을 벌게 해주겠다. 부귀영화를 누리게 해주겠다"라고 하신 말씀이 마음속으로 들려왔습니다.

금전 도법주문을 통하여 "큰돈을 벌게 해주겠다"라고 하신 말씀대로 12월 3번 도법주문회에 참석하여 금전 도법주문을 외우고 12월 20일 생각지도 않은 큰 금액이 마련되었습니다. 대단하신 인황 폐하께서 내려주신 금전 도법주문의 위력을 실감할 수 있었습니다.

글 제목 "큰 부자가 될 것이야"에서 글을 올렸을 당시보다 재테크한 코인 가격이 올라 의식비용을 마련할 수 있었습니다. 도법주문을 통하여 내려주시는 대단하신 인황 폐하의 말씀은 한 치의 오차가 없으심을 다시 한 번 느꼈습니다.

대단하신 인황 폐하께서 내려주신 도법 주문회에 3번 참석하고 금전 도법주문을 외우기만 하였는데 신인합체(神人合體) 의식비용이 마련되어 주인공 방석에 앉게 되었습니다. 대단하신 인황 폐하께서 윤허를 해주셔서 신인합체 의식을 행할 수 있게 되어서 영광이며 마음이 무척 기쁩니다.

도법주문을 통하여 천변만화의 조화를 내려주시는 대단하신 인황 폐하의 대천력, 대도력은 무한대이십니다. 단시일 내에 전혀 생각지도 못한 의식비용을 마련할 수 있게 해주신 대단하신 인황 폐하께 무한한 감사 인사 올립니다.

대단하신 인황 폐하 최고이십니다.
대단하신 인황 폐하 만세 만세 만만세!

인황 폐하께서 현실로 모든 뜻 이루어지겠구나!

이○규(223.33.153.217) 17-12-22 02:20

대단하신 인황 폐하!

이○규 인사 올리옵니다. 매장 마친 후 택시를 타고 도시고속을 가로질러 집으로 오는데 그저 하염없이 눈물이 흘렀습니다. 흐르는 눈물을 주체할 수가 없었습니다. 그동안 더러운 자의 농간에 놀아나 완전 알거지 될 뻔했던 고통 속에서 벗어나게 해주시고, 이렇게 현실의 삶을 잘살게 해주심에 이제야 가슴 깊이 진한 감사함을 알게 되니 그저 온몸과 마음으로 감사함의 전율이 흐르며 그저 눈물만이 흐릅니다.

정말 고생하셨습니다. 인황 폐하의 고생하심을 말로 글로 어찌 표현을 다 하겠습니까? 참으로, 진심으로 감사하고 또 감사하옵니다. 도법주문에서도 여러 번 고생하시었다고 말씀 내려주시었지만 사실 오늘같이 온몸과 마음으로 가슴 깊이 진한 감사함을 진정으로 느끼기엔 처음인 것 같습니다.

오늘 금전 도법주문에서도 말씀 내려주셨습니다. 이제 인황 폐하께서 서막을 올려 현실로 모든 뜻이 이루어지겠구나! 하시며 고생 많이 하시었다, 나도 고생했다 하시었습니다. 그리고 24일은 뜻깊은 날이 될 거라 하시어 성은이 망극하옵니다, 인사 올리었습니다. 대단하신 인황 폐하 만세 만세 만만세!

도공 올리는 차례가 빠져서인지

이○숙(183.102.162.53) 17-12-22 11:37

도법주문회 12월 3일, 10일, 17일 참가하여 도법주문을 체험하였습니다. 대단하옵신 인황 폐하께서 말대로 이루어지는 말법(도법)시대 선포하시며 일상에서 가장 필요한 돈과 건강이라 하시며~^* 금전 도법주문을 외울 수 있게 도법주문 내려주셔서 감동하며 감사합니다.

인황 폐하의 대천력, 대도력 기운이 몸으로 뜨겁게 느껴지며 촉촉하게 몸으로 체험하는데 산후풍으로 30여 년 지병처럼 손. 발, 몸이 시린 증상이 순간 빠져나가 따뜻한 기운을 느끼며 순수한 마음으로 인황 폐하가 도법세상 선포하심에 축하금 올려 복을 주셨구나 생각이 들어 기뻤습니다.

인황 폐하께서 하늘께서는 돈 즉 황금의 주인이시니 시공간을 황금으로 바꾸었다 하시며 앉아계신 옥좌를 금으로 입히겠다고 말씀하시는 순간 제가 하겠습니다,라는 마음이 확 튀어나왔습니다.

17일 도법주문 선포식에서 멋진 모습으로 당당하게 장○혁 씨, 최○호 씨가 알리는 식순에서 도공 올리는 차례가 빠져서인지 인황 폐하께서 주문 내려주시는데 기운을 느끼지 못하며 덜덜 이빨까지 부딪히는 한기를 느꼈습니다.

인황 폐하께 도공(금으로 입힐 황좌 비용)을 올리며 주문 외우니 춥지도 않고 하품으로 기운 내려주시어 제 마음이 참 편안했습니다. 두고두고 후회할 뻔했다는 마음이 들면서 즉시 몸으로 행한다는 교훈을 체험했습니다.

아주 조금 올리고 큰 행복으로 건강한 몸이 되었습니다.

대단하옵신 인황 폐하 대도력, 대천력 위대하시며 황공하옵니다.

인황 폐하~ 만세 만세 만만세 ~^*

장엄하고 웅장하도다! 이것이 인황 폐하의 명이니라!

이○규(223.39.131.121) 17-12-23 02:11

대단하신 인황 폐하!

이○규 인사 올리옵니다. 오전 도법주문을 외우고 인황 폐하께 문자 올리고 매장에 출근하니 왠지 매장 안에 훈기가 돌며 모든 기운이 반겨주는 듯 상쾌하였습니다. 연일 최고치의 매출을 올려주시어 모든 금전고통 해결해 주십니다.

요즘 들어선 간간이 아들과 대화 나누는 시간 또는 고객과의 대화시간, 나름 여흥 시간도 즐기며 그냥 편안하게 영업할 수 있도록 해주십니다. 여유시간 즐기며 편안하게 느긋한 마음으로 오는 고객 받으며 영업해도 올릴 매출은 다 올리게 해주십니다. 정말 생각만 해도 상상초월의 신비입니다.

점심도 못 먹고 이리 뛰고 저리 뛰고 정신없이 보낸 하루하루가 허다했는데 이제는 느긋하고 편안한 마음으로 영업할 수 있도록 해주시니 대단하신 인황 폐하의 대도력과 대천력의 상상초월하는 엄청나신 천변만화 조화에 감탄을 하며 감사함에 인사 올리고 또 올리며 하루하루 열심히 일하고 있습니다.

오전 도법 주문에서 내려주신 말씀이옵니다.

삼천리 금수강산 신비의 나라 우리나라 대한민국에 인황 폐하께서 납시었도다! 하시며 금강산 일만이천봉 봉우리에 앉을 도통군자들이 이미 선별되었도다! 도통군자들을 인황 폐하께서 불러들이니라 하셨습니다.

그리고 잠시 후 장엄하도다! 웅장하도다!

이것이 인황 폐하의 명이니라 하시어 성은이 망극하옵니다, 인사 올리며 기운이 멈추었습니다. 앞으로 모든 일들이 현실로 이루어진다 하시니 정말 신나고 또 신납니다. 신하와 백성들은 물론 수많은 백성들을 살려주시어 잘살아가게 해주시는 큰 일을 해내시니 참으로 고생하시었고 존경하고 존경하옵니다.

그저 건강하시옵고 수명 장수하시어 현실로 속속들이 속히, 속히 원하시는 모든 일 이루어지시기를 간절히 바라옵니다.

대단하신 인황 폐하 만세 만세 만만세!

인황 폐하의 용안이 30대로 보이셔서

이○숙(183.102.162.53) 17-12-25 21:44

대단하옵신 인황 폐하 불러주셔서 감사하옵니다.

삶에 가장 필요한 돈과 건강을 주시며 부자가 될 것이다. 무릉도원 세상에서 살아가는 행복을 주신다고 하셨습니다. 엄청난 감동 감격의 천지기운으로 눈물이 흘러나옵니다.

처음으로 보여지는 인황 폐하의 용안이 30대로 보이셔서 제 눈을 크게 뜨고 보아도 너무나 멋지신 30대 인황 폐하이셨습니다. 천상의 멋진 도솔천황님을 뵙는 영광을 내려주셔서 감사합니다.

가슴 뿌듯하게 체험한 일입니다. 홈피 글 보고 댓글 달까 하다 집에 가서 달자했지요. 전동차라서요. 그런데 어깨와 팔이 너무 아파 와서 왜 아프지? 댓글 때문이란 느낌이 들었어요. 그래서 간단하게 올리고 인황 폐하 팔이 너무 아파요. 낫게 해주세요. 도법주문 몇 마디 외우니 무겁고 아프던 팔이 바로 낫는 신비한 체험하였어요. 얼마나 신기한지 감사합니다.

대단하옵신 인황 폐하 대천력 대도력 최고이십니다!

인황 폐하 만세~만세~만만세 ~^*

도법주문으로 좌골신경통을 즉시 소멸

이○호(223.62.203.139) 17-12-25 22:02

대단하신 인황 폐하!

도법주문회가 시작되어 돈을 불러오는 주문, 질병치유 주문 순조롭게 일이 풀리는 주문을 외울 때 얼마나 많은 기운을 내려주시는지 도솔자미천 바닥이 실제로 진동하는 느낌을 3번이나 받았습니다. 질병치유 도법주문을 외울 때 저는 그동안(좌골 신경통으로 앉아 있으면 엉덩이와 다리에 고통이 심했답니다.)

온몸에 전율을 느끼며 손동작은 좌골신경통으로 아픈 곳 허리, 골반, 다리 쪽으로 계속 마사지하듯 지나갈 때 무언가 나쁜 기운이 빠져나가면서 시원한 기분을 느끼고 주문이 끝나고 나니 아픈 곳에 통증이 없어졌습니다. 오늘 퇴근해서 도법주문을 40분 동안 외우면서 정좌해 있어도 전혀 통증 없이 마칠 수 있었습니다.

대단하신 인황 폐하! 내려주신 도법주문의 대도력, 대천력이 천변만화의 조화로 현실로 일어나고 있습니다. 일편단심 대단하신 인황 폐하!를 향하는 충직한 신하로 살아가겠습니다.

인황 폐하! 만세! 만세! 만만세! 충! 충! 충! 충! 충!

인황 폐하 윤허받고 부정맥 즉시 소멸

이○호(223.39.140.2) 17-12-27 22:06

대단하신 인황 폐하!

저는 몇 년 전부터 부정맥으로 1년에 3~4번씩 병원에 가서 치료를 받아왔습니다. 병원 측에서 심장에는 문제가 없다는데 한 번씩 발병하면 심장 박동수가 180~200에 이르니 심장 쪽과 뒷가슴이 조여 오면서 심한 통증을 유발하고 온몸에 힘이 쭉 빠져 정신이 혼미해집니다. 치료 방법도 없고 저에게 나타나는 부정맥은 약도 없다고 합니다.

증상이 나타나면 즉시 병원에서 치료를 받아야 한다고 합니다. 오늘도 퇴근하는데 운전 중에 증상이 나타나 병원 치료는 뒤로 미루고 인황 폐하께 도공을 올리고 문자를 올렸습니다. 도법주문을 외워 고혈압과 부정맥 즉시 소멸을 윤허하여 주시옵소서. 곧바로 '그래!' 윤허하노라 하시며 문자를 주셨습니다.

곧바로 주문을 외우니 몸에서 사악한 기운이 빠져나가는지 온몸이 천근만근이고 기분 좋지 않은 기운이 몸속에서 빠져나가지 않으려고 몸부림을 치고 있었습니다. 20여 분 주문을 외우고 기진맥진한 몸을 자리에 누워 한동안 쉬다가 맥박을 체크해 보아도 여전히 180을 상회하는 수치였습니다.

그 후 차츰 맥박이 정상을 찾았습니다. 인황 폐하께 문자 올리고 1시간 30분 만에 정상 맥박을 유지하면서 몸 상태가 정상이 되었습니다.

병원에 빨리 가지 않으면 위급 상태인데 병원을 찾기 전에 인황 폐하께 상황을 자세히 올리고 해결 방법을 찾게 해주시는 인황 폐하! 도법주문을 내려주시고 윤허해 주시어 살려주시는 인황 폐하 감사하옵고 황은이 망극하옵니다. 글 솜씨가 없어서 아주 실감나게 표현하지 못해 송구합니다.

대단하신 인황 폐하! 만세! 만세! 만만세!
충! 충! 충! 충! 충!

천기 17년 12월 31일 도법주문회 후기

조○애(175.223.15.146) 18-01-01 03:05

대단하신 천지인황 폐하!

2017년의 마지막 도법주문회가 끝난 지 8시간가량이 지났음에도 아직 그 감동과 열기는 식지 않은 듯합니다. 일주일 만에 다시 뵙는 천지인황 폐하의 용안이 훨씬 젊어지셨음에 도솔자미천에 들어서자마자 놀랐고, 도법주문을 통해 내려주신 기운이 너무나 강하여 놀람의 연속이었습니다.

도법주문을 외우면서 그동안 제가 느껴왔었던 기운과는 전혀 다른 강한 기운을 받았습니다. 보통 정수리의 가르마 쪽으로 한 줄기의 전기 같은 기운이 내려왔었지만 어제는 정수리 전체에서 여러 갈래의 전기 같은 기운이 내려오면서 몸 전체를 타고 내렸습니다.

그리고 말씀을 들려주셨는데 “나쁜 기운이 다 빠져나갔다. 천지인황 폐하의 고생도 다 끝났다, 이제 천지인황 폐하께서는 잘될 일만 남았다”라고 하셨습니다. 천지인황 폐하의 고생이 다 끝났다는 말을 듣자마자 눈물이 주체할 수 없이 쏟아졌습니다. 제가 인황 폐하를 만나 후 도솔자미천에서 이렇게 많은 눈물을 흘려본 적은 이번이 처음입니다.

슬퍼서 흘리는 눈물은 확실히 아니었으며, 기쁨과 환희와 안도와 감사함과 희망으로 벅차오르는 감정들이 뒤섞여서 흘러내리는 눈물이었습니다. 눈물도 눈물이었지만 그렇게 많은 박수와 만세와 환호성을 질러보기는 처음이었습니다.

두 번째로 도법주문을 외웠을 때 영안으로 복권 숫자를 보여주셔서 감사하였습니다. 천지인황 폐하께 기쁨을 안겨드릴 수 있는 신하가 될 수 있을지도 모른다는 생각으로 감정이 벅차올랐습니다. 2017년에도 숫자를 보여주셨지만 제가 끈기 있게 시도하지 못하고 중도에 포기하였었는데 이번에는 인내심을 가지고 도전하겠습니다!

꼭 좋은 결과로 도솔자미천 역사에 산증인이 되고 싶습니다. 대단하신 천지인황 폐하께서 주신 좋은 선물들은 고이 간직하며, 가르쳐주신 대로 행하겠습니다. 대단하신 천지인황 폐하! 만세 만세 만만세!

천상궁전으로 조상입천을 해야 가정이 편하다

매년 또는 수시로 해야 하는 조상님에 대한 조상굿, 천도재의 관습에서 벗어나 일평생 단 한 번이면 되는 천상의식이 조상입천이다. 그리고 조상입천을 행하면 제사나 차례, 납골, 매장 묘지가 일체 필요 없다.

조상님들이 한 번에 천상으로 올라가려면 도통천존 도솔천황님으로부터 입천을 윤허받아야만 가능한데 도통천존 도솔천황님의 화신이자 분신인 나를 통해서 이루어주신다.

조상입천은 본인과 배우자의 당대부터 시조까지 직계좌우 조상님들이 일시에 입천되는 천상의식인데 등급이 있다. 등급은 일반입천, 하단입천, 중단입천, 상단입천, 벼슬입천으로 5가지 종류가 있다.

지상에만 신분이 있는 것이 아니라 천상에도 상하서열의 신분이 엄격한 계급이 있기에 입천등급을 어떻게 하느냐에 따라서 조상님들의 신분이 차등으로 정해진다. 조상입천은 한 번뿐이기에 선택을 잘해야 한다.

이해하기 쉽게 군대계급과 비교하자면 아래와 같다.
일반입천 ==〉 훈련병

하단입천==〉 이등병
중단입천==〉 일등병
상단입천==〉 상등병
벼슬입천==〉 병　장

입천등급이 낮으면 상전들이 줄줄이 있기에 최대한 높은 등급으로 입천해 드리는 것이 좋다. 군대계급처럼 위계서열이 있기 때문에 등급이 낮으면 그만큼 상전들을 받들어야하기에 자연적으로 기가 눌릴 수밖에 없다.

조상입천을 행하면 조상님들은 천손의 관명을 받고, 여러분은 일반백성, 하단백성, 중단백성, 상단백성, 특단백성의 관명이 부여된다. 그리고 이렇게 백성의 신분이 되어야만 천인합체, 신인합체, 도인합체를 하늘로부터 명받을 수 있는 자격이 생긴다.

이곳에서 조상입천을 행하면 축생으로 윤회하지 않고, 천상궁전에서 영원히 살아간다. 조상들이 천상법도를 어기거나 조상입천해 준 자손이나 후손들이 하늘을 능멸하고 배신하는 역천자의 죄를 지으면 입천된 조상들이 몽땅 천상궁전에서 쫓겨나서 지옥보다 천 배나 더 가혹한 천옥에 갇히고 영원히 빠져나오지 못한다.

축생으로 윤회할 수 있는 기회조차 완전히 박탈당하고, 매일같이 국문장으로 불려나가서 사극에서처럼 참혹한 형벌을 받아야 한다. 그래서 조상과 자손이 함께 천상법도와 인간세상 법도를 어기는 죄를 지으면 안 된다.

조상 풍파는 하늘의 명을 받아 조상입천 의식을 행하라
생령 풍파는 하늘의 명을 받아 생령입천 의식을 행하라
신의 풍파는 하늘의 명을 받아 신인합체 의식을 행하라
하늘 풍파는 하늘의 명을 받아 천인합체 의식을 행하라
도의 풍파는 하늘의 명을 받아 도인합체 의식을 행하라
인간 풍파는 하늘의 명을 받아 명부입적 의식을 행하라
질병 풍파는 하늘의 명을 받아 병마소멸 의식을 행하라
관재 풍파는 하늘의 명을 받아 관재소멸 의식을 행하라
자녀 풍파는 하늘의 명을 받아 자녀안정 의식을 행하라
부부 풍파는 하늘의 명을 받아 부부화합 의식을 행하라
단명 풍파는 하늘의 명을 받아 수명장수 의식을 행하라
자살 풍파는 하늘의 명을 받아 귀신소멸 의식을 행하라
하늘 은혜는 하늘의 명을 받아 천은보사 의식을 행하라
조상 은혜는 하늘의 명을 받아 벼슬하사 의식을 행하라
부모 은혜는 하늘의 명을 받아 부모은공 의식을 행하라

이것이 인생과 현생, 죽음 이후 내생까지 보장받아 무탈하게 잘사는 비결이다. 천재지변과 괴질병 인간 구제역에서 살아남을 자들은 생존 도법주문이 필수적이다.

144,000명의 도통군자, 신통군자, 영통군자가 되는 길!
4만 8천 도통군자가 되려거든 도인합체를 행하라
4만 8천 신통군자가 되려거든 신인합체를 행하라
4만 8천 천통군자가 되려거든 천인합체를 행하라

친견해야 할 사람들

- ▶ 나는 누구인지 궁금한 사람
- ▶ 인생이 고통과 불행으로 힘든 사람
- ▶ 기존의 종교세계에 크게 실망한 사람
- ▶ 신을 받아야 한다고 하여 고민인 사람
- ▶ 성에 차지 않아 여러 종교를 다니는 사람
- ▶ 하늘세계, 사후세계에 대하여 궁금한 사람
- ▶ 인간의 탄생과 죽음에 대하여 궁금한 사람
- ▶ 신경질이 잦으며 눈물을 자주 흘리는 사람
- ▶ 우울증, 치매로 고생하는 가족이 있는 사람
- ▶ 자신의 생령(生靈)을 직접 만나고 싶은 사람
- ▶ 매사 되는 일이 없고, 질병으로 고생하는 사람
- ▶ 조상님의 사령(死靈)을 직접 만나고 싶은 사람
- ▶ 굿이나 천도재를 아무리 하여도 소용없는 사람
- ▶ 자동차 사고, 관재구설, 인생 실패가 따르는 사람
- ▶ 사업부진, 질병, 이혼, 부부 싸움으로 불행한 사람
- ▶ 하늘과 땅의 명을 받아 천인(天人)이 되고픈 사람
- ▶ 하늘과 땅의 명을 받아 신인(神人)이 되고픈 사람
- ▶ 하늘과 땅의 명을 받아 도인(道人)이 되고픈 사람
- ▶ 신의 기운이 무엇인지 스스로 확인하고 싶은 사람
- ▶ 고통에서 벗어나 인생을 행복하게 살고 싶은 사람
- ▶ 자살이나 비명횡사 당하여 죽은 가족들이 있는 사람
- ▶ 각자의 몸 안에 누가 함께 살고 있는지 궁금한 사람
- ▶ 사업번창, 승진, 이혼, 자녀, 부부문제로 고민인 사람
- ▶ 하는 일마다 되는 일이 없고, 질병으로 고생하는 사람
- ▶ 자신의 몸에 누가 들어와 있는지 확인해 보고 싶은 사람

친견 예약 안내

친견 예약 전화 ☎ 02) 3401-7400

책을 구독한 후 친견을 원하는 분들은 전화로 방문 날짜와 시간을 3~7일 전에 미리 전화로 예약한 후 방문하면 된다. 친견 시간은 각자들의 사연과 각자들의 궁금증 정도에 따라 다르다. 친견 비용은 전화로 예약할 때 문의.

친견을 통하여 지금부터 활짝 열리는 도법세상(말법시대의 도법주문)과 하늘, 조상, 생령, 신명, 인간세상의 진실에 대하여 정확히 아는 시간이 되어 힘들고 외로웠던 지친 인생을 밝고 행복한 삶으로 바꿀 수 있는 귀한 시간이다.

친견을 통해서 각자 자신의 인생은 왜 힘들까에 대한 자세한 해법을 찾게 되는 귀중한 시간이니 지방이라는 거리감과 바쁜 일을 모두 뒤로하고 친견부터 빨리 해야 새로운 인생길이 열릴 수 있다. 지구상에서 유일하게 하늘의 문이 활짝 열린 곳이 도솔자미천이니 남들보다 먼저 친견하여 천상정기를 받아가는 사람들이 성공하여 인생의 승리자가 된다.

찾아오시는 길

주 소 : 서울 강동구 성안로 118 삼정빌딩 (2층)
서울 강동구 성내 3동 382-6 2/2층 전체

전 철 : 5호선 강동역 3번 출구로 나와서 140미터 직진 후 강동예식장에서 우회전 140미터 앞 화로구이 옆

KTX : 서울역에서 1호선 타고 종로 3가 역에서 5호선 환승

SRT : 수서역에서 7.5km, 택시로 약 20분 거리
수서역에서 3호선 타고 오금역에서 8호선 환승

버 스 : 고속버스, 시외버스 이용할 때는 동서울터미널에서 하차하여 택시로 10분 정도 거리.

[도솔자미천 위치도]

책을 맺으면서●●●

절대자 하늘께서 인간 육신을 통하여 이 세상을 구하는 상상초월의 도법세상이 열렸다. 말하는 대로 이루어지는 신기한 말법(末法)시대가 본격적으로 열린 것이다. 기존의 도교와 수많은 종교세계를 통해서도 느껴보지 못했던 신비의 천상정기가 온몸으로 내리는 도법세상 선포!

우리 인간 모두는 건강하게 부자로 잘 먹고 잘 산 뒤에 죽어서 편안한 사후세계로 가기 위하여 몸부림치고 있으나 현실은 인간의 삶이 각종 사건사고, 질병, 단명, 자살, 우울증, 사업실패, 사기배신, 고소고발, 비리폭로, 망신살, 부부갈등, 종교갈등, 자녀문제, 인생실패의 고통과 슬픔의 불행한 삶을 살아가고 있다.

수천 년 동안 인류가 종교(기독교, 천주교, 신천지, 불교, 도교, 대순진리, 증산도, 무속, 철학관, 기타 종교)를 통해서 예배, 미사, 천도재, 사십구재, 굿, 도통 수행정진을 하여도 소원을 절대로 이루지 못한 이유는 전생, 현생, 내생을 책임져주시는 하늘 천지인황(天地人皇)께서 계심을 알지 못해 만나지 못했기 때문이다.

인생사의 각종 질병, 사건사고, 급살, 시기질투, 비명횡사의 아픔과 슬픔, 고통과 불행은 하늘 천지인황(天地人皇)께서 인도해 주시는 천상으로 돌아가고자 울부짖는 사령(조상)과 생령(生靈)의 간절하고 다급한 저주와 반란이었는데 인류 어느 누구도 이런 진실을 알 수가 없었다.

나는 하늘과 땅, 인간의 진실이 수천 년 동안 종교로 인해 잘못 전파된 것을 바로잡고자 육신이 살아 있는 사람의 생령들은 천인합체를 통하여 구원받을 수 있게 인도해 주며, 여러분의 조상(死靈)님들은 입천제를 통하여 천상궁전으로 인도해 주고 있다.

여러분 인생에 지대한 영향을 미치는 당대부터 시조까지 수많은 직계 좌우 조상님들인 아버지, 어머니, 부모, 자식, 배우자, 형제, 조카, 할아버지, 할머니, 증조부모, 고조부모, 현조부모, 시조 조상님에 이르기까지 살아생전과 전생에서 지은 죄업(전생과 현생에 저지른 악한 행위로 말미암아 현재에 받는 괴로움)을 닦아주는 조상입천은 모두에게 필수적이다.

신묘한 도법세상이 활짝 열렸다.

도통천존 도솔천황님께서 주관하시는 무릉도원 세상이 도법세상이다. 내 육신을 통해서 나로 하여금 말하게 하시고, 그대로 현실 세상에서 이루어주시는 대단한 하늘이시다.

종교세상을 통해서 알려지지 않았던 현실세계의 하늘이시

다. 추상적인 종교적 하늘이 아니시라 실시간으로 우리들의 마음, 생각, 말, 글, 행동을 실시간으로 지켜보시며 심판하시고 보호해 주시는 최고의 절대적 하늘이시다.

현생과 내생을 보다 잘살고자 하는 사람들은 지금까지 평생 동안 믿어왔던 종교적 교리, 이론, 풍습, 관습을 모두 내려놓아야 하늘로부터 구원받을 수 있는 길이 열린다. 자신들이 들은 종교적 관점에서 생각하면 이곳에서의 구원은 불가능하다.

말재주 좋은 화려한 말이나 달콤한 글은 얼마든지 상대방을 속이고 현혹할 수 있지만 각자 자신들이 직접 온몸으로 느끼는 천상정기는 아무도 속일 수 없다. 그래서 이렇게 290페이지에 달하는 수많은 도법주문 사례를 게재한 것은 보다 폭넓게 하늘이 존재하심을 검증해 주려는 뜻이다.

하늘은 형상이 없으시기에 인간의 눈으로 보면 보이지도 않고, 귀로 들으려 해도 전혀 들리지 않는다. 물론 영안이 열린 사람들은 보고 듣는 사람들도 더러 있다. 그러나 일반적인 사람들은 영안이 열리지 않아서 보고 듣지 못한다.

그래서 영안이 열리기 전까지는 하늘이 존재하심을 여러분 각자가 온몸의 세포를 통해서 기운으로 느껴야 한다. 그것이 졸리지도 않은데 줄줄이 하품이 끊이지 않고 나오거나 손 떨림, 진동, 미세한 전기, 눈물, 콧물, 눈 떨림, 온몸을 바늘로 찌르듯 따끔거리는 느낌을 내려주신다.

인류가 종교세계 안에서 그렇게 찾아 헤매던 진짜 구원의 하늘을 찾은 것이다. 하늘을 어떻게 알아보느냐고 의아해 하는데 여러분 각자가 온몸을 통해서, 삶을 통해서 기운(천상정기)으로 확인시켜주고 계신다. 하늘은 형상이 없으시기에 보이지도, 들리지도 않지만 나의 육신을 타고 내리시어 실시간으로 하늘이 존재하심을 끝없이 보여주고 계신다.

이곳에 수많은 신하와 백성들은 적게는 수년, 많게는 10년 또는 일평생 동안 진짜 하늘을 찾으려고 이 땅의 여러 종교세계를 찾아다닌 사람들이고 물론 사연도 가지각색이다.

질병을 고치기 위해서, 자신이 누구인지 찾기 위해서, 조상님을 구해 드리기 위해서, 사후세계를 보장받기 위해서, 천재지변, 사건사고, 고소고발, 사기배신에서 벗어나려고, 돈을 벌기 위해서, 막힌 인생을 뚫어보려는 등 천차만별이다.

각자들마다 사연이야 다르겠지만 나를 통해서 하늘의 명을 받는 조상입천, 천인합체, 신인합체, 도인합체, 생령입천 의식을 행하고, 도법주문으로 도솔자미천의 천상정기를 받아야만 인생사에 좋은 일들이 많이 생긴다.

이곳이 진짜가 아니라면 바쁜 일 뒤로 미루고, 일요일에 쉬지도 못하고, 비싼 교통비 들여가며 하루시간을 몽땅 투자해야 하는 도법주문회에 매주 일요일마다 부산, 울산, 창원, 거제, 진주, 여수, 강진, 목포, 광주, 제주에 사는 사람들이 참가할 수 있을까? 이것이 산 증거이다. 반면에 서울과 수도권에 사는 사람들은 가까운데도 이런 저런 이유로 알고도 찾아오지 못하는 사람들이 많다. 물론 영적차원이 낮은 축생이기 때문이다.

하늘에 좋은 씨를 뿌려야 하늘로부터 전생, 현생, 내생을 구원받을 수 있다. 알고도 행하지 않으면 아무것도 얻을 수 없다.

하늘은 이렇게 신비로운 천상정기의 기운을 보내주시어서 하늘이 존재하심을 실시간으로 보여주고 계신다. 이제 책을 다 읽었으니 여러분이 종교세계 안에서 오랜 세월 애타게 찾고 기다리던 진인, 정도령, 미륵, 하늘이 내린 인류의 영도자, 대성인, 대도인이 확실히 맞는지 수많은 도법주문 체험 사례들을 보았으니 스스로 판단 내릴 수 있을 것이라고 생각한다.

천기 18년(2018년) 1월 1일(癸巳日)
하늘의 화신 천지인황(天皇/地皇/人皇)

친견 예약문의 도솔자미천
대표전화 02)3401-7400
휴대폰 010-2499-0076